COLUCHE

L'ALMANACH

Dessins de Cabu et Wolinski

cherche midi

JANVIER

01 · 01 — JOUR DE L'AN

C'EST L'HISTOIRE D'UN MEC…

Je dois tout au hasard : je devais passer à la télé le soir des élections de 1974, vers 23 heures, c'est-à-dire quand on a donné les résultats et que tout le monde est parti. Mais Mitterrand a annoncé qu'il parlerait à 23 heures, alors les gens ont attendu. Quand je suis passé, onze heures moins cinq, tout le monde était encore là ! Ensuite, les gens ont écrit : pourquoi on ne le voit jamais, celui-là ? Alors on m'a revu !

IDÉE
Moi, je vais écrire un livre qui s'appellera *Achetez mon livre.*

BONNES RÉSOLUTIONS

—Ça y est, le chômage va s'arrêter. Il y a une date : au printemps. Ils avaient dit qu'il s'arrêterait vers janvier, maintenant ils disent le chômage, c'est un problème qu'on aura jusqu'au printemps.

—De quelle année ?

—Ah bah, ça, ils ne l'ont pas encore dit.

IL Y A ALMANACH ET ALMANACH

La grande différence entre Georges Marchais et Jean-Marie, c'est que Georges Marchais, il est de l'almanach Vermot, alors que Jean-Marie, il est de l'almanach Wehrmacht.

02 · 01 — SAINT BASILE

COLUCHE *PAR* COLUCHE

· Autoportrait ·

Je mange beaucoup, je bois autant que je peux, je baise toutes les filles qui se présentent, je fume du hasch, je joue aux courses, j'ai tous les défauts des Français.

· Rondement mené ·

Mon personnage de petit gros, je ne l'ai pas entièrement fabriqué. J'avais tendance à la bouffe, alors quand j'ai eu des ronds, je suis devenu rond.

· Point de rencontre ·

Mon père est né en Italie, ma mère dans le Nord et moi à Paris. On a quand même eu du bol de se retrouver, non ?

MAMY FAIT (DE) LA RÉSISTANCE

C'est un petit vieux qui retrouve une petite vieille avec qui il a eu une histoire d'amour. Il lui dit :
« Tu te souviens quand je te faisais ton affaire contre le grillage du champ de ton père ?
– Oh oui !
– Ça te dirait qu'on recommence une dernière fois ?
– Oh oui ! »
Ils vont donc près du champ du père, et il commence à lui faire son affaire contre le grillage. Et là, la petite vieille fait preuve d'un enthousiasme délirant. Le vieux lui dit :
« Ben, dis donc, t'as pas perdu la main ! C'était même mieux qu'avant…
– Oui. Mais avant le grillage n'était pas électrifié ! »

DÉFINITION ***Les hommes politiques, c'est des hommes qui font le même métier que moi, sauf qu'ils mettent moins de rouge sur le nez. Mais ça, je pense qu'ils devraient en mettre plus, ils feraient plus marrer.***

03 · 01 SAINTE GENEVIÈVE

INFORMATIQUE ET LIBERTÉ(S)

Les écrans avec des points qui clignotent ? Ça reste des gadgets. Ça ne changera que quand on pourra s'en servir pour communiquer d'une maison à une autre, ou pour voter, pourquoi pas ? En tout cas, l'informatique ne me fait pas peur. On parle de dangers pour la Liberté. Il vaut mieux s'intéresser aux libertés dans le détail qu'à la Liberté avec un grand L. Ça n'existe pas, la Liberté. C'est une idée qu'on a quand on est petit. Les grands thèmes, l'Amour, la Liberté, la Coiffure, je m'en méfie.

LE CAS GINETTE

J'ai pratiquement toujours eu de mauvaises critiques et j'ai pratiquement toujours fait le plein. À l'exception de *Ginette Lacaze* qui obtint de très bons « papiers » et qui fit un bide noir. Hélas ! On n'est même pas sûr que lorsqu'une critique est mauvaise le spectacle soit bon...

PETITE ANNONCE

Si vous êtes cuistot, venez nous rejoindre aux Restos du cœur ! Enfin, bon cuistot, parce qu'il ne faut pas non plus que ça devienne les restos du haut-le-cœur !

DEVISE Peace and prout.

04 · 01 SAINT ODILON

DANS LES ANNALES

Marrons glacés

J'ai fait mon service militaire au fort des Rousses, je sais même plus où c'est, mais ce dont je me souviens, c'est qu'il faisait tellement froid là-bas que même les filles se gelaient les couilles, c'est pour vous dire !

Ça l'affiche mal

J'avais mes premières affiches dans la rue qui étaient collées à hauteur d'homme. Un photographe m'a proposé de me mettre devant une affiche pour qu'il me prenne du trottoir d'en face. Le temps qu'il traverse la rue, qu'il installe ses appareils, tout ça, je poireautais tout seul devant l'affiche. Et il y a un bonhomme qu'est passé avec son gosse et le gamin a dit : « Oh ! Regarde le monsieur, il est sur l'affiche... » Et le père, il a dit : « Ben, va lui demander un autographe, tu vois bien qu'il attend que ça. »

Pensée

« Il faut se méfier des gens de bonne volonté parce que ça ne remplace pas le talent. »

IDÉE

On devrait inventer l'alcootest politique, on devrait faire souffler les hommes politiques dans un ballon pour savoir s'ils ont le droit de conduire le pays au désastre.

La classe

Je sais pas si j'étais con quand j'étais petit à l'école, en tous les cas, moi, je changeais de classe tous les ans, et les profs, eux, restaient dans les mêmes.

05 · 01 — SAINT ÉDOUARD

ARITHMÉTIQUE Le président estime qu'il a aux trois quarts réussi ce qu'il voulait faire avec la France. Ce qui signifie que la France d'aujourd'hui, avec son nombre de chômeurs, sa hausse des prix, son abaissement du niveau de vie, ses affaires politico-crapuleuses, ses fonctionnaires marrons et ses policiers voleurs, n'est que les trois quarts de ce qu'il voulait. Il peut encore mieux faire.

Pensées

« Ils prennent vraiment les gens de couleur pour des nègres ! On dit pas un stylo noir, on dit un crayon de couleur. On dit toujours à un Noir t'es mon frère, mon beau-frère jamais. »

« On dit les Blancs, les Noirs... mais « sexe », c'est pas forcément un gros mot. Ça dépend beaucoup de la couleur du sexe ! »

PUB Les lames Gillette avaient produit une lame inusable. Évidemment, gros succès. Ils ont coulé tous les concurrents et, au bout d'un moment, fin du coup ! Tout le monde en avait une ! Eh bien, mon pote, ils ont fait une campagne de pub pour dire : « Rapportez-moi votre lame Gillette, je vous en donne deux ! » Tu te rends compte ! Les mecs se sont laissé faire. Ils avaient une lame inusable, ils l'ont changée pour en avoir deux. C'est balèze !

06 · 01 — ÉPIPHANIE

Gastronomie

Pendant dix ans, avant d'être connu, j'étais comédien, je mangeais des sandwichs, parce que j'avais pas de ronds. Puis après j'ai mangé des sandwichs parce que je n'avais plus le temps de becter, ce qui fait que, en fait, j'ai été nourri entièrement au sandwich.

Pensées

« J'ai un scoop ! Le sexe masculin n'est pas un muscle ! Sinon, avec toute la gonflette que je lui ai fait faire depuis que je suis gosse, maintenant j'aurais une troisième jambe ! »

« Le troisième sexe ? Franchement, moi, je saurais pas où le mettre. »

COMME LES ROIS MAGES Giscard a déclaré que la comète de Halley qui avait jadis guidé les Rois mages revient pour annoncer la fin du socialisme. Eh bien, si les Rois mages ressemblent à son plumage à lui, ils doivent plutôt se les geler !

MONDIALISATION Avec Eurodisney, Mickey est entré en France. Picsou, lui, est resté aux États-Unis pour la comptabilité.

PROVERBE

Ne faites pas aux truies ce que vous ne voudriez pas qu'on vous fasse !

« On dira ce qu'on voudra, mais se moquer de quelqu'un, c'est quand même une manière comme une autre de se foutre de sa gueule ! »

07 • 01 SAINT RAYMOND

Pensées

« Raymond Barre n'a jamais été aussi populaire que depuis qu'il n'a plus rien fait. »

« À cause de ses roupillons répétés à l'Assemblée nationale, Raymond Barre pourrait être oreiller de la liste. »

« J'aime aussi les comiques qui ne s'ignorent pas. Au music-hall, j'aime surtout Raymond Devos. »

• CONSEIL DU JOUR •

*«**Soyez raisonnables**»: chauffez-vous à 19 °C, mettez un pull-over pour dormir, évitez d'être témoins dans les accidents si vous ne voulez pas d'ennuis, dénoncez votre voisin, ne vous lancez pas dans le commerce, ne prenez pas de risques, faites un troisième enfant, choisissez entre être chômeur ou être mal payé, ou bien faites des études, vous finirez bien un jour par trouver du travail dans une usine qui fabriquera n'importe quel produit pourvu que, à un moment, le produit soit foutu et qu'il faille en acheter un autre.*

COUP DE BARRE Raymond Barre s'est dit touché par le chômage. Il a dit que, pour qu'il y ait moins de chômeurs, il fallait que les gens travaillent plus et qu'on ait davantage le droit de licencier. Donc, si vous voulez, plus on fout de gens à la porte, moins il y aura de chômeurs selon lui. Eh bien, j'ai l'impression qu'il y a un des deux cons entre lui et moi qui comprend pas ce qu'on dit. Touché, oui, à la tête!

08 • 01 SAINT LUCIEN

FAITS D'HIVER Je parle du cul, je parle du cul, d'accord, mais pas l'hiver... L'hiver, je parle du nez!

Les Français sont un peu sales. Moi non plus, je ne suis pas très toilette. J'aime bien être propre, mais il y a des moments où j'aime bien être crado, surtout quand il fait froid dehors. Il m'est arrivé d'entrer dans une grenouillère et de ne pas la quitter de la semaine.

Au pôle Nord, il fait tellement froid que les flammes gèlent. Ils sont obligés de souffler les bougies avec un couteau!

Pensées

« Je me suis tellement habitué à rire que même si je devais mourir subitement, je crois que ça me ferait marrer. »

« Le président de la République est élu avec 11 millions de voix, alors qu'il y a 55 millions de Français. Moi, quand je fais un tabac dans mon métier, je vends un million de disques, alors qu'il y a 18 millions d'électrophones. On est toujours vedette avec un minimum de public. »

« La Grèce est entrée dans le Marché commun: attention, ça glisse... »

09 · 01 — SAINTE ALIX

APRÈS-SKI

C'est une femme aux sports d'hiver – après moi, des luges ! – qui se plaint du manque de neige. Les radios annoncent 5 centimètres de neige, 3 centimètres de neige… Alors son moniteur de ski lui dit : « Écoutez, si ça peut vous consoler, moi, je peux au moins vous garantir 18 centimètres pour cette nuit ! »

Pensées

« Plus on pédale moins fort, moins on avance plus vite. »

« Les oreilles sont les poignées des gosses. »

« On fait pas d'aveugles sans casser des yeux. »

« On a ouvert un fast-food sur la place Rouge : on y mangera sans doute à la carte… du Parti. »

Gastronomie

L'artichaut, le légume le plus sado-maso : d'abord on lui coupe la queue, ensuite on lui arrache les poils et seulement après on lui bouffe le cul !

Vous savez comment on appelle une frite enceinte ? Une pomme de terre sautée.

Une maxime de crémiers : loin des œufs, loin du beurre.

Une maxime de charcutier chinois : la rondelle ne fait pas le printemps.

Devinette

Quelle est la différence entre un idiot riche et un idiot pauvre ?

Un idiot riche est un riche, alors qu'un idiot pauvre est un idiot.

10 · 01 — SAINT GUILLAUME

TELL QUEL

Je suis allé au gala de l'Union. Faut bien faire prendre l'air au smoking de temps en temps ! J'ai refait Guillaume Tell. Enfin moi, j'étais la victime. J'avais la pomme sur la tête. Et l'autre type était à 12 mètres avec son arc et ses flèches. Avant la représentation, on a répété toute la mécanique. Mais sans qu'il tire, évidemment : on va pas risquer de se planter une flèche dans la tête à la répétition. Qu'au moins il y ait la télé !

Devinette

Est-ce que tu connais la différence entre un sportif amateur et un sportif professionnel ?

Le sportif professionnel est payé par chèque.

PROMESSE DE CAMPAGNE

Mon programme ? L'hiver moins froid, l'été moins chaud.

Pensées

« Moi, quand je pars en vacances, je décide plus à l'avance. Pour gagner du temps, je vais à l'aéroport, j'attends de voir où ils expédient mes bagages et je suis. »

« Un viol, c'est de un à six ans de prison. Je sais pas en fonction de quoi on a un ou six ans, c'est pas précisé. Peut-être qu'il y a des mecs qui ont plus violé que d'autres, à moins que ce ne soit un problème de taille, je ne sais pas, moi, une espèce de prix au poids. »

« On n'a jamais pu me dire à quel âge ça poussait, les dents en or. »

11 · 01

SAINT PAULIN

Pensées

« Le milieu du show-biz est absurde : il faut avoir du succès pour qu'on te donne une chance d'avoir du succès. »

« Quoi qu'il arrive, même si le régime social est formidable, en Ukraine, on se gèlera les couilles, et en Floride, y fera beau. »

« J'ai pas vu Jean-Paul II, d'accord, mais j'ai vu Rocky III ! »

TRUC Vous connaissez le truc qui permet de lancer un œuf au-dessus de son épaule sans le casser ? Il faut le lancer quand il est encore à l'intérieur de la poule !

• CONSEILS DU JOUR •

** Ne buvez pas d'alcool au volant : vous pourriez en renverser !*

** Vous qui avez des enfants débiles dont vous ne savez que faire, vous qui avez des parents alcooliques dont vous ne savez que faire, faites-les engager dans l'armée. L'armée est une grande famille pour aliénés mentaux.*

** Les films pornos, on les reconnaît à ce que les acteurs sont filmés sans la tête. Donc, pour ceux qui n'en ont jamais vu : mettez la télé plus bas !*

DÉFINITION *Les baffes, c'est comme les médailles, quand on les a méritées, c'est trop tard.*

12 · 01

SAINTE TATIANA

Pensées

« Alors, si je comprends bien, il faudrait pas que je dise du mal des Belges, il faudrait pas que je dise du mal des Arabes, il faudrait que je ferme ma gueule à propos de la politique, il faudrait que je raconte des histoires un peu moins dégueulasses et il faudrait pas que je parle la bouche pleine, mais on va jamais me payer à rien foutre ! »

« La Suisse, c'est formidable, tout y est moins cher, même l'argent français ! »

« J'ai des revenus qui sont partis aux impôts. Ça va, ça vient... »

DANS LES ANNALES

Système D

Quand j'étais gamin, je jouais à pile ou face avec une pince et une gomme. Bah oui, la pince épile et la gomme efface !

Show froid

C'est marrant, quand j'ai arrêté la scène, les gens me demandaient : « Quand est-ce que vous revenez ? » et les journalistes politiques me disaient : « C'est promis, hein, vous arrêtez définitivement ! »

Mon premier rôle au cinéma

Je vois jamais mes films. J'en ai vu un et j'ai été vraiment déçu. Comme spectateur, j'aime pas le cinéma. Quand j'étais jeune, j'allais au cinéma uniquement pour embrasser les filles dans le noir...

13 · 01

SAINT HILAIRE
SAINTE YVETTE

LE BON REFLEX

C'est deux photographes qui parlent ensemble.
« Voilà, j'étais à la terrasse du café, y avait le train qu'était en face, et, tout d'un coup, qu'est-ce que j'vois : le train qui sort des rails, et il s'écrase sous le pont sur une bagnole et, dans la bagnole, qu'est-ce qui y avait ? Y avait trois personnes qu'arrivaient pas à sortir et le train était tombé dessus.
– Alors, qu'est-ce que t'as fait ?
– J'ai ouvert à 2/8, j'ai fait une très belle photo. »

LE BON CALCUL

J'ai connu un mec qui, pour rassurer sa mère après un match de boxe, lui a dit : « J'ai pas gagné, mais j'ai fait deuxième ! » Tu sais que pour être troisième à la boxe, il faut être balèze.

Pensées

“ Comme dit un cadre du parti communiste après une élection : « Ça me laisse sans voix ! » ”

“ Y a beaucoup d'hommes politiques qu'ont intérêt à parler de moi. Parce que je suis plus connu qu'eux. Ils ont donc intérêt à parler de moi s'ils veulent qu'on parle d'eux. ”

“ Ça vaut le coup de se fâcher avec quelqu'un si on le voit tous les jours. Parce que si on se fâche avec quelqu'un qu'on ne voit que tous les ans, ça vaut pas le coup, on n'en profite pas. ”

14 · 01

SAINTE
NINA

FRAÎCHEUR GARANTIE

C'est un vieux qui entre à l'épicerie, il dit : « Eh, vos œufs, là, au moins, ils sont frais ? »
Et l'épicier lui répond :
« Ben, ils doivent être plus frais qu'les tiens en tout cas.
– Oh, ça m'étonnerait, y a encore dix minutes, les miens, ils étaient encore au cul d'une poule ! »

DES NOUVELLES DU FRONT

Il paraît qu'en entendant une de mes conneries, Jean-Marie s'est fâché tout rouge. Ce qui est pourtant loin de ses idées !

RECONNAISSANCE

Les films de Spielberg sont très bien, merci. Je suis très content de les avoir faits. C'était moi, E.T.

AUTOPROMO

Des nouvelles de la presse. Cette semaine, je suis dans *Lui*.
Je préfère quand je suis dans *Elle*.

Pensées

“ C'est pas parce qu'on dit la vérité qu'on dit du mal et c'est pas parce qu'on dit du mal qu'on dit la vérité ! ”

“ Il était très gros, Pompidou, quand il est mort ! Il a éclaté ! D'ailleurs, on a reconstitué ses intestins avec des tuyaux place Beaubourg ! ”

“ J'adore les danseuses, j'aime beaucoup les petits rats, mais j'en ai pas chez moi, à cause des petites crottes… ”

15 • 01 — SAINT RÉMI

SUNSET BOUVARD

C'est une grosse production américaine qui veut faire un film sur la vie de Bouvard, tu vois qui c'est, Bouvard ? Non, mais, baisse les yeux si tu veux voir… Bref, ils veulent faire la vie d'Bouvard, avec Claudia Cardinale comme partenaire qui est une fille grande, belle et puis tu arroses au pied, ça pousse tout seul, c'est bien. Alors ils veulent faire la vie d'Bouvard et l'un des producteurs demande : « Qui on va prendre pour faire le rôle, Robert Mitchum ?
Son associé lui répond :
– Oh non, c'est pas crédible.
Le premier, au bout d'un moment, dit :
– Mais on n'a qu'à prendre Bouvard !
– Non, réfléchis, imbécile, il est trop petit ! »

IDÉE
Je vais faire un nouveau spectacle : je jouerai en matinée et enfoirés !

LE JT DE LA VÉRITÉ Si je présentais le journal télévisé, il n'y aurait pas un invité qui s'en irait sans avoir dit la vérité.

Pensées

« Partant du principe qu'il vaut mieux gâcher sa vie que rien faire du tout, on va continuer, nous, qu'est-ce t'en penses ? »

« C'est pas parce qu'ils sont nombreux à avoir tort qu'ils ont raison ! »

16 • 01 — SAINT MARCEL

Gastronomie

C'est un monsieur qui vend sur le marché uniquement des têtes de hareng, il ne vend que des têtes de hareng qu'il vend beaucoup plus cher que les harengs entiers. Un type lui demande :
« Mais dites donc, vous vendez des têtes de hareng plus cher que des harengs ?
– Oui, parce que les têtes de hareng, ça rend intelligent !
– Ça rend intelligent ? C'est étonnant, ça !
– Mais je vous assure !
– Bon, alors donnez-m'en une livre, je vais essayer. »
Le lendemain, le type revient voir le marchand et lui dit :
« Dites donc, vous, j'ai pensé à quelque chose en mangeant vos têtes de hareng, je me suis dit : ça rend peut-être intelligent, le problème n'est pas là, mais, en tout cas, c'est plus cher que le hareng et quand on achète le hareng au kilo, y a aussi la tête !
– Vous voyez, répond le marchand, vous avez déjà compris ça, comme quoi ça rend intelligent ! »

Pensées

« Y a rien de pire que d'avoir 20 ans et des idées : tout le monde les trouve mauvaises. »

« La grossièreté vise à choquer ceux qui n'en rient pas pour faire rire deux fois plus les autres. »

« Il y a deux genres de chanteurs, ceux qui chantent juste et ceux qui chantent tout juste. »

17 • 01 — SAINTE ROSELINE

SCOOP Quand on m'a dit qu'ils avaient parlé de moi à RTL, j'ai cru que j'étais mort. Pour qu'ils parlent de moi à RTL, il faut au moins que je sois mort !

bruit de couloir **Il paraît que Georges Bizet beaucoup.**

Pensées

« Dans les déclarations de sportifs, c'est comme dans les déclarations d'hommes politiques : la franchise ne consiste pas à dire ce qu'on pense, mais à penser ce qu'on dit. »

UN CHAT DANS LA GORGE

C'est une dame qui téléphone à un médecin en disant :
« Voilà, mon fils vient d'avaler une souris…
Le médecin lui répond :
– Écoutez, j'arrive, en attendant, tenez un morceau de fromage devant lui. »
Et quand il arrive, la dame est en train de tenir une souris devant son fils. Il lui demande :
« Ça y est, vous avez réussi à l'attraper ?
– Non, c'en est une autre, j'essaie d'abord de faire sortir le chat… »

« Concile de Trente : les catholiques sont repartis en protestant. »

« Le cinéma français vit de ses comédies et récompense ses drames. »

18 • 01 — SAINTE PRISCA

COURS DE SÉDUCTION

« Mais, comment tu fais, toi alors, avec les gonzesses, parce que toi, tu les as toutes et moi, j'en ai pas ?
– Écoute, mon gars, j'vais t'dire un truc, avec les gonzesses, il faut être ferme, définitif et faire savoir tout de suite que c'est toi le patron. Une gonzesse, elle arrive, tu lui files rencard, t'arrives en r'tard, t'y mets deux baffes pour qu'elle sache bien qui c'est qui commande. Après ça, pendant toute la soirée, tu lui parles pas et après quand elle se déshabille et qu'elle se met au lit, toi, tu te tapes un cinq contre un dans les chiottes.
Après ça, si elle a pas compris que t'étais un mec indépendant… »

ATTRAPÉ AU VOL

« Salut, tu fais quoi comme métier ?
– Je suis mécanicien à Air France…
– Ah bon, tu voles alors ?
– Non.
– Allez, avoue, tu voles bien un petit bidon de temps en temps ! »

EURÊKA J'ai enfin la réponse !
Ce week-end, j'ai demandé à un flic pourquoi il m'emmerdait, il m'a répondu :
« Je suis minable, il faut bien que j'emmerde quelqu'un de connu ! »

19 · 01

SAINT MARIUS

PROVERBE

Qui prête aux riches prête à rire.

DÉFINITION *Je tiens à dire que la femme idéale, c'est une femme qui fait la cuisine, qui fait le ménage et qui est là quand on a besoin d'elle, que la mienne n'est pas du tout comme ça et que j'en suis ravi.*

Gastronomie

J'ai suivi les conseils qu'il y a dans le livre de Rika Zaraï : « Le masque pour la nuit. » Tu te mets des carottes, des olives, des œufs, des champignons. Et, au réveil, t'as une pizza.

Pensées

« Les parents d'élèves sont contre l'éducation sexuelle dans les écoles primaires. Forcément, tout ce qu'on apprend à l'école, on en est dégoûté à vie. »

« Le bac, je ne crois pas que ça serve à quelque chose. Comme ils disent à Tancarville : « Plutôt que de passer le bac, prenez le pont ! » »

« Eh oui, le problème des enfants, c'est toujours le même : ils ont toujours des parents beaucoup plus vieux qu'eux ! »

CONSEIL DU JOUR

Un conseil aux parents dont le gosse a avalé du sable et du ciment : ne lui faites rien boire !

COLUCHE *PAR* COLUCHE

Je ne suis pas un nouveau riche, je suis un ancien pauvre.

20 · 01

SAINT SÉBASTIEN

Devinette

Savez-vous pourquoi les Russes sautent plus haut et les Noirs courent plus vite ?

Parce que c'est la police qui les entraîne.

DANS LES ANNALES

Des îles pour des réalités

Vous voyez, quand j'étais petit, je pensais que l'idéal était d'arriver à s'acheter une île déserte et d'y aller à la retraite le plus vite possible. J'ai fait ça. J'ai acheté un morceau d'île et deux bateaux qui ont coulé l'un après l'autre.

Question de vocabulaire

Je suis allé à l'école jusqu'à 13 ans, j'ai raté le certificat d'études primaires, parce que l'expression ne me plaisait pas. Je ne voulais pas posséder un truc primaire.

Logique

Je n'ai jamais été malade en mangeant. Jamais. Le jour où je serai malade en mangeant, je m'arrête de travailler, parce que je travaille pour manger !

Pensées

« En France, c'est interdit de parler la bouche pleine. En Italie, c'est interdit de parler les mains pleines ! »

« Tu as vu ça, maintenant, le prix du paquet de Gitanes ! Ça fait cher le cancer ! »

« En photo, je rends bien. Après les repas aussi d'ailleurs. »

ORTHOPHONIE

Est-ce qu'on doit dire fioul ou fuel ? Ça dépend si on dit bougnoule ou Buñuel.

21 · 01 SAINTE AGNÈS

ALERTE INFO

— *On vient d'apprendre que les roux avaient en moyenne 80 000 cheveux, alors que les bruns et les blonds en avaient en moyenne 140 000. Par contre, il y a plus de roux que de blonds. Comme quoi, ça va, on a des roux de secours.*

C'EST MATHÉMATIQUE

Giscard, Chirac, Mitterrand, Marchais, si ces quatre imbéciles vivent centenaires, on l'a dans le cul toute notre vie.

% SONDAGE

• Les Français se trouvent beaux. Ça, c'est bien. Les rock'n'rollers ont toujours un peigne sur eux. Quand ils vont à la plage, ils le glissent dans le slip de bain. En sortant de l'eau, il faut se recoiffer, sinon, tu n'emballes pas et tu ne peux pas te promener nu chez toi avec la fille que tu viens d'emballer. Moi, comme 16 % des Français du sondage, je me promène nu chez moi. Mais il faudrait ouvrir les fenêtres pour que les gens se fassent des signes. On est tous voyeurs. On se retourne tous dans la rue sur les culs qui passent.

• 40 % des sondés reculent le plus possible le moment d'aller aux toilettes quand ils ne sont pas chez eux. C'est cool. Déjà, pour y aller, il faut vraiment en avoir envie. Il vaut mieux attendre un peu. Nous, les comédiens, comme on est rarement chez nous, on fait où on nous dit de faire, comme Chirac dit aux chiens.

22 · 01 SAINT VINCENT

LANGUE DE BOIS

C'est un mec qui traverse le bois de Vincennes la nuit et il est accosté par plein de mecs. Alors il s'approche d'un flic et lui dit : « Dites-moi, y a que des homos par là…
Et le flic, en clignant des yeux :
– Rapporteuse ! »

Pensées

« Les pauvres sont des gens comme nous, sauf qu'ils n'ont pas d'argent. »

« Pour qu'un écologiste soit élu président, il faudrait que les arbres votent. »

« La raison d'État, c'est des tas de raisons. »

CON-FONDU

Un jour, le directeur de l'usine regarde par sa fenêtre et voit marqué : « Merde au patron ! » C'est un mec qu'a écrit ça en pissant dans la neige : « Merde au patron ! » Alors, il appelle son chef de la milice locale, personnelle, et il dit : « Dites donc, vous allez me faire analyser la pisse et vous allez me trouver qui c'est qu'a pissé. » Et alors le mec fait une enquête, et il revient le voir et lui dit : « Voilà, j'suis emmerdé parce qu'on a trouvé, on a analysé la pisse, c'est votre chef d'atelier qu'a écrit ça…
– Ah bon, et alors ?
– L'emmerdant, c'est que c'est l'écriture de votre femme ! »

23 · 01

SAINT BARNARD

COURS DE LANGUE

C'est un monsieur qui entre dans une quincaillerie, et qui a un défaut d'prononciation; on lui demande:
«Qu'est-ce que vous désirez?»
Et il dit:
«Je voudrais un ouanana...
– Un comment... vous dites?
– Un ouanana.
– Eh bien, écoutez, j'vais voir parce que je suis pas sûr qu'il m'en reste.»
Alors, il cherche partout et il envoie un autre vendeur.
«Vite, va voir ce qu'il veut, j'ai pas compris, vite, va voir, vite, va voir c'qu'i veut.
– Monsieur, vous désirez, oui?
– Je voudrais un ouanana, mais j'ai déjà d'mandé à un monsieur, j'en veux pas deux, j'en veux qu'un, hein!»

Devinette

Vous savez la différence entre les filles et les garçons?

Les garçons font pipi avec un crayon, les filles avec une brosse!

Et alors y disent:
«Qu'est-ce qu'on va faire?»
Et à ce moment-là, y s'aperçoivent qu'à la cave, là où ils rangent les boulons, y a un mec qui parle comme ça. Y dit:
«Allez le chercher.»
Le mec arrive.
«Oui, bonjour, monsieur.
– Oui, bonjour, j'voudrais un ouanana.
– Oui.»
Alors le mec va l'chercher, il lui enveloppe et puis y paie et y s'en va, et l'patron vient voir le mec et lui dit:
«Ben, alors, qu'est-ce qu'y voulait?
– Ben, il voulait un ouanana.»

24 · 01

SAINT FRANÇOIS DE SALES

•CONSEIL DU JOUR•

T'arrives dans certains pays, t'as vite fait de manger épicé. Pas en même temps d'accord, mais quand même! Le lendemain, tu as intérêt à mettre des caleçons bout filtre!

CHILI CON-CERNÉ

C'est un Chilien qui est arrivé à s'échapper et à entrer en Amérique. Les journalistes lui demandent:
«Est-ce que vous aviez assez à manger au Chili?
– Oh, on peut pas se plaindre.
– Est-ce que, par exemple, vous aviez assez de libertés?
– On peut pas se plaindre.
– Mais alors, qu'est-ce que vous êtes venu foutre ici alors?
– Je suis venu me plaindre!»

Pensées

« Je n'ai rien contre Chantal Goya, je trouve simplement que c'est le genre de nana que tu peux emmener au cinéma si tu as envie de voir le film! »

« On apprend que Danièle Gilbert a un rhume de cerveau... Normal, les microbes s'attaquent toujours à la partie la plus faible de l'organisme! »

« Comme disait Yul Brynner, on est peu de chauves! »

PRAGMATIQUE Je ne veux pas faire un régime qui me ferait plus chier que d'être gros.

PETITE ANNONCE

Dans un journal de cannibales: «Cherche vieille femme végétarienne pour garder un enfant.»

25 • 01 CONVERSION DE SAINT PAUL

QUESTION D'ORGANISATION

Qu'il y ait des organisations antisémites, ça, ça me fait beaucoup rire ! Qu'est-ce qu'il faut être con pour être antisémite déjà, mais alors pour être organisé !

REMERCIEMENTS

Cher public, vos applaudissements me vont droit au cœur et droit au portefeuille de Paul Lederman !

IDÉE

Je devrais laisser parler un peu Paul Lederman, qu'il ait l'impression de gagner son fric honnêtement.

LE BEURRE ET L'AGENT DU BEURRE

Paul Lederman, mon agent, faut que je vous explique qui c'est : c'est celui qui s'occupe de mon argent en croyant que c'est le sien. Il compte toujours en anciens francs, lui. Il dit pas 10 000 francs, il dit un million… Parce que plus les chiffres sont gros, plus il est content ! Mais quand on parle d'argent, il croit qu'on se moque de lui. J'ai voulu lui raconter une blague, parce qu'il a de l'humour quand même, j'ai commencé :
« C'est un juif pauvre…
– Je t'arrête tout de suite, ça veut rien dire en yiddish. »

26 • 01 SAINTE PAULE

CONGÉ DE PATERNITÉ

C'est un type qui arrive à la maternité la nuit, ça tombe bien d'ailleurs parce que la maternité, c'est ovaire la nuit… L'infirmière lui dit :
« Bravo, monsieur, c'est un grand garçon que vous avez !
– Ça ne m'étonne pas, avec la cheminée que j'ai…
– Eh bien, justement, il faudrait peut-être la faire ramoner, l'enfant est tout noir. »

PETITE ANNONCE

Je voudrais dire à l'auditrice malvoyante qui a appelé tout à l'heure et qu'on essaie de rappeler depuis un quart d'heure qu'elle est aussi malentendante !

HUMOUR NOIR

Faut pas croire que tous les gens qui sont touchés par le racisme ont de l'humour. Moi, une fois, j'ai raconté une histoire de Noir à des Noirs, je leur ai dit que je préférais avoir un Noir dans la salle que la salle dans le noir, eh bien, il y a eu un blanc !

LOGIQUE

Si on peut pas se moquer des Arabes, c'est que c'est vraiment des Arabes ! À partir du moment où on peut se moquer d'eux comme de cons ordinaires, à ce moment il n'y a plus de racisme.

PARTI PRIS

Je suis coluchiste.

27 · 01 SAINTE ANGÈLE

% STATISTIQUE

À Los Angeles, il y a un mec qui est écrasé toutes les heures ! Le pauvre mec !

TRUC

J'ai trouvé le truc pour empêcher les morts dans les accidents d'avion ! Il faut serrer les passagers le plus possible dans l'appareil, les mettre côte à côte et les uns sur les autres et ils ne risqueront plus rien en cas d'accident. Eh oui, regardez les boîtes de sardines, vous pouvez les jeter violemment par terre, y a jamais de blessés !

COURS D'HISTOIRE

Le grand-duc de Luxembourg a rappelé que des cinq dynasties qui ont occupé le trône germanique, la famille du grand-duc est la seule qui n'ait jamais fait la guerre à la France. C'est pourtant mignon, le Luxembourg qui fait la guerre à la France !

L'HOROSCOPE DU JOUR

Envoyez-moi la marque, l'année et le mois de votre voiture, je me suis spécialisé dans le thème astral des bagnoles. Alors ce mois-ci pour les Peugeot qui sont Taureau, c'est très grave ! Les Renault Balance, ça ira, quoique Balance, il faudra quand même se méfier dans les virages ! Enfin un conseil pour toutes celles qui sont Poissons : attention si vous sortez le vendredi !

28 · 01 SAINT THOMAS D'AQUIN

Gastronomie

J'ai été nourri au sein. Par mon père.

Vous avez de l'albumine, c'est-à-dire des blancs d'œufs dans les urines ? Épousez une fille qui a du diabète et faites des blancs en neige !

En Allemagne, une femme a étranglé, noyé, dépecé, cuit et rôti son mari par « amour ». Elle, c'est : « Je t'aime à m'nourrir ! »

Je voudrais rassurer les peuples qui meurent de faim : ici, on mange pour vous.

• CONSEIL DU JOUR •

Vous voulez que je vous donne un petit tuyau pour jouer au tiercé ? Il faut jouer le 7, le 8 et le 18. Enfin si vous voulez gagner, vous faites ce que vous voulez, mais si vous voulez jouer seulement, vous pouvez faire ça !

AU DOIGT ET À L'ŒIL

C'est une jeune femme, genre propre sur elle comme à l'intérieur. Elle est mariée avec un vieux de l'Académie française, donc encore un peu vert. Sa mère lui demande :
« Vous couchez ensemble ?
– Oui.
– Et alors ?
– Alors il lit des livres.
– C'est tout ? Il ne te touche pas ?
– Si, des fois il mouille son doigt pour tourner la page. »

29 • 01

SAINT GILDAS

PRUDENCE EST MÈRE DE SÛRETÉ

C'est une dame qui dépose sa fille chez le coiffeur en disant :
« Vous lui faites une mise en plis, tout ça. »
Et elle va faire des courses, et elle revient un petit peu après et qu'est-ce qu'elle voit dans l'arrière-boutique… Elle voit le coiffeur agenouillé par terre qui est en train de présenter un membre de la famille à la petite gamine.
Alors la dame, furax, dit :
« Écoutez, je sais que je suis en retard, mais quand même…
– Ah ben, vous préférez qu'elle joue avec le rasoir ? »

COLUCHE *PAR* COLUCHE

L'oiseau que je préfère :
le paille-en-queue et l'hirondelle.

Mes auteurs favoris en prose :
Karl Marx.

Mes poètes préférés :
aucun. Je n'aime pas qu'on « fasse » de la poésie.

Mes héros dans la fiction :
Fanfan la Tulipe.

Mes héroïnes dans la fiction :
Stéphane Audran, Bernadette Lafont et Perette Pradier.

Mes compositeurs préférés :
B 52's, Police et les Pretenders.

Mes peintres favoris :
Schlosser et Clovis Trouille.

Mes héros dans la vie réelle :
Belmondo et Lino Ventura.

Mes héroïnes dans l'histoire :
toutes celles qui se sont fait couper la tête, on est débarrassés !

30 • 01

SAINTE MARTINE

ÎLE OU ELLE

C'est deux mecs qui sont tombés sur une île déserte et, au bout d'un moment, y en a un qui dit à l'autre :
« Bon, alors écoute, on a tout résolu les problèmes, on a résolu le problème du logement, on s'est construit des huttes, on s'est résolu le problème de la nourriture, on cueille des fruits, on attrape des bêtes et maintenant faudrait qu'on résolve le problème du sexe. Alors voilà c'que j'te propose, on fait des devinettes. Si tu gagnes, c'est toi qui fais la femme. Si tu perds, c'est moi. Qu'est-ce qui a des plumes et qui fait cocorico ?
– Un crocodile.
– Bravo, bonne réponse ! »

Pensée

« Si la femme était de confiance, le diable n'aurait pas de cornes. »

DANS LES ANNALES

J'avais un prof d'anglais qu'était vachement frappé parce que je l'appelais Eagle. L'aigle, en anglais. En fait, je l'appelais Eagle simplement parce qu'il gueulait tout le temps.

SYSTÈME D

J'ai un copain, il est moitié juif, moitié italien, quand il arrive pas à négocier assez un truc, il le pique.

• CONSEIL DU JOUR •

Si tu te sens inutile et déprimé, souviens-toi qu'un jour tu as été le spermatozoïde le plus rapide de tous.

31 · 01 SAINTE MARCELLE

AMENDE HONORABLE

C'est un gendarme qui voit une voiture qui est arrêtée dans le noir la nuit, n'est-ce pas, et il y a plein de buée aux fenêtres. Alors, il s'approche, il tape au carreau, comme ça, puis y a un homme qui baisse la vitre.
Il lui dit :
« Mais qu'est-ce vous faites là-d'dans, hein ?
– Ben, je fais l'amour.
– Ben, monsieur, alors, c'est 200 francs d'amende parce que c'est interdit de faire ça sur la voie publique. »
Alors la femme qu'est avec le mec, elle dit :
« Ben ça, quand même, c'est exagéré. »
Et le flic reprend :
« Ah, vous êtes deux en plus ! C'est 400 francs, alors ! »

• CONSEIL DU JOUR •

J'ai une annonce à faire aux fumeurs : pendez-vous, ça va plus vite !

ENFOIRÉS, EXCUSEZ-LE !

• « Coluche, vous êtes d'origine italienne ?
– Oui.
– Quelle région d'Italie ?
– Paris. La porte d'Italie. »

• « Elles te rapportent beaucoup, tes idées ?
– Lederman prend 100 % des recettes et me donne 10 %. »

JEU DE MAIN

C'est un enfant qui est surpris par sa mère en train de se masturber.
Elle lui dit :
« Eh ben alors, qu'est-ce que tu fais ?
– Bah, je me lave…
– Tu te fous de ma gueule ?
– Oh ! si on peut plus se laver à la vitesse qu'on veut… »

ALLER-RETOUR Je voulais vous raconter une histoire de boomerang mais je ne m'en souviens plus. Enfin, c'est pas grave, ça va me revenir.

Pensées

« Contrairement à la police, l'erreur est humaine. »

« Si tous ceux qui n'ont rien n'en demandaient pas plus, il serait bien facile de contenter tout le monde. »

« Il y a plus de pédés que de membres du RPR, et pourtant, c'est le RPR qui gouverne ! »

« On ne m'enlèvera pas de l'idée que la connerie est une forme d'intelligence. »

FIFTY-FIFTY

C'est deux copains qui sont au restaurant.
Tout d'un coup, y en a un qui s'lève et qui dit :
« Je vous préviens, nous n'avons pas d'argent pour payer, alors nous allons faire la vaisselle.
– Mais j'étais en train d'vous apporter l'addition…
– Justement, je voudrais les additions séparées…
Moi, je lave, lui, il essuie. »

ALERTE INFO *Bonne nouvelle : les impôts pourraient diminuer de 50 % !*
Mauvaise nouvelle : c'est aux États-Unis.

FÉVRIER

COLUCHE, IL Y A DES HOMMES POLITIQUES QUI SONT BIEN...
CEUX QUI SONT BIEN, C'EST LES PIRES!
WOLINSKI

01 · 02 SAINTE ELLA

C'EST L'HISTOIRE D'UN MEC...

C'est un mec qui croise un copain qui a les deux yeux au beurre noir.
« Qu'est-ce qui t'est arrivé ?
– M'en parle pas, j'étais à la messe hier et il y avait une bonne femme devant moi qui avait sa robe prise entre les fesses. J'ai voulu lui enlever, elle s'est retournée et m'a collé un pain !
– Et l'autre œil ?
– Bah, comme j'ai vu qu'elle avait pas aimé, j'ai voulu lui remettre la robe comme elle était ! »

% SONDAGE 58 % des mecs sont pour la peine de mort en France. À mon avis, c'est 58 % de mecs qui croient qu'on ne tue que des Arabes dans ces trucs-là !

SECRETS DE STARS

• Je vais vous dire, vous ne le répéterez pas, mais il y a Eddy Mitchell qui m'a dit un jour : « Tiens, passe-moi une cigarette. » C'est pour vous dire si je connais les artistes !

• Carlos a voulu prendre une jeune femme sur ses genoux hier soir. Malheureusement, il y avait déjà son ventre !

• Je veux pas citer de nom, mais je connais un imprésario, le jour où il a enfin couché avec sa femme, il a fait cocu plus de la moitié du Top 50 !

Devinette

Tu sais pourquoi on appelle les zèbres des zèbres ?

Parce qu'au début, y a un mec qui les a vus passer et qu'a dit : « Oh ! regarde ces drôles d'animaux, ils courent comme des zèbres ! », et ça leur est resté.

02 · 02 CHANDELEUR

COMME UNE CRÊPE

Faire sauter une contravention, y a rien de plus simple. Vous la mettez dans votre main, vous la lancez en l'air et le tour est joué : elle saute !

COMME CHIEN ET CHINE

« Regarde, chérie, j'ai acheté un pékinois !
– Oh ! il est joli, il est très mignon. Mais t'as acheté ça où ?
– En Chine.
– Mais t'es fou, y en a aux Champs-Élysées !
– Oui, mais aux Champs-Élysées, on peut pas se garer ! »

UN VRAI REMÈDE !

C'est un pharmacien qui explique au nouveau préparateur où se trouvent les médicaments, à quoi ils servent, etc., puis il passe devant un rayon de bocaux tout dégueulasses et le jeune préparateur lui demande ce que c'est. Le pharmacien lui répond :
« Ça ? C'est ce qu'on donne quand on n'arrive pas à lire l'ordonnance... »

Pensées

« Les journalistes ne croient pas les mensonges des hommes politiques, mais ils les répètent ! C'est pire ! »

« Il faudrait quand même pas prendre Harlem Désir pour une réalité ! »

« Heureusement que l'amour n'est pas aveugle parce que moi, ce que je préfère, c'est les porte-jarretelles. »

03•02 SAINT BLAISE

LANGUE DE PUTE

J'ai un client, un courtier en Bourse. Mon vieux, il a des actions en Bourse, mais alors, pour lui mettre les bourses en action...

PODIUM

On connaît les 172 pays qui ne vont pas aux jeux Olympiques. Il y en a trois qui y vont: la France, la Belgique, le Liechtenstein. Bonnes chances de médailles de bronze pour la France.

DÉFINITION *Premier ministre, c'est un peu comme maillot de bain. Ça soutient pas grand-chose, mais ça cache quand même l'essentiel.*

PIÈCES DE RÉSISTANCE

C'est un Écossais qui dit à ses enfants: «Voilà, pendant le repas, au lieu d'avoir un bifteck, je vais vous donner un penny, c'est une monnaie anglaise, je vais vous donner un petit penny à chacun au lieu d'la viande et, comme ça, ceux qui ne veulent pas d'viande, ils ont un penny et ils pourront s'acheter ce qu'ils voudront avec.»
Alors, évidemment, les gosses prennent le penny et ne mangent pas de viande. Arrivé au dessert, le père demande: «Et maintenant, qui c'est qui veut pour un penny de pudding?»

04•02 SAINTE VÉRONIQUE

COLUCHE *PAR* COLUCHE

• «Les questions sur ma vie privée, je crois que ça n'intéresse pas les gens. Qui a envie de savoir, par exemple, combien mesure ma femme? En tout cas, ceux que ça intéresse, moi, ils ne m'intéressent pas.
– C'est pourtant une partie de votre public...
– Ça les regarde, je demande pas aux gens que j'aime pas de pas m'aimer.»

• «Coluche, est-ce qu'il vous arrive d'avoir mauvais caractère?
– Tous les jours, monsieur. Et à la même heure!»

• Je suis un gros lard, mais avec le pognon que je gagne, j'aime autant que ça dure.

CARNET DU JOUR

• ***Yves Mourousi va épouser Véronique d'Alençon à Nîmes. On a compté, ça fait environ 800 kilomètres d'Alençon à Nîmes, il aura le temps de réfléchir à ce qu'il va dire!***

• ***Brigitte Bardot sera la marraine des enfants d'Yves et de Véronique Mourousi. Pour le cas où ce seraient des phoques.***

• ***Yves Mourousi et sa femme s'entendent parfaitement sur le plan sexuel: ils réussissent à avoir chacun mal à la tête en même temps!***

IMAGINATION BRIDÉE

Comme c'est mignon, les petits Japonais! Moi, je voudrais bien en avoir mais ma femme n'est pas japonaise et moi non plus!

05·02 SAINTE AGATHE

UNE QUESTION EXISTE EN CIEL

Vous avez déjà pris l'avion ? Vous avez vu comment y nous font chier pour prendre l'avion ? On peut même pas passer un couteau suisse ou une pince à ongles quand tu prends l'avion ! Ils veulent nous faire croire que c'est des passagers qui montent les bombes ! Mais non ! Les bombes montent à l'escale avec des passeports diplomatiques, ou dans le personnel. On se démerde, mais c'est sûrement pas des mecs qui prennent l'avion !
Et puis après, on apprend qu'y a eu un attentat en Italie qui a fait 80 morts et qui avait tout simplement été préparé par les services secrets italiens. Quand on pense qu'ils nous font chier avec la Sécurité sociale qui est en déficit, alors que le ministre de la Santé est même pas médecin ! On est en mesure de se poser la question : « Y a-t-il une vie avant la mort ? »

PROFESSION DE FOIE

Un type assiste à une conférence. Le professeur professe, le dégueulasse :
« L'alcool est un facteur important dans les problèmes de couple. Souvent, la femme quitte son mari parce qu'il boit. »
Alors, le type demande :
« Pratiquement, il faut boire quelle quantité pour que ça arrive ? »

•CONSEIL DU JOUR•

Bison bourré. Boire ou conduire, de toute façon, il faut conduire. Respectez la consigne : rapportez les bouteilles vides au magasin.

06·02 SAINT GASTON

UNE SANTÉ DEFFERRE

Gaston Defferre est malade. Il paraît que son médecin lui a prescrit un Ricard le matin, un Ricard le midi, un Ricard le soir. D'après nos sources, il suit très bien son traitement. Il aurait même pris six mois d'avance !

Pensées

« Grâce à l'armement nucléaire, puisque nous sommes nés par erreur, peut-être mourrons-nous par erreur. »

« Un journal féminin à grand tirage, c'est normal que ça fasse le bonheur des femmes ! »

« Ce serait raciste de penser que les étrangers n'ont pas le droit d'être cons. »

« Ah, les hommes ! La raison du plumard est toujours la meilleure ! »

Devinette

Tu sais pourquoi la télévision remplacera jamais les journaux ?

Parce que tu peux pas emballer le poisson avec un téléviseur.

ALERTE INFO *États-Unis : 180 kilos d'uranium perdus. Ils pourraient quand même faire gaffe à leurs affaires ! 180 kilos, il y a de quoi foutre le cancer à tous ceux qui ont le sida !*

07 · 02 SAINTE EUGÉNIE

CE CHER DISPARU

C'est une femme qui va voir le curé:
«Voilà, je vais vous embêter parce que mon mari est mort et j'ai pas d'argent, je ne peux pas payer de service funéraire, et pourtant, il était croyant, enfin, vous savez c'que c'est, bon, ça peut arriver, bref, j'aimerais savoir combien ça fait le sermon avec les grandes orgues et les chanteuses.
«Les grandes orgues, avec les chanteuses, ça fait 1 000 francs.
– Ah… ça, c'est trop cher, oui, et sans les tapis et les bougies?
– Sans les tapis et les bougies, j'vous le fais pour 700 francs.
– Mais sans l'orgue?
– J'vous le fais pour 600 francs.
– Sans les chanteuses?
– Pour 400.
– Et vous tout seul, m'sieur le curé, juste un p'tit signe de croix et on s'en va?
– Ben, j'vous le fais pour 100 balles.
– Bon, c'est dans mes prix, mais heureusement qu'on n'a pas à acheter le mort!»

DÉFINITION ***La misère, c'est un grand vent qui vous déferle sur la gueule et qu'arrête pas de souffler toujours dans la même direction. Le problème, c'est d'essayer de faire quelque chose pour éviter de se faire renverser. La prendre de côté, par exemple, comme le torero qui se met de profil pour que la mort ne lui rentre pas dedans.***

08 · 02 SAINTE JACQUELINE

Devinette

Qu'est-ce que c'est qu'un héros?
C'est un soldat qui a réussi.
Et qu'est-ce que c'est qu'un invalide?
C'est un héros qui n'est pas mort.

Pensées

« Et puis les femmes sont doublement baisées: parce que pour faire un pédé, faut deux mecs. »

« Les homosexuels ne se reproduisent pas entre eux et pourtant ils sont de plus en plus nombreux. »

« Tu sais ce qu'il faut pour faire un bon flic? Un jeu de cartes et un décapsuleur. »

MORCEAUX DE BRAVOURE

C'est un riche Américain, un Américain en somme, qui va chasser le fauve en Afrique. On lui procure un guide, mais tout petit, tout maigre. L'Américain, un peu inquiet, lui dit:
«Vous êtes sûrement un très bon guide, mais si j'ai un malaise, comment ferez-vous pour me ramener sur votre dos: je pèse 120 kilos.
– Vous inquiétez pas, missié, moi avoir déjà ramené un ours de 200 kilos sur mes épaules.
– Incroyable, comment avez-vous fait?
– J'ai fait dix voyages.»

IDÉE
Y a beaucoup d'écrivains qui feraient mieux d'écrire sur un papier beaucoup plus fin et de vendre leur livre avec un truc pour l'accrocher dans les toilettes!

09·02 SAINTE APOLLINE

LE COMPTE EST BONBON

C'est un professeur qu'essaie d'expliquer l'arithmétique à un gosse:
«Admettons que, dans ta poche droite, t'aies 7,25 francs et dans ta poche gauche, t'aies 1,75 franc, qu'est-ce que t'en déduis?
– Que c'est pas mon pantalon…
– Non. Bon, autre exemple, t'as seize bonbons, tu dois partager avec ton frère, combien tu lui en donnes?
– Quatre.
– Mais tu sais pas compter!
– Moi si, mais lui non.»

Gastronomie

J'ai bouffé dans un super resto hier soir, près de l'Étoile. J'ai essayé de couper mon steak pendant à peu près une demi-heure avant d'appeler le garçon qui n'a pas voulu me le changer sous prétexte que je l'avais ébréché.

J'y connais rien, mais je suis assez d'accord pour que les Anglais ne s'occupent pas de bouffe dans la CEE. Qu'ils se contentent de produire des cuvettes pour vomir.

% SONDAGE Sur un Français interrogé, un est d'accord.

Pensées

« Après le changement dans la continuité, voici la division dans le rassemblement. »

« Pour moi, l'important, ce n'est pas d'avoir plus d'argent, c'est d'en avoir assez. »

10·02 SAINT ARNAUD

TOUT EST EN RÈGLE

C'est un PDG qui est avec son bras droit, son homme de confiance.
Il lui demande:
«Alors, l'usine d'automobiles, ça va bien?
– Ça va très bien, j'ai fait les comptes, nous avons toujours huit sociétés, nous avons remonté la huitième, et tout va très bien.
– Et pour les rendez-vous à New York?
– Ben, votre avion est prêt, vous allez partir tout de suite, ils sont tous prévenus, ils seront à New York à l'heure et, après, vous plongez directement sur le Golgotha et là, vous allez rencontrer des personnages éminents et après, vous rentrez.»
Et comme ça pendant deux heures, l'autre lui fait son planning. Au bout d'un moment le PDG dit:
«Tiens, c'est marrant, j'ai pas vu ma secrétaire, elle est peut-être indisposée…»
Et l'autre lui dit:
«Non, on est le 25.»

PAS TOUCHE(S)

L'accordéon, c'est dégueulasse. Moi, j'y touche pas. C'est un instrument qu'a été malade. Il est encore plein de boutons.

11·02 NOTRE-DAME DE LOURDES

COLUCHE *PAR* COLUCHE

« Maintenant, tu pars aux Caraïbes, c'est définitif?

– Pour l'instant, oui. Mais si dans trois semaines je m'emmerde, je reviens. »

Pensée

“ À propos des miracles, à une époque où les Américains vont dans la Lune, il est normal que les chrétiens en descendent ! ”

PATTE CHANCE

C'est l'histoire d'un petit gamin qui n'a pas de bras ni de jambes. C'est qu'une tête avec rien dessous. Il demande à sa mère :
« Maman, je peux aller jouer au foot ?
– Mais tu sais bien que tu peux pas...
– Oui, mais je veux jouer au foot.
– Ben... Prie très fort et peut-être que demain... »
Toute la nuit, il prie et le lendemain, miracle, il a deux bras et deux jambes qui ont poussé sous le cou. Il est tout fier et sa mère, genre les cobras m'en tombent, lui dit :
« C'est un miracle, mon chéri, va vite montrer ça à ton père... »
Il court dehors, on entend des cris de joie et le père revient en disant :
« Chérie, chérie, viens voir la grosse araignée que j'ai écrasée ! »

ALERTE INFO *Le pape annonce qu'il n'ira pas à Lourdes parce qu'il est malade. C'est formidable, non ? Les gens, eux, y vont justement parce qu'ils sont malades.*

12·02 SAINT FÉLIX

Devinette

Tu sais comment on appelle un Noir avec une mitraillette, en Afrique du Sud ?

On l'appelle « Monsieur ».

FÉLIN OU L'AUTRE La justice répressive punit lourdement pour décourager les fautifs. Le problème, c'est qu'avec ce système de simples chats qui peuvent nous griffer, on fait des tigres qui peuvent nous bouffer.

PROTECTION MATERNELLE ET INFANTILE Il est moche, son gosse... Faut pas qu'y joue dans un bac à sable, lui, sinon les chats vont essayer de le recouvrir.

ÉCOLOGIE « Protégez les animaux, protégez les animaux ! » Bon, en France, on élève des poulets, mais on les mange ! En Afrique, ils élèvent des crocodiles, c'est les crocodiles qui les mangent ! Il faudrait savoir, faut protéger les crocodiles ou les Africains ?

LA QUESTION DU JOUR ? **J'invite M. Giscard d'Estaing à expliquer ce qu'il entend par : « Je vous rendrai la France dans l'état où vous me l'avez confiée. »**

QUAND LE CHAT N'EST PAS LÀ...

C'est une petite souris qui revient de la Lune et qui dit à ses copines : « Je reviens de la Lune, c'est comme un gros gruyère ! Y a plein de trous partout et y a pas un chat ! »

13 · 02 — SAINTE BÉATRICE

DÉPENSE NATIONALE

Ce qui nous coûte cher en France, je vais vous dire, c'est la bombe atomique! Il paraît que ça, ça nous coûte la peau des noix. Et puis surtout, tu sais quoi? Il paraît qu'elle est toute petite, notre bombe atomique. Et que si jamais y avait des vrais pays qui viendraient nous casser la gueule, on serait ridicules, avec notre petite bombe atomique. Et ça nous coûte la peau des noix! Finalement, cette bombe fait de nous des assassins en impuissance. Et à quel prix! C'est con!

LA PRESSE, MA MUSE

Dans le courrier, on me demande souvent où je vais chercher toutes mes conneries. Je vous réponds, ouvrez bien vos oreilles.

– Explosion dans les hauts-fourneaux de Thionville. Les trois hauts-fourneaux ont été arrêtés.

– Dans *Le Provençal*: La victime avait aussi un trou de balle dans le bas du dos.

– Dans *La Liberté*: Un jeune homme s'empoisonne et se jette dans une rivière. L'enquête penche pour le suicide.

– Dans *Le Républicain lorrain*: Le mystère de la femme coupée en morceaux reste entier.

Vous voyez ce que je veux dire. Parce que la presse, s'ils veulent jouer au plus con, ils ont pas perdu, là!

14 · 02 — SAINT VALENTIN

AMOUR EN MÊLÉE

C'est une gonzesse tout ébouriffée qu'arrive au commissariat.

«J'ai été violée, dit-elle aux flics.
– Pas possible?
– Si, et par quinze types.
– Quinze? De la police?
– Non, pas cette fois.
– Alors, vous inquiétez pas, on va les retrouver.
– Oh, pas tous, s'il vous plaît. Vous pourriez pas m'envoyer le deuxième, le huitième et le onzième?»

LEÇON DE CHOSES

C'est l'institutrice qui dit:
«Aujourd'hui, nous allons étudier le comportement sexuel chez les abeilles et les papillons… ceux qu'ont déjà baisé vont jouer au ballon dans la cour!»

D'AMOUR ET D'EAU FRAÎCHE

«Chérie, si je tombais à l'eau, tu viendrais à mon secours?
– Si je te répondais oui, tu sauterais?»

MUR RAPPORTEUR

C'est un homme et une femme mariés, qui ont été séparés pendant assez longtemps. Le jour où le mari rentre à la maison, il se jette sur sa femme et se met à lui faire l'amour. Hurlements. Et, à ce moment-là, y a un mec qui tape au mur et qui dit: «Alors, c'est tous les jours maintenant?»

Pensée

« Le sida, c'est l'injustice sociale par excellence: on peut même plus faire l'amour entre pauvres. »

Devinette

Comment reconnaît-on un Belge dans une partouze?

C'est celui qui baise sa femme.

15 • 02

SAINT CLAUDE

ÇA DATE !

15 FÉVRIER 1974

Première date du premier one-man-show de Coluche, *Mes adieux au music-hall*. Première apparition en salopette rayée.

CECI N'EST PAS UNE PIPE

Un patron à sa secrétaire :
« Savez-vous la différence qu'il y a entre une pipe et une salade niçoise ?
– Non.
– Bon, alors allons déjeuner. »

ESPACE FUMEUR

La scène se passe dans le train et y a plus de place. Une jeune fille toute mignonne avec la jupe courte, genre on lui voit le bonbon mais plus le papier, qui arrive. Alors y a un monsieur qui lui propose :
« Asseyez-vous donc sur mes genoux, si vous voulez… »
Alors elle s'assoit et au bout d'un moment elle dit :
« Mais je sens quelque chose de dur… »
Le monsieur, gêné, lui dit :
« Oh, c'est rien, ça doit être… euh… ma pipe ! »
Et il y a un vieux à côté qui dit :
« V'nez donc sur mes genoux à moi si vous voulez, ça fait belle lurette que je fume plus ! »

SYSTÈME D

Un clochard à un autre :
« Comment tu fais pour avoir les ongles aussi sales ?
– Bah, je me gratte… »

16 • 02

SAINTE JULIENNE

LES CHEVEUX EN QUATRE

Non mais t'as vu ça ! Un jeune banquier viré parce qu'il était coiffé en iroquois ! Parce qu'il avait les deux côtés rasés avec la touffe de cheveux au milieu ! Moi, mon banquier, il porte la bande de cheveux en rond autour de la tête et il est chauve à l'intérieur et lui, on le vire pas ! Je voudrais bien savoir pourquoi on accepte la bande autour et pas au-dessus !

Histoire belge

C'est pas toujours drôle, de faire la pute ! J'vous jure, y a des malades ! L'autre jour, je fais une pipe à un client. Je lui dis :
« C'est marrant, tu sens le bouchon ! »
Il me dit :
« C'est possible, je suis de Liège. »

COLUCHE *PAR* COLUCHE

• Le problème avec les journalistes qui viennent m'interviewer, c'est qu'on a l'impression qu'ils ne lisent pas les journaux. Ils ne savent rien. Alors, maintenant, quand ils commencent par me poser, dans l'ordre, les trois questions suivantes : « Coluche, c'est votre vrai nom ? », « La salopette, pourquoi ? » et « Où est-ce que vous allez chercher tout ça ? », je me tire.

• Le style de mes sketches ? Il colle au personnage, il colle à mon physique. C'est la même chose pour tous les artistes. Essayez donc de faire chanter une chanson de Sheila à Barbara !

Devinette

Vous savez comment on appelle un homme et une femme qui pratiquent la chose sans moyen contraceptif… sans gros contraceptif ni petit contraceptif non plus d'ailleurs ?…

Eh ben, on les appelle papa et maman !

17 · 02

SAINT ALEXIS

•CONSEIL DU JOUR•

En économie, moi, je ferais d'abord une information éducative. Il faut que les gens comprennent comment ça marche. Quand tu entends parler de « montants compensatoires », tout le monde te dit que c'est ça le défaut et personne ne sait ce que c'est... On te dit : les gouvernements y sont pour rien. Les gouvernements eux-mêmes te le disent : c'est pas nous, c'est les montants compensatoires ! T'as juste le droit de savoir une chose, c'est qu'avec les « montants compensatoires », tu l'as dans le cul, ce qui, en termes d'explication, est un peu juste.

LA QUESTION DU JOUR ?

Si le pape est polonais, d'après toi, c'est un hasard ? Pourquoi il est pas noir, le pape ? Parce que ça les arrange pas trop, les mecs. Polonais, c'est bonnard...

QUESTION D'AMBITION

C'est un sadique qui téléphone à une dame :
« Allô, bonjour, madame, alors voilà, devinez c'que j'ai dans la main, ça vous ferait plaisir de le voir c'que j'ai dans la main ? »
Et la bonne femme répond :
« Si ça tient dans une seule main, ça m'intéresse pas. »

18 · 02

SAINTE BERNADETTE

COLUCHE *PAR* COLUCHE

Tous les soirs, je me dis que, dans le tas des mecs qui se marrent, y en a forcément quelques-uns qui devraient pas se marrer du tout. Ce que je raconte, c'est quelquefois triste, au fond. Mais surtout, c'est le contraire des convictions de quelques-uns. Tiens, l'autre soir, y avait une bonne femme au ras de la scène. J'ai entendu ses réflexions. Elle était heureuse parce qu'elle disait : « Voilà enfin un type qu'a pas peur de dire leurs quatre vérités aux étrangers qui vivent en France. » Et moi, justement, qui me crève pour faire rire aux dépens des gens comme cette bonne femme-là ! Ça rend modeste, des trucs pareils.

Devinettes

Qu'est-ce qu'il faut faire pour devenir arbitre ?

Il faut manger avec les mains sous la table !

Pourquoi les coureurs cyclistes belges ont un jour de repos après les courses ?

C'est pour voir les Français arriver.

Pensées

« Chirac est prêt à tout pour y arriver. Beaucoup d'hommes politiques vendraient leur mère, Chirac, lui, en plus, il la livre ! »

« Un ballon de football n'a rien à faire dans une cuisine, ou alors dans le frigo pour celui qui les aime bien frais. »

« C'est joli la Bretagne, et c'est pas loin de la France en plus. »

19 • 02 — SAINT GABIN

LES PIEDS DANS LE PLAT

Le clergé a beaucoup discutaillé pour savoir qu'est-ce que si Galilée avait eu raison, que la Terre était ronde, qu'elle tournait, que si les autres, qu'est-ce qu'ils disaient que si la Terre était plate, alors donc, etc., bref, finalement, y a un évêque qui s'est levé pour apporter du poivre à son moulin et qui a dit: « C'est curieux parce que Jane Birkin, elle est plate et pourtant, au cinéma, elle tourne ! »

DETTES À QUITTER

« Tu te fous de ma gueule, tu me dois de l'argent depuis plus de dix mois, je t'aurai attendu plus que ta mère…
– Ne t'inquiète pas, je vais te le rendre !
– Je te préviens, c'est la dernière fois que je te le demande !
– Oh, merci ! »

Y a Moshé qu'est dans un bar, et soudain, derrière lui, un type lui tape sur l'épaule. Sans même se retourner, il dit aussitôt : « Eh, moi aussi, on m'en doit ! »

HAPPY END

Je suis allé voir le dernier Godard au cinéma, eh bien, croyez-moi, la fin est heureuse: on finit en effet par sortir de la salle.

20 • 02 — SAINTE AIMÉE

Devinette

Le capitaine Cook a fait trois voyages très importants : le premier en Alaska, le deuxième en Chine et le troisième aux États-Unis.
Au cours de quel voyage est-il mort ?

TOUT SKI FAUT

C'est un camarade belge qui s'est acheté une paire de skis nautiques et puis après avoir cherché partout un lac en pente, qu'il n'a pas trouvé, finalement il s'est laissé couler en disant :
« Ça fait rien, je vais faire du ski de fond ! »

ALERTE INFO

— *Une strip-teaseuse de 75 ans fait fureur en Angleterre. Elle, c'est Alice au pays des cartes Vermeil !*

RÉACTIONS EN CHAÎNE(S)

Je regarde la télé parce que cela me renseigne sur ce que savent les gens. 80 % de la culture de 80 % du public viennent de la télé.

Pensées

« J'aime bien l'amour tel qu'on le pense, mais j'aime aussi l'amour tel qu'on le fait. »

« Vive la partouze, l'Amour avec un grand tas ! »

« C'est joli, le progrès ! Demain, quand on offrira un livre à un gamin, il le tournera dans tous les sens pour savoir où faut mettre les piles ! »

« Ce qui est bien avec l'école, c'est que si après on fait de la prison, on n'est pas dépaysé. »

« Depuis que j'ai vu les Rolling Stones à la télé, je me suis remis à aimer les vieux. »

21 • 02 SAINT DAMIEN

SORTEZ COUVERTS!

C'est dans un cinéma, pendant le film, pendant qu'c'était tout noir, vous voyez, la fille s'est penchée sur le garçon au niveau, entre, si vous voulez, à la taille, et puis donc elle a pas du tout r'gardé l'film et comme tout d'un coup ça s'rallume et qu'ils ont pas fait attention, la fille fait semblant de chercher quelque chose par terre et le mec met son chapeau sur ses genoux, enfin, sur son appareil, sur l'appareil, et la fille fait semblant de chercher par terre. Alors, y a un vieux à côté qui dit à la fille:
«Hé, si c'est ce que vous cherchez, elle est sous le chapeau!»

PRESSE-CITRON Les journalistes ne posent plus de questions maintenant, ils agressent. Avant, ils demandaient aux hommes politiques:
«Pensez-vous que vous avez progressé?»
Maintenant, c'est presque:
«Con comme vous êtes, est-ce que vous avez fait des progrès dans votre parti de merde?»
Mais on sent la médiocrité dans la méchanceté comme dans le cirage. La méchanceté n'a jamais remplacé le talent, sinon il n'y aurait que des vedettes!

Pensée

« Il ne faut pas oublier que le rôle des hommes politiques, c'est, le cas échéant, d'affirmer des incertitudes. »

22 • 02 SAINTE ISABELLE

IDÉE

C'est fabuleux! L'usine va virer la moitié des effectifs et qu'est-ce qu'ils font, les syndicats? Ils font la grève! Les patrons n'ont déjà plus à payer les ouvriers, mais, en plus, à partir de maintenant, ils gagnent la différence. Soyez gentils, faites la grève le plus vite possible quand on vous parle de licenciements! Comme ça, les patrons gagneront la différence.

Devinette

Vous savez ce que c'est, l'alcootest?

Un soufflé aux amendes.

CQFD J'ai pas le cancer. Pour une raison simple, c'est que j'ai pas vérifié.

JEUNE APRÈS L'ÂGE L'âge, c'est un problème pour tout le monde. Ceux qui n'ont pas le problème, ils n'ont qu'à attendre, ils l'auront. Moi, je voudrais être un vieux qui préfère les jeunes aux vieux.

EN TOUTE INNOCENCE

C'est un type qui est accusé d'avoir commis un hold-up. À la fin du procès, l'avocat lui dit:
«Vous êtes acquitté.
– C'est formidable, mais est-ce que je dois rendre l'argent?»

ALERTE INFO *Bonne nouvelle: Giscard ne sera pas candidat. Sa femme a en effet déclaré que son mari ne se représenterait pas, sauf si c'est dans l'intérêt de la France. Aucun risque, donc.*

23·02 SAINT LAZARE

Devinette

Vous savez ce que c'est qu'un concours hippie ?

C'est une course de cheveux !

DÉFINITION *L'amour, c'est comme la grippe : on l'attrape dans la rue, on le résout au lit.*

Pensée

« Il y a un grand principe dans les gouvernements de droite, c'est que les prix qui sont montés ne peuvent jamais redescendre. »

LES GRANDS MOYENS

C'est une dame qui va voir son médecin en catastrophe parce que son mari est impuissant. Le médecin lui donne des pilules en lui disant :
« Essayez ça, c'est du tonnerre… Vous lui en donnez deux avant l'action, mais surtout pas plus de deux, hein…
– D'accord. »
Le lendemain, la bonne femme revient.
Le médecin lui demande :
« Alors ?
– Alors, c'est affreux… Je lui ai donné toute la boîte…
– Non ?
– Si. Il m'a fait l'amour 42 fois, il a violé la bonne, le chien, le facteur, le plombier et il est tombé comme une masse, raide mort.
– Et maintenant ?
– Bah, les gars des pompes funèbres sont en train de le masturber pour pouvoir fermer le cercueil… »

24·02 SAINT MODESTE

MILLÉSIMÉE

À une terrasse de café, un mec demande à une nana :
« Vous avez quel âge ?
– J'ai eu 30 ans.
– Ah oui, en quelle année ? »

ANACHRONISME Absent le 20 juin 1985 à la première audience d'un de ses nombreux procès pour outrage à agent, Coluche apprend plus tard que le substitut l'y a traité de « La Bruyère des vespasiennes ». Réaction de l'outragé : « Je ne connais pas La Bruyère, et les vespasiennes, quand je suis né, ça n'existait plus. Ça doit être une personne très âgée qu'a dit ça. »

UNE HISTOIRE AU POIL

C'est un mec qu'est dans une pizzeria, il est en train de bouffer des nouilles et puis il trouve un poil de cul dans l'assiette. Alors il appelle le patron et il dit :
« Eh, dites donc, qu'est-ce que c'est qu'cette histoire, y a un poil de cul dans les nouilles, moi, je paie pas, j'vous préviens, je paie pas. »
Et il part en courant. Le patron le cherche dans toute la ville et, dans une rue mal fréquentée, un type lui dit :
« Ton mec, il vient de monter avec une fille… »
Alors, il monte et il découvre le client dans une chambre en train d'embrasser le cul de la fille.
Il lui dit :
« Ben, dites donc, pour un mec qu'aime pas les poils de cul, merci !
Et l'autre répond :
– Oui, mais là, si je trouve une nouille, je paie pas. »

25·02 — SAINT ROMÉO

ÉRECTION PROVIDENTIELLE

C'est trois types qui se sont fait arrêter en Afrique par des réducteurs de têtes. On les attache à un arbre et on leur dit: «Voilà, on a décidé avec les sorciers, comme vous les Blancs vous avez un petit sexe, on va vous mesurer vos trois sexes en érection, et si à vous trois vous faites 40 centimètres, on vous relâche.» Ils commencent donc à mesurer. Le premier, 20 centimètres, le deuxième 19 centimètres, les mecs commencent à être rassurés, il n'y a plus de problème, il ne manque qu'un centimètre. Alors le dernier baisse son froc et là, surprise, y a rien ou presque. Alors le mec se force, rougit, éclate presque, on le mesure, 2 centimètres! Les mecs sont libres! Alors le troisième, tout content, fait: «Eh ben, les mecs, j'aurais pas bandé, on était tous morts!»

COMPTES D'HIVER

C'est officiel, la culture a moins d'1 % dans le budget de la France. On l'a échappé belle! Qu'est-ce que j'aurais pas aimé être artiste dans un pays où la culture aurait eu 25 %. Être obligé de jouer Shakespeare!

•CONSEIL DU JOUR•

Tu sais ce qu'on dit dans le Doubs? Absinthe-toi!

26·02 — SAINT NESTOR

À VOTRE SANTÉ

C'est un médecin à son client: «D'ailleurs vous n'êtes pas malade: l'autopsie prouvera que j'avais raison.» Ce qui arrive très souvent, c'est que le médecin guérit la maladie et finit quand même par tuer le malade. Parce que si vous voulez pas être malade, si vous voulez pas mourir, le mieux, c'était carrément de pas naître.

Pensée

« Quand une plaisanterie a besoin d'explications, c'est qu'il valait mieux pas la faire. »

DÉCOUVERTE

Il semblerait que le préservatif soit un très bon emblème politique. Il jugule l'inflation, il permet quand même l'expansion, il limite la surproduction et il offre une impression de sécurité satisfaisante.

QUESTION D'ENTRAÎNEMENT

J'ai connu une pute qui a bien compris que ses meilleures amies, c'étaient ses jambes. Et qui a bien compris aussi que, souvent, il fallait écarter ses meilleures amies!

Histoire belge

Mesdames, messieurs, je vous demanderai de ne pas m'en vouloir… Vous savez pourquoi les Belges rasent les murs? Parce que, parfois, les murs s'effritent!

27 • 02 SAINTE HONORINE

COLUCHE *PAR* COLUCHE

• Si un jour je n'ai plus de succès, eh bien… je pourrai toujours être un mauvais comédien. C'est ce que j'étais avant !

• Si je suis homosexuel ? Je vais vous dire la vérité : je n'ai jamais craché sur un beau garçon. Enfin, de trop près, je veux dire.

• Tout ce qui m'intéresse, soit ça fait grossir, soit c'est immoral !

TRUC Je me promène toujours la braguette ouverte. Des fois qu'il faudrait que je compte jusqu'à onze.

Pensée « **Ils sont pas mauvais, les Français, dès que les autres sont pires.** »

DÉFINITION *Gynécologue, c'est un métier pour les sourds : y a rien à entendre et tu peux lire sur les lèvres.*

FAUT PAS DÉCODER Ma mère, elle est montée sur le décodeur de Canal + et elle a dit : « Merde, elle marche plus, ma balance ! »

LA VÉRITÉ CIMENT Jean-Marie Le Pen a hérité de l'immense fortune des ciments Lambert. Il semblerait qu'à la signature Hubert Lambert n'était pas en possession de tous ses moyens. Ce qui est sûr, c'est que maintenant Jean-Marie Le Pen, lui, est en possession de tous les moyens du mort !

28 • 02 SAINT ROMAIN

BESOIN(S) D'AIDE

C'est un mec qui va voir son médecin, il lui dit :
« Voilà, j'ai un problème pour faire pipi et caca.
– Bon, ben, expliquez-moi.
– Ben voilà, je fais régulièrement tous les matins à 6 heures.
– De quoi vous vous plaignez ?
– Ben, je me lève à 7 heures. »

IDÉE REÇUE

Mais non, Pasqua n'est pas un monstre, il ressemble à un monstre, c'est tout.

DANS LES ANNALES

• *Comment je suis devenu « artisse » ? Si j'avais rencontré Picasso, j'me s'rais sûrement mis à la peinture à ce moment-là… Mais j'ai rencontré Romain Bouteille.*

• *Romain Bouteille, ça a été une sorte de père. Ce que je ne lui ai pas piqué, il me l'a appris.*

• *On demandait à Coluche quelques souvenirs de l'époque du Café de la Gare et s'il en voulait à Romain Bouteille de l'avoir exclu de la troupe :*

« S'il ne m'avait pas viré, je n'aurais pas fait de progrès. Donc, j'ai eu deux coups de pot dans ma vie : être découvert par Bouteille et, surtout, être viré par Bouteille. »

À propos du même Bouteille :

« Des comme lui, il n'y avait que lui, ça se comptait sur les doigts du pouce. »

FASHION VICTIM

C'est un mec qui s'est acheté un costume à la mode et qui va pour tirer une gonzesse. Il arrive et lui dit :
« Tu vois, j'me suis mis sur mon trente et un et je viens pour te présenter mes hommages… »
Et la gonzesse, elle se déshabille, il se déshabille, tout ça, et quatre heures après, elle se lève du lit d'un coup, elle prend le costard du mec et elle le jette par la fenêtre. Le mec est furieux :
« Tu jettes mon costume, mon beau costume que j'avais acheté exprès pour te faire l'amour, un beau costume que j'avais mis exprès !
– Oui, j'le fous par la fenêtre parce que le temps que tu y arrives à me faire l'amour, à ce rythme-là, la mode aura changé ! »

OFFERT PAR LA MAISON

Vivre en HLM, y a pas que des inconvénients. Bah oui, les murs sont tellement minces que c'est quand même le seul endroit où tu peux avoir un orgasme quand c'est tes voisins qui font l'amour. Ça t'évite de vivre à deux, tu fais des économies.

Pensées

« Je connais bien les chômeurs, ils ont tellement honte, ils votent communiste pour se faire passer pour des travailleurs. »

« Faut pas croire : en comptant tous les dieux, demi-dieux, quarts de dieux, etc., il y a déjà eu 62 millions de dieux depuis les débuts de l'humanité ! Alors, les mecs qui pensent que le leur est le seul bon… Ça craint un max ! »

ENFOIRÉS, EXCUSEZ-LE !

À un journaliste curieux de connaître les rêves d'acteur de Coluche, ses désirs, ses ambitions cinématographiques :
« Un film où j'aurais un rôle très court et très bien payé ! »
Au même, s'intéressant cette fois aux satisfactions apportées à Coluche par le métier d'acteur :
« De l'argent ! »

Devinettes

Vous savez comment on appelle en Israël un bébé de 3 mois qui n'est pas circoncis ?
Une fille.

Vous savez comment Elizabeth Taylor a perdu 10 kilos en une seule soirée ?
Elle s'est démaquillée.

LOGIQUE

C'est sûr qu'il y a des filles qui se font baiser par les producteurs, pour réussir, mais elles ne réussissent qu'à se faire baiser… C'est tout ce qu'on leur connaît comme réussite ! Celles qui ont réussi se sont fait baiser aussi, c'est bien la preuve que c'est pas un critère.

MARS

VOUS AVEZ L'AIR D'AIMER ÇA?
NON J'AI L'AIR DE MAUVAISE HUMEUR
AIR PAS FAROUCHE
AIR DE PARIS
AIR DE RIEN
AIR LOUCHE
AIR INNO-CENT
AIR PUR
DRÔLE D'AIR
AIR PAS CATHO LIQUE
AIR COMME IL FAUT
AIR DE FAMILLE
WOLINSKI

01 • 03 SAINT AUBIN

C'EST L'HISTOIRE D'UN MEC...

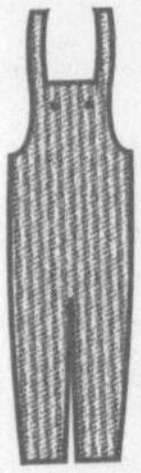

Alors, c'est un mec qu'est au boulot, il est gynécologue, c'est-à-dire il a les deux doigts si vous voulez à l'intérieur de la malade, et alors il est en train de l'ausculter. À ce moment-là, le téléphone sonne, c'est un de ses copains qui lui demande :
« J'suis à la Bastille, comment j'fais pour aller à la République ?
Alors le gynéco lui dit :
– C'est facile, tu prends d'abord à droite, puis à gauche, ensuite deuxième à droite, tout droit pendant 100 mètres, à gauche et encore à droite... Machinalement, il fait les gestes avec la main qui ne tient pas le téléphone, celle qui ausculte... Bref, au bout d'un moment, il raccroche et se tourne vers l'impatiente. Celle-ci, toute rouge, en sueur, lui demande :
– Dites-moi, j'ai pas compris, vous pouvez encore expliquer le chemin... »

Devinettes

Vous savez la différence entre un ouvrier et un patron ?
L'ouvrier, c'est celui qui sait comment on travaille, le patron, c'est celui qui sait pourquoi on travaille !

Vous savez ce que c'est qu'un spermatozoïde avec un attaché-case ?
Un représentant de mes couilles.

02 • 03 SAINT CHARLES LE BON

SYSTÈME D

Y a des gens qui ont des enfants parce qu'ils n'ont pas les moyens de s'offrir un chien.

TU PARLES, CHARLES ! Charles Pasqua déclare : « Je connais les remèdes politiques pour redresser la France. » Après quarante ans de carrière, il est un peu con de pas les avoir donnés plus tôt, non ?

LA BONNE FEUILLE

C'est un charcutier qui demande à la caissière :
« Marguerite, mon crayon...
– Il est sur votre oreille, monsieur !
– Vous voyez bien que je suis pressé... quelle oreille ? »

SÉQUENCE NOSTALGIE Charles Trenet écrivait des chansons à une époque où la Lune était dans les chansons d'amour et non pas dans le budget de la Défense.

MARTEL EN TÊTE On nous a bourré le mou pendant des années comme quoi, en 732, Charles Martel avait arrêté les Arabes à moitié. Eh bien, maintenant, y en a jusqu'à Lille !

Pensée

« Le vrai problème avec les drogues dures, c'est que les politiques qui en parlent voient souvent la poutre que les autres ont dans l'œil, mais rarement la paille qu'ils ont dans le nez. »

03 • 03 — SAINT GUÉNOLÉ

À LAMES ÉGALES

C'est un mec qui est chez le coiffeur. Le rasoir dérape et il a l'oreille coupée.
« C'est rien, dit-il au coiffeur, continuez ! »
Le coiffeur lui met un peu de coton et continue. Cinq minutes après, nouveau coup de rasoir, l'autre oreille vole.
« C'est rien, dit le mec, allez-y… »
Le coiffeur s'y remet et se fait cette fois un morceau de la lèvre puis un bout du cou.
« C'est rien, lui dit le mec.
– Mais ça vous dérange pas que je vous coupe ?
– Non. En revanche, j'aimerais bien un rasoir moi aussi, maintenant, que je puisse me défendre ! »

PROVERBE

Il faut se méfier des proverbes. Il y avait un proverbe dans le cinéma qui disait : tant va la cruche à l'eau qu'à la fin Brigitte Bardot voulait plus tourner du tout !

CINÉMA M'ÉTAIT CONTÉ

- En général, je vais pas au cinéma parce que je me fais beaucoup chier… Alors l'avantage de la cassette, c'est que la demi-heure chiante, tu la passes en accéléré et puis voilà. Mais quand t'es au cinéma, il te manque le bouton.
- Vous avez remarqué ? Les salauds au cinéma sont toujours punis à la fin, tandis qu'à la télé, c'est toujours les mêmes.
- Au cinéma, à Brest, on joue *La marée était en noir*, avec Jeanne Moreau.

ÇA DATE !

3 MARS 1984
Coluche reçoit le césar du meilleur acteur pour *Tchao Pantin*, de Claude Berri.

04 • 03 — SAINT CASIMIR

SUR LA BONNE VOIX

C'est un mec bourré de chez bourré. Le genre de cuite qu'on raconte même pas à ses potes. Malgré tout, il réussit à rentrer chez lui. La porte franchie, il se casse la figure et hurle :
« Chérie, commence à m'engueuler pour que je puisse trouver la direction de la chambre. »

NAPHTA-LINE

On n'a plus le droit de dire du mal et personne ne dit plus du mal ! Moi, je me souviens, quand on était petit, on ouvrait la radio et les mecs canardaient à bout portant tout ce qui bougeait ! C'était déjà Line Renaud qui trinquait ! C'est pour vous dire si la chasse est ouverte depuis un moment !

Devinette

Est-ce que vous savez pourquoi y a un coq au-dessus du clocher ?

C'est pour montrer qu'avec le vent, n'est-ce pas, c'est la queue qui fait tourner la tête.

POUR ÊTRE HEUREUX, FAUT S'LEVER DE BONHEUR !

Un mec dit à son môme :
« Tu verras, un jour, tu te marieras. D'ailleurs, le mariage hymen à tout, comme disait l'autre. Tu auras des enfants et alors tu sauras ce qu'est le vrai bonheur.
– Ah oui ? dit le môme.
– Oui, mais ce sera trop tard. »

05•03 SAINTE OLIVE

SENS CIVIQUE

Un gamin demande à un vieux :
« Monsieur, vous pouvez m'ouvrir la porte du square ?
– Bien, puisque c'est demandé gentiment, voilà. Tu pourras le faire tout seul, tu sais, quand tu seras grand…
– Ouais, je le ferai surtout tout seul quand la peinture sera sèche ! »

% STATISTIQUE

Sept enfants martyrs par jour en France en moyenne, 15 morts depuis le début de l'année et on passe ça sous silence ! Les gosses entrent à l'hôpital et devant il y a écrit : « Hôpital, silence. »

FAIT D'HIVER

« Un Arabe torturé dans l'arrière-salle d'un bar marseillais. »
Y a deux choses que j'aimerais pas être à Marseille : arabe et marseillais !

VICE VERSA

Quand on voit tous ces hommes politiques qui font des magouilles, qu'écopent de non-lieux devant les juges et qui restent en place, on peut se dire que s'il n'y a pas vice de forme là-dedans, il y a au moins une forme de vice.

Devinette

Savez-vous où on trouve le plus d'Éthiopiens ?
En Éthiopie du Sud, du Nord, de l'Est ou de l'Ouest ?
Eh bien, ça dépend du vent.

06•03 SAINTE COLETTE

FLOP SANTÉ

Deux microbes se rencontrent.
L'un dit à l'autre :
« Alors, ça va, toi ?
– Mal en ce moment. J'ai les antibiotiques. »

•CONSEIL DU JOUR•

Les mecs, y font des voitures sans permis, y feraient mieux de faire des voitures sans alcool !

Devinette

Vous savez comment on reconnaît un gendarme d'un voleur ?
Non ? Eh bien, moi non plus !

COLUCHE *PAR* COLUCHE

• Ce qui est bien, c'est que les gens se reconnaissent en moi. Les plus cons, les plus laids se disent : « Si un mec comme ça peut réussir, pourquoi pas moi ? » Je suis l'idéal des médiocres.

• J'ai beaucoup raconté des blagues de handicapés à des handicapés, des blagues d'aveugles à des aveugles, et franchement, de toutes les infirmités connues dans le monde, y a que la connerie qui fait pas rire celui qui l'a.

• On dit que j'ai du talent. Quand je serai mort, on dira que j'avais du génie. Moi, tant que j'ai du pognon…

ALERTE INFO

Tremblement de terre dans la Creuse – à part un mec qui a le Parkinson et qui, un instant, s'est cru guéri, les autres ont seulement été ébranlés quelques secondes. Ils ont quand même gueulé parce que, ébranlés d'accord, mais seulement quelques secondes, faut quand même pas déconner !

07 • 03 SAINTE FÉLICITÉ

PROVERBE

On a pas besoin d'être riche et célèbre pour être heureux, il suffit d'être riche.

DÉFINITION *Vous savez ce que c'est que le bonheur en URSS? Eh bien, c'est quand vous êtes réveillé la nuit par la milice qui vous dit: «C'est ici Ivan Ivanovitch» et qu'vous dites: «Non, c'est en dessous.»*

C'EST L'HISTOIRE D'UN MEC…

C'est un mec qu'on interviewe au Chili: «Alors, heureux de vivre?
– Non, mais surpris!»

REMERCIEMENTS

Georges Fillioud, ministre de la Communication, se félicite lui-même de la création des chaînes privées. Il fait bien de se féliciter tout seul. Si j'avais été son patron, moi, je me serais contenté de le remercier.

ATTENTIONNÉ

Il n'y a qu'une chose qui le préoccupe, lui, c'est le bonheur de sa femme. À tel point qu'il vient d'engager deux détectives pour en découvrir les raisons!

BON SENS NE SAURAIT MENTIR

L'hôtesse: «Nous espérons que vous avez été heureux de ce vol.» Coluche: «J'avais bien dit que c'était du vol!»

08 • 03 SAINT JEAN DE DIEU

Gastronomie

Conseil aux athées: buvez du bouillon. Normalement, y a pas Dieu dans le bouillon!

Il existe à l'armée ce qu'on appelle un «biscuit de guerre». C'est-à-dire un truc immangeable, qui contient tout ce qu'il faut pour survivre. Sauf qu'il faut être à côté d'un robinet, parce que c'est un étouffe-chrétien que je vous raconte pas… Moi, je vais faire faire un «biscuit de paix». C'est un truc qui sera plus plat qu'un McDo, et qui contiendra du miel, des noix, du sel, de tout ce qui faut… Enfin, je suis en train de le faire étudier, et… je peux pas vous dire, parce que, là, je m'avance un petit peu, on n'a pas fini vraiment de travailler dessus, mais ça va coûter 1,20 franc au maximum, par pièce. Et ce sera un biscuit qui contient tout ce qu'il faut pour vivre.

SYSTÈME D

Le problème avec Dieu, c'est de savoir comment ça marche. Si tu pries pour avoir une bagnole, tu l'auras pas. Mais si tu la piques et qu'ensuite tu pries pour qu'il te pardonne, là, ça peut marcher.

09 • 03 SAINTE FRANÇOISE

CINÉMA Ils sortent un film cette semaine : *Femme entre chien et loup.* Si elle ne se fait pas mordre, celle-là, elle aura du bol.

• CONSEIL DU JOUR •

Alors ils mettent les élections le dimanche, et après ils gueulent parce que, comme il a fait beau, personne n'est allé voter. Tu crois pas que la première chose à faire, ça serait de les mettre en semaine ?

Pensées « Moi, je veux bien qu'on n'ait pas le droit de rire, mais faut qu'ils arrêtent de nous chatouiller sous les bras aussi ! »

INDISCRET

C'est un mec qu'arrive à la douane avec un renne. Le douanier lui demande :
« Qu'est-ce que c'est ça que vous tenez en laisse ?
– C'est mon chien.
– Il est grand vot'chien…
– Ben, y a toutes les tailles…
– Et il a des cornes…
– Mais sa vie privée ne vous regarde pas ! »

« Deux choses importantes à acheter pour les années qui viennent : un bon plumard et une bonne paire de pompes. Parce qu'en général quand on n'est pas dans l'un, on est dans l'autre ! »

« À part gangster ou homme politique, des choses qui se font sans qualification, y a quasiment qu'artiste. »

10 • 03 SAINT VIVIEN

ÉPHÉMÉRIDE Aujourd'hui, on est jeudi. On s'en fout, ça change tous les jours.

ARITHMÉTIQUE Line Renaud a trente ans de carrière. Dis donc, elle a commencé tard !

Pensée « Victoire de la droite, victoire du RPR, surtout. Et donc, une petite pensée à méditer pour l'UDF : quand on mange une tartine de beurre, les dents du bas n'ont que du pain sec. »

ON A TOUJOURS BESOIN D'UN PETIT POIDS CHEZ SOI

C'est un concours pour être garde du corps du président de la République. Il faut soulever 200 kilos, serrer la main à un gorille et passer la nuit avec une négresse, une vraie bouffeuse d'homme, et lui faire rendre grâce. Un petit mec arrive devant l'examinateur qui se marre tellement le mec est maigue, tout petit, tout maigue. Mais bon, tout le monde a le droit d'essayer, alors, il le laisse faire. Le petit mec entre dans la première pièce, soulève les 200 kilos comme qui rigole, file dans la deuxième pièce, celle du gorille, on entend des cris, des hurlements, des grands bruits, puis finalement le petit mec en ressort sans une égratignure et demande :
« Bon, et maintenant elle est où, cette négresse, que je lui serre la main ? »

11 · 03 SAINTE ROSINE

ÉPHÉMÉRIDE Quel jour on est aujourd'hui ? Vendredi. Quel beau nom pour un Noir !

PROVERBE

Proverbe belge : rien dire, c'est se taire !

RAGE DEDANS

C'est une femme qu'a émail à partir avec le dentiste. Elle est dans le fauteuil et le mec s'approche pour opérer. À ce moment-là, elle lui chope les valseuses à travers le froc, les serre à fond, laisse la main et elle lui dit : « Maintenant, mon garçon, on va essayer de faire gaffe tous les deux et de se faire mal ni l'un ni l'autre. »

ALERTE INFO

— *En Thaïlande, les prostituées ont augmenté leurs prix et les clients ont gueulé : non seulement elles leur vident les bourses, mais, en plus, elles leur vident les bourses.*

À BOUT DE SOUFFLE J'ai un ami qui était tépris, on fait la liaison, qui était épris, si vous préférez, de musique. Toute sa vie, il a essayé de perfectionner son instrument. Il l'a démonté, remonté, redémonté dans tous les sens et par tous les trous, il a soufflé des milliers de fois dedans, résultat, jamais un seul son en est sorti ! Il en est mort de chagrin d'ailleurs. Et finalement, on l'a enterré avec sa guitare.

12 · 03 SAINTE JUSTINE

DÉFINITION *Jean-Paul Belmondo déclare dans VSD : « L'amour, c'est le calme, la paix, la tranquillité. » À mon avis, il s'est gouré, il a confondu avec la sieste.*

Pensées

« Il paraît que la reine d'Angleterre coûte deux fois moins cher à son État que le président de la République française au sien. Mais ce n'est pas ce que ça coûte qui importe, c'est ce que ça rapporte ! »

« Ma position politique : au-dessus des partis. Dans les poils, si on préfère. »

« Alcoolisme : celui qui se fait prendre en Iran, y raque ! »

D'YEUX LA PAIRE

C'est un petit garçon qui n'est pas rentré de l'école. Affolés, ses parents sortent et le cherchent partout sur le trajet. Dans une impasse un peu sombre, ils croisent un type carrément tibulaire, un mec louche quoi, très louche. Ils lui demandent : « Pardon, monsieur, vous n'auriez pas vu un petit garçon blond avec des yeux gris ? » Le type ouvre la main et leur demande : « Des yeux comme ceux-là ? »

Gastronomie

C'est la nouvelle bonne à laquelle la patronne dit : « Je vous préviens, ici, Marie, on a l'habitude de manger les restes ! – Ah, vous faites bien de me le dire, je vous garderai les miens ! »

13 • 03 SAINT RODRIGUE

COURS D'ANATOMIE

Mon mec, un jour, il est arrivé chez mes parents. Il a dit:
«Monsieur, j'suis venu demander le vagin de votre fille. Alors mon père lui a dit:
– Vous voulez dire la main?
– Eh bien, non... Si c'est pour faire ça à la main, j'ai la mienne!»

•CONSEIL DU JOUR•

Méfiez-vous si vous allez en Écosse, vous risquez l'attentat à la pudeur si vous vous épongez le front avec votre kilt!

Pensées

« Jean-Marie Le Pen a déclaré qu'il ne donnerait rien aux Restos du cœur. Je n'aurai qu'un mot: ouf! »

C'EST L'HISTOIRE D'UN MEC...

C'est un mec qui dit:
«Ça va bien, toi?
– Ben, non, ça va pas, non, j'me marie plus!
– Ah? tu t'maries plus avec ta fiancée?
– Ben, non, j'me marie plus, ben non.
– Mais pourquoi?
– Ben, écoute, est-ce que tu te marierais, toi, avec un être sans scrupule, sans cœur et sans dot en plus?
– Ça non!
– Ben, tu vois, elle non plus!»

« Sylvie Vartan déclare que ses chansons s'adressent avant tout au cœur des gens. Le seul problème, c'est que, pour arriver là, elles doivent d'abord passer par les oreilles. »

« Dans la catégorie sex-appeal, nouvelle victoire du vibromasseur! »

14 • 03 SAINTE MATHILDE

AMOUR EN CAGE

Une concierge d'immeuble vient d'avoir son dix-huitième enfant alors qu'elle n'a que 24 ans, vous voyez le coup... Interrogée par les docteurs pour savoir qui étaient les pères des enfants, comment c'est arrivé, tout ça, elle a répondu:
«Si vous croyez que j'ai le temps de regarder derrière moi quand je fais l'escalier...»

Pensées

« Pauvre, moche et grosse: y en a qui exagèrent! »

« Je n'ai jamais été simple. Je ne vois pas pourquoi la gloire me ferait changer. »

« Il y a beaucoup de mauvais, chez les acteurs, et ça n'est pas forcément ceux-là qui sont chômeurs. »

DANS LES ANNALES

Ma mère nous habillait pareils, avec ma sœur. Elle voulait qu'on soit impeccables. Une spécialité de pauvres. Comme avoir de grandes idées.

COLUCHE PAR COLUCHE

• «Prêtez-vous de l'argent?
– Ben, au début, j'prêtais, mais après j'me suis vite aperçu que je donnais...»

• «Avez-vous essuyé beaucoup d'échecs durant votre vie?
– Oui, un maximum. La proportion d'échecs correspond au nombre de fois où tu dragues dans la journée.»

15 • 03

SAINTE LOUISE

AFFAIRE EN SUSPENS

Une femme a été retrouvée dans la rue, égorgée, le truc dégueulasse, quoi, avec des morceaux qui collent de partout.
Le commissaire vient voir le médecin légiste et lui demande :
« Elle a été violée ?
– Pas encore, j'attendais votre feu vert. »

EXCELLENTES MESURES

À cette époque où tout augmente, nous sommes heureux d'apprendre que les kilomètres, les mètres et les centimètres n'ont pas varié depuis le dernier septennat. Bravo !

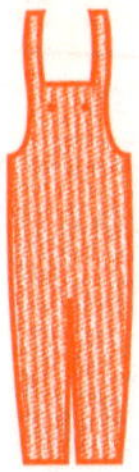

C'EST L'HISTOIRE D'UN MEC…

C'est un mec, un militaire, personne n'est parfait, qui fait la garde avec un officier la nuit. Soudain, ils voient à une cinquantaine de mètres une lumière rouge. L'officier, le salaud, enfin l'officier donne l'ordre au soldat d'aller voir ce qui se passe. Bon, l'autre y va, c'est parti mon kaki, et ne revient que trois heures après, vachement essoufflé, le mec :
« Où étais-tu passé, imbécile, dit l'officier au soldat. Je t'avais juste demandé d'aller voir ce qu'étaient ces lumières rouges.
– Justement, dit le soldat, j'y suis allé, mais c'étaient les feux arrière d'une voiture ! »

16 • 03

SAINTE BÉNÉDICTE

COLUCHE *PAR* CAVANNA

« Le président Coluche est sorti de l'hôpital. Je suis allé lui présenter les vœux de prompt rétablissement de la part de *Charlie Hebdo* et aussi lui exprimer notre admiration devant son sacrifice héroïque. Il m'a répondu par quelques mots simples et grands : "Sacrifice, mon cul. Tu crois pas que j'allais me laisser crever ? Le jour où le médecin m'a dit que ça devenait vraiment dangereux, j'ai laissé tomber aussitôt. Finalement, ça m'a fait plutôt du bien. J'ai perdu 12 kilos, rien que de la mauvaise graisse. Ce qui reste, c'est de la bonne. Et du coup, je fais ce que j'avais jamais fait : je me soigne. Le médecin m'a pris en charge, analyses, fortifiants, régime, repos, je me sens en forme, terrible. Du coup, je pars en vacances. Moi, quand je suis en forme, j'ai envie de vacances. Je les ai bien gagnées, non ?" »

LA QUESTION DU JOUR

Pourquoi des mecs élus par nous pour faire ce qu'on veut, au lendemain des élections, font ce qu'ils veulent ?

ÇA DATE !

16 MARS 1981

Officieusement interdit d'antenne lors de sa campagne présidentielle, Coluche entame une grève de la faim. Au cours de la conférence de presse marquant cette décision, il avoue un petit tracas : « Je suis emmerdé parce que j'ai des médicaments contre le rhume à prendre après les repas, et je sais plus à quel moment les prendre. »

Histoire belge

C'est en Belgique, c'est un monsieur qui s'est fait arrêter parce qu'il courait après un cochon avec une hache pour se faire une tirelire.

17 • 03 SAINT PATRICE

SCIENCES ET AVENIR

Les gens ont dépensé des milliards pour aller dans la Lune, sur les étoiles, mais ce qui a humanisé l'aéronautique, c'est le caca du singe de la navette.

Pensée

« En matière de loi, y a deux catégories d'emmerdeurs : ceux qui les appliquent et ceux qui les appliquent pas. »

C'EST L'HISTOIRE D'UN MEC...

C'est un mec qu'a décidé d'élever des oies. Y a un de ses copains qui lui en prête 1 000 pour commencer. Un mois après, il vient aux nouvelles.
« Alors ?
– C'est pas le pied, toutes les oies sont mortes !
– Tiens, c'est bizarre, ça, ça m'est jamais arrivé. C'est vrai qu'il a fait chaud, remarque. Allez, je vais t'en prêter 1 000 autres. »
Un mois plus tard, il revient.
« Alors ?
– Bah, comment dire... elles sont toutes mortes...
– Encore ! Mais qu'est-ce qui s'est passé ?
– Ben, je ne sais pas... Ou bien je les plante trop profond, ou bien je les plante trop serrées. »

18 • 03 SAINT CYRILLE

DÉFENSE D'ENTRER

Il y a le ministre de la Défense qui a fait une conférence de presse. Il n'a pas laissé entrer les journalistes communistes. Comme si les communistes ne lisaient pas *Le Figaro* !

FALLAIT PAS COMMENCER !

C'est une femme qui va se plaindre à la Sécurité sociale.
« Voilà, monsieur, j'ai deux enfants : un enfant de 3 ans et un enfant de 2 ans et je ne touche plus la Sécurité sociale depuis que mon mari est mort il y a six ans.
– Comment ! Votre mari est mort depuis six ans et vous avez un enfant de 3 ans et un de 2 ans ?
– Hé, c'est lui qu'est mort, c'est pas moi ! »

RECETTE DU BONHEUR

C'est un type laid, très laid, repoussant même. Il est seul dans sa chambre et tire de dessous son lit un livre avec des photos de femmes, cadrées trop bas si vous voulez, des photos porno comme on dit, et il le feuillette tout en agitant de sa main libre la chose qui lui sert aussi à pisser. Puis, il va au frigo, se sert un verre de Perrier et va se regarder dans la glace en disant :
« C'est chouette la grande vie ! Après les femmes, le champagne. »

COLUCHE *PAR* COLUCHE

« Quel genre de père êtes-vous ?
– Vous voulez que je vous fasse un enfant ? Comme ça, vous serez au courant. »

19 • 03 SAINT JOSEPH

FAIT D'HIVER

À Londres, dans le brouillard, deux voitures ont été accidentées. Les chauffeurs sont descendus et le premier a dit : « Monsieur, c'est votre faute, je venais de la gauche… L'autre lui a répondu :
– Oui, mais ça compte pas ! On est dans mon garage ! »

Devinette

Vous savez où il y a le plus de céréales au tiers-monde ?
Dans les boulettes de viande !

DÉFINITION ***L'art du comique, c'est donner l'impression qu'on fait n'importe quoi quand on a travaillé dix heures sur une mimique ou une phrase.***

TÉLÉ-VISION On est pratiquement le seul pays d'Europe à avoir trois chaînes, il faut quand même s'aligner. Il faut donner une chance à nos enfants de voir des télévisions européennes, de voir autre chose que Joseph Poli le soir. Oui, je crois qu'il faut les laisser se développer, mais c'est pas dans le sens du bien et du mal, c'est dans le sens de la profession.

RAPPEL Je rappelle aux jeunes mariés qu'il ne faut servir que des ailes de poulet à leurs femmes. Bah oui, c'est une tradition, pendant la lune de miel, on ne serre pas les cuisses !

20 • 03 PRINTEMPS

C'EST L'HISTOIRE D'UN MEC…

C'est un mec futé, super futé même, genre Belge, mais en pire, qui entre dans une boutique et demande à un vendeur :
« Vous avez des télés couleur ?
– Bien sûr, dit l'autre.
– Alors, j'en voudrais une jaune. »

PUB « Je connais un très bon café. Encore plus efficace que la mauvaise conscience pour rester éveillé.

EXTRA OU ORDINAIRE ? « J'ai acheté un bijou.
– Pour ta femme ou un plus cher ? »

INTERLUDE Les poumons d'acier, respirez un grand coup, on va couper le courant une minute !

FESTIVAL Cannes a été inventé pour permettre à un certain nombre de gens, qui ont un prétexte pour suivre le Festival, de se rôtir au soleil. C'est deux semaines où les journalistes sont payés pour bronzer.

• CONSEIL DU JOUR •

Dans « l'excellent » Libération, *on lit qu'un couple vient de mettre au monde son 21e enfant. Donc, si le mec m'écoute, c'est ta femme qui doit la prendre, la pilule, pas toi !*

Pensée « C'est pas parce que l'homme a soif d'amour qu'il doit se jeter sur la première gourde venue. »

21 • 03 SAINTE CLÉMENCE

BEAU GESTE

C'est donc des naufragés qui le sont dans un radeau de sauvetage et cela fait très longtemps qu'ils sont naufragés. Des jours et des jours qu'ils ont plus rien à manger, ni rien, plus rien à boire. Quelle horreur ! Un jour, y en a un qui dit :
« Il n'y a plus qu'une chose à faire, se mettre à genoux et prier ! »
Et il y en a un qui dit :
« Ah ça, je peux pas prier à genoux, je suis juif.
– Ben, quand même, pour nous faire plaisir, pour faire comme tout le monde, tu pourrais faire un petit geste catholique, non ?
– Oui, ça, je peux… »
Et il se met à faire la quête.

CHIENS ÉCRASÉS • Aujourd'hui, qu'est-ce qu'on apprend-il ? Les chiens antidrogue sont accros — pour des chiens, c'est normal !
• Un berger allemand s'est brûlé l'appareil génital en urinant sur un câble électrique. Un berger allemand ? Ja volt !
• *L'Humanité* ne fait plus que six pages : on peut plus s'en servir pour faire pisser le chien, ça passe à travers et ça abîme la moquette !

MES TROIS VŒUX Une baguette magique, une deuxième baguette magique et… une troisième baguette magique… de couleurs différentes.

22 • 03 SAINTE LÉA

DÉFI Je préférerais manger un pudding sans boire plutôt que de voir un film de Bergman !

LA QUESTION DU JOUR D'un penseur arabe : est-ce la poule qui philosophe, ou l'ophe qui fit la poule ?

Pensée « Dieu, dans l'esprit du public, a tout créé. Donc, on lui reproche tout, les guerres, les cataclysmes, le cancer, l'homosexualité, la misère, etc. Mais il se trouve que ceux qui croient le plus sont les pauvres. Plus les peuples sont pauvres, plus ils croient. C'est amusant… C'est la misère… »

ATTENTION, PEINTURES FRAÎCHES !

C'est un type qui va rendre visite à un copain. Il regarde les tableaux aux murs, ils sont tous signés Madeleine. Madeleine, Madeleine, Madeleine, Madeleine. Il dit à son pote :
« Dis donc, mais c'est formidable ces tableaux, on dirait des Velázquez.
– Oui, c'est des Velázquez.
– Mais c'est signé Madeleine.
– Parce que j'ai eu des r'tours de fortune, alors on m'a conseillé d'tout mettre au nom de ma femme. »

Devinette

Vous savez quel est le livre préféré de Ray Charles ?

Un bon bout de gruyère parce que c'est écrit gros.

23 · 03

SAINT VICTORIEN

ÉGALITÉ DES SEXES

Je vais organiser une conférence sur l'égalité des sexes. Il y a en effet des grands, des petits, des longs, des larges, des maigres et c'est dégueulasse: il faut que ça cesse!

DÉFINITION

SIDA: Sauvagement Introduit Dans l'Anus.

Pensée

« Les pédés sont des enculés, mais c'est pas les seuls. »

DANS LES ANNALES

• *(À propos du nom Colucci.) C'est complètement italien. Mon père a quitté Naples pour échapper à la guerre. Une famille de lâches.*

• *L'armée, je suis arrivé avec deux valises de certificats médicaux, on m'a dit: « Asseyez-vous là », et je l'ai eu dans le dos! J'ai fait quatre mois de taule. En prison, on se marrait bien, on jouait aux échecs avec des capsules de bière et, pour rester en taule, je demandais:*

« Comment faut faire pour rester en taule? »

Alors on me disait:

« Ben, par exemple, il faut insulter un gradé.

– Bon, ben, c'est lequel d'entre vous le plus gradé?

– C'est moi.

– Bon, ben toi, va te faire foutre. »

• *(À propos de la radio.) Moi, ce qui m'étonne, c'est pas qu'ils m'aient jeté, c'est qu'ils m'aient engagé.*

24 · 03

SAINTE CATHERINE DE SUÈDE

ORTHIPHONO

C'est un monsieur qui se trouve dans un resto italien et il dit:

« Garçon, s'il vous plaît, j'aimerais avoir des spaghettos et des raviolos.

– Très bien, mais enfin on dit raviolis et spaghettis.

– Bon, très bien, eh bien, vous me direz où sont les lavabis, je voudrais faire pipo. »

UN PEU D'HISTOIRE

Le socialisme a été inventé par des gens, alors que le capitalisme n'a été inventé par personne. Le capitalisme existe depuis que le monde est monde. De tout temps, des gens se sont dit que ce serait bien de pouvoir faire faire son boulot par un autre.

LA GUEULE DE L'EMPLOI

Le problème avec Jospin, c'est que, comme c'est pas un voyou, il s'intéresse pas aux médias. Il fait partie de ces mecs de gauche qui sont souvent d'anciens pions roux avec une barbiche. Des mecs qu'ont été scouts. C'est typiquement le genre de types contre qui les journalistes aiment bien s'énerver. Catherine Nay, par exemple, hier soir, à « L'Heure de vérité ». Elle lui posait pas de questions, elle l'engueulait carrément!

UN « BIEN FAIT » N'EST JAMAIS PERDU

Je sais que je vous fais rire parce que c'est bien fait. Bien fait pour vous, en tout cas.

25 • 03 ANNONCIATION

PETITES ANNONCES

Envoyez une demande de renseignement à « Trait d'union », 10, rue Duvergier, et vous recevrez un journal où il y a des annonces d'échanges sexuels, c'est-à-dire où vous trouverez des hommes qui cherchent des femmes, des femmes qui cherchent des hommes, des couples qui cherchent des couples, etc., et si vous avez perdu votre chien, vous pouvez aussi y mettre une annonce. À condition qu'il soit gros et bien membré…

Je voulais juste dire aux mecs qui téléphonent suite à mon annonce pour me vendre une DS de se calmer sur les prix. Je suis peut-être plus riche qu'eux, mais je suis pas plus con !

ALERTE INFO

Maintenant, on peut aller de scandale en scandale dans la politique, dans la finance, et ça gêne personne. C'est le principe de l'information à l'américaine : on dit vraiment tout, mais les gens s'en foutent.

CONCOURS Nous organisons un grand concours de chèques à mon nom. Le plus gros a gagné.

CARNET DE LA VEILLE J'ai repéré que dans la *Centrale des particuliers*, maintenant, y avait des annonces de mariage. C'est certainement des dernières occasions, il n'y a pas de premières mains là-dedans !

26 • 03 SAINTE LARISSA

LA RÉPONSE DU JOUR Tiens, on se demandait à quoi ça servait, les frontières ! Eh ben, on a trouvé. Regardez la catastrophe nucléaire de Tchernobyl : en Allemagne, c'était très grave ; en France, c'était pas grave. C'est la frontière !

PRÉVOYANT

C'est Francis Lalanne qui donne un concert dans un petit village. L'après-midi, l'épicier voit arriver un mec qui lui dit :
« Je viens acheter tout votre stock de tomates pourries, tout ce que vous avez !
– Ah ! je comprends, c'est pour aller au gala de Francis Lalanne !
– Non. Je suis Francis Lalanne ! »

PHONÉTIQUE Le MRG, c'est ceux qui essaient de passer la tête. C'est pour ça qu'on les appelle comme ça. Émergez les mecs, émergez !

COURS DE LANGUE

C'est un mec genre dégarni, enfin avec plus de poils au cul que sur la tête, qui s'approche d'une gonzesse et lui dit :
« Si tu couches avec moi, je te lécherai jusqu'au nombril. »
La fille se marre et dit :
« Allez, couché, papy, tout le monde fait ça.
– Oui, mais moi, je le fais de l'intérieur. »

VOCABULAIRE Quand une fille se tape un type un soir et le jette le lendemain on dit qu'elle est libérée, quand c'est le contraire, on dit que le type est phallo.

27 · 03 — PÂQUES

ESPRIT DE CLOCHER Jacques Chirac a une très haute opinion de lui-même. Il a dit : « Ceux qui m'écoutent maintenant entendent un autre son de cloche. »

UN TRUC QUI CLOCHE Le problème en politique, c'est que si t'écoutes tous les sons de cloche, tu ne vas t'adresser qu'à des cloches.

Devinette

Pourquoi les poules ne se mouchent pas ?
Pour que les œufs aient du blanc !

ALERTE INFO *La femme de Mao est enceinte ! Ce qui nous fait un œuf à deux jaunes !*

Gastronomie

Pour les dames qui voudraient m'écrire, je sais où on peut trouver des chocolats fourrés à la laitue.

Une petite pour la route : c'est un Martien qui atterrit avec sa soucoupe en pleine campagne. Il sort et rencontre un paysan qui lui demande :
« Ben, d'où donc que vous venez ?
– De Mars, dit le Martien.
– Alors là, j'suis ben content de vous connaître. J'adore vos barres chocolatées ! »

PROVERBE

Qui pond un œuf, pond une poule puisqu'on ne sait pas qui a commencé !

28 · 03 — SAINT GONTRAN

RÈGLE D'OR Quand un mec me dit que c'est gentil de l'aider parce qu'il a jamais eu de chance, je l'aide pas. Parce qu'il faut avoir de la chance pour qu'on vous aide. Un mec qu'a pas de bol, on peut rien pour lui.

TRUC Le succès, faut pas croire, c'est une question de chance, tous les ratés vous le diront.

COLUCHE *PAR* COLUCHE

- Chaque fois que je décris un imbécile, c'est moi.
- Un jour, je me suis dit qu'il fallait absolument que j'aille voir ailleurs si j'y étais. Sans rire ! C'était ma seule chance de me trouver.

ZOOLOGIE Les Soviétiques avaient réussi à créer une race de vaches dotées de cous de girafe : elles bouffaient en Pologne et se faisaient traire en URSS.

AVERTISSEMENT Comiques syndiqués, grève de plaisanterie !

LITTÉRATURE Les mecs prétendent que les prix littéraires ne sont pas truqués, que tout le monde a sa chance. Ils se foutent un peu de la gueule du monde, quand même. Tout le monde aura sa chance le jour où ils récompenseront un mec qu'a pas écrit de livre !

29 • 03 — SAINTE GWLADYS

BILLET D'HUMEUR

Les grands restaurants ne veulent plus d'Américains. La différence entre le dollar et le franc est tellement importante qu'aujourd'hui il y a des pauvres Américains qui arrivent à se payer la Tour d'Argent ! Ce qui fait qu'ils voient arriver des mecs en short avec des coups de soleil sur les bras, l'appareil photo pendu à la ceinture, un chewing-gum plus gros que la bouche et qui disent : « C'est nous, on a réservé, on est les Américains ! » Ils pètent à table, ils paient en dollars et ça leur coûte rien !

PROVERBE

On ne doit pas croire tout ce qu'on nous dit. Mais on peut le raconter...

MENACE DE MAURE

À Marseille, un Maghrébin qui était candidat à la députation depuis huit jours a déjà été attaqué trois fois. Je vous dis pas s'il avait demandé à être Premier ministre combien de fois il serait mort.

% SONDAGE

Dans *Le Monde* : « Grand palmarès de l'impopularité en Angleterre. » Margaret Thatcher fait deuxième, je vous le donne en mille, derrière Hitler. Comme Hitler est mort, elle est quand même première vivante.

Devinette

Vous savez où se trouve l'appendice d'une femme ?

À gauche en entrant.

30 • 03 — SAINT AMÉDÉE

IDÉE

Et si par hasard un jour les pauvres, au lieu d'aller travailler, s'enfermaient chez eux avec de la nourriture pour trois mois, qu'est-ce qui se passerait ? Quel est le con qui a eu cette idée, il faut l'attraper, il est dangereux !

LIBRE ÉCHANGE

J'aurais bien aimé être connu comme chanteur, surtout de rock'n'roll, mais j'ai réussi à me consoler parce qu'Eddy Mitchell, lui, aurait voulu être connu comme comique, donc on s'est démerdés tous les deux : lui me raconte des histoires et moi, je chante des chansons pendant qu'il met des boules Quiès.

ARITHMÉTIQUE

« Le temps est relatif » : c'est vrai. Prenez un rendez-vous pour le 30 mars, pointez-vous le 31, ça vous fait un jour de retard. Mais prenez rendez-vous pour le 31, et pointez-vous le 1er avril, et ça vous fait déjà un mois de retard !

COURS DE LANGUE(S)

- I speak little anglais, ça veut dire je parle mais mesquin.
- J'adore les langues étrangères. Surtout celles des filles.

WITH OR WITHOUT YOU

Les journalistes, quand on les a, on s'emmerde avec, mais quand on les a pas, hein, c'est pire !

31 • 03 SAINT BENJAMIN

ÉCONOMIE

C'est le directeur d'un kibboutz qui est convoqué au ministère des Affaires économiques d'Israël et on lui demande:

«Vous êtes le chef du kibboutz?
– Oui.
– Qu'est-ce que vous faites?
– Je fais l'élevage.
– Vous faites quoi?
– Je fais l'élevage de poulets.
– Vous faites l'élevage de poulets?
– Oui.
– Et qu'est-ce que vous donnez à manger à vos poulets?
– Je donne le grain à manger aux poulets.
– Vous donnez le grain à manger à vos poulets, alors qu'il y a des millions d'hommes dans le monde qui crèvent la faim? Vous donnez le grain à manger à vos poulets, alors qu'on pourrait faire le pain avec le grain?
– Euh… oui, je donne le grain, le poulet, ça mange le grain, je donne le grain…
– Monsieur, vous avez 5 000 balles d'amende, donnez-les tout de suite.»

Alors, le mec gueule un peu, il essaie de discuter, mais bonjour, y a rien à faire! Il est obligé de payer. Trois mois plus tard, il est convoqué au ministère des Affaires économiques. On l'interroge dans le même bureau, le même mec.

«Qu'est-ce que vous faites dans le kibboutz?
– Je fais l'élevage de poulets.
– Et qu'est-ce que vous donnez à manger à vos poulets?
– De vieux croûtons de pain. Du pain rassis.
– Quoi, alors qu'il y a des milliers de gens qui crèvent la faim dans le monde? Vous donnez les vieux croûtons à vos poulets, alors qu'on pourrait faire du pain perdu avec, qui ne serait pas perdu pour tout le monde d'ailleurs… allez, 5 000 balles d'amende, tout de suite.»

Le mec paie. Trois mois après, il est à nouveau convoqué, même bureau encore, même fonctionnaire.

«Qu'est-ce que vous faites dans le kibboutz?
– Je fais l'élevage de poulets.
– Et qu'est-ce que vous donnez à manger à vos poulets?
– Eh bien, voilà, je suis venu y a six mois, je donnais du grain à mes poulets, j'ai eu 5 000 balles d'amende, je suis revenu y a trois mois, je donnais des vieux croûtons à mes poulets, j'ai re-eu 5 000 balles d'amende, alors maintenant, ce que je fais, je leur donne directement l'argent, à mes poulets, et ils achètent ce qui leur fait plaisir!»

TÉMOIGNAGE « On n'habitait pas la même ville. Tous les jours, je lui envoyais une lettre. Il a fini par se mettre en ménage avec le facteur. »

ENFOIRÉS, EXCUSEZ-LE !

«Vous êtes donc anarchiste?
– Dans la vie, oui. Si vous voyiez le bordel qu'il y a sur mon bureau!»

AVRIL

01 • 04 SAINT HUGUES

C'EST L'HISTOIRE D'UN MEC…

C'est un mec genre prétentieux qui entre chez un marchand de légumes genre prétentieux. Il jette un coup d'œil distrait sur les artichauts… de pisse, bien sûr… sur les brocolis… pour être honnête, naturellement, tout ça, et à la fin il prend un pamplemousse et dit au marchand de légumes :
« Vous avez rien de mieux comme pastèque ? »
Et l'autre :
« Arrêtez de jouer avec ce grain de raisin, vous allez me l'éclater ! »

Histoire belge

C'est un Belge qui va manger dans un grand restaurant, n'est-ce pas, et puis alors on lui dit :
« Ça va, tout va bien, vous êtes content ?
– Oui, je suis content, mais dites donc, ce que vous m'avez vendu, comment ça s'appelle, comment les appelez-vous ces lentilles, là ?
– On appelle ça du caviar.
– Oui, ben, dites donc, elles sentent le poisson, vos lentilles. »

COLUCHE PAR COLUCHE

« Comment étiez-vous quand vous étiez petit garçon ?
– Gros. Adorable, comme aujourd'hui. »

POISSONS D'AVRIL

La dernière fois que j'ai vu une bouche comme la tienne,y avait un hameçon de planté dedans !

À propos de certains journaux, je les verrais bien emballer le poisson, moi. Faut bien qu'ils vivent, encore que, personnellement, je préférerais qu'ils crèvent. La bouche ouverte de préférence.

PÊCHE À LA MOUCHE

« Garçon, il y a une mouche dans ma soupe !
– Et vous voudriez quoi à ce prix-là ? Du caviar ? »

02 • 04 SAINTE SANDRINE

L'AMOUR EST (PAS) DANS LE PRÉ

C'est une poule qui vient d'arriver dans une ferme, et le fermier vient le premier matin pour voir si elle a pondu un œuf. Elle n'a pas pondu, alors il lui fourre un doigt dans le cul. Le deuxième et le troisième jour pareil. Alors la poule va voir la vache et lui dit : « C'est tout de même incroyable, tous les matins, il me fourre un doigt dans le cul… »
Et la vache répond :
« Plains-toi pas, moi, tous les matins, il me caresse les seins et il ne m'a jamais embrassée. »

MIEUX VAUT S'ADRESSER AUX BONS YEUX QU'À SES SEINS

Jane Birkin, elle est mignonne, le seul truc, c'est qu'il faut faire gaffe à ce qu'elle n'ait pas la chair de poule, sinon tu sais plus où sont ses seins !

LA GRANDE INVASION

Nous, on gueule surtout contre Hitler, mais les États-Unis ont fait 15 millions de morts quand ils ont envahi les Indiens qui n'avaient pas été assez stricts avec l'immigration.

ESPÉRANCE DE VIE

L'alcool conserve les cornichons : les intelligents, levez la main, les autres, venez boire un coup !

REFAITE

C'est une bonne femme qui gueule après le chirurgien esthétique : « J'vous ai d'mandé des seins en poire, pas en compote ! »

03·04 SAINT RICHARD

BIDE ET MUSIQUE

« Richard Anthony, je me demande comment il faisait avec ce gros bide pour swinguer autant à l'époque…
– Il était moins gros que ça à l'époque…
– Ah bon, il a pas toujours été gros ?
– Si, mais moins que maintenant…
– Tu vois, il était quand même vachement grassouillet pour un maigre ! »

CONCOURS Grand concours de plaisanteries politiques en URSS. Premier prix : dix ans de Sibérie !

Pensée « Richard Cocciante, comme son nom l'indique. »

C'EST L'HISTOIRE D'UN MEC…

C'est un mec qui est blessé à l'hôpital, il a tout le corps dans le plâtre, ils l'ont coulé dans le plâtre, carrément, y a juste la bouche qui dépasse. Ses amis autour de lui lui demandent :
« Mais qu'est-ce que c'est que tu as fait comme bêtise ? C'était une soirée charmante que nous passions, on fumait ces trucs de toutes les couleurs et, tout à coup, tu as sauté par la fenêtre en criant : "Je suis une hirondelle, je suis une hirondelle !" »
Alors le plâtré demande :
« Mais pourquoi vous m'avez laissé faire ?
– Mais on t'a cru, nous ! »

IDÉE
On devrait créer la LNFPQLFNFLP : la Ligue nationale française pour que les flics nous foutent la paix !

04·04 SAINT ISIDORE

MISE EN EXAMEN

C'est un mec qui passe un examen pour devenir policier. On lui dit :
« Quelle était la couleur du cheval blanc d'Henri IV ?
– Alors là, pouh, alors là… aucune idée. »
Alors l'examinateur lui dit :
« Écoutez, bon, j'vais pas être sévère, rentrez chez vous, réfléchissez et revenez demain, on en reparlera. »
Le mec rentre chez lui. Sa femme lui demande :
« Alors, ça s'est bien passé ?
– Je veux. On m'a déjà confié une enquête ! »

MISCASTING(S) Ronald Reagan succède à Jimmy Carter. L'Amérique avait un mauvais président. Elle a choisi un mauvais comédien.

LES TITRES DU JOUR
- En Suisse, un homme dans la rue s'est soudain retourné et a écrasé violemment un escargot. Interrogé par la police, il a déclaré : « Ça fait des heures qu'il me suivait. »
- Hier un boxeur a gagné aux points. J'aurais été étonné qu'il gagne aux pieds !

•CONSEIL DU JOUR•
Soyez gentil avec vos enfants, car c'est eux qui choisiront votre hospice…

Slogan
Changez la France : chômeurs, devenez patrons !

05·04 SAINTE IRÈNE

Gastronomie

Barclay s'est encore marié une jeunette. Je suis allé bouffer avec eux au restaurant hier. Le serveur a demandé à la petite :
« Qu'est-ce que ce sera ?
– Une escalope.
– Et pour légume ?
– Donnez-lui la même chose ! »

C'est un Belge qui est au restaurant avec sa femme. Il a pris des langoustes. On lui apporte un rince-doigts, et il demande :
« Pardon, madame, s'il vous plaît, qu'est-ce que c'est ça, s'il vous plaît ?
– Ben, c'est un rince-doigts. »
Et sa femme lui dit :
« C'est bien fait pour toi ! Si tu poses des questions idiotes, on te fera des réponses idiotes. »

SORT D'ICI

C'est un type qui arrive dans un bar avec Philippe Bouvard. Le barman lui demande :
« Dites donc, votre copain, pourquoi il est petit comme ça ?
– Ne m'en parlez pas ! Je vous explique : on est allés en vacances en Amazonie ensemble…
– Ah bon, où ça ?
– Merde, c'était comment, Philippe, déjà, le nom du village où tu as insulté le sorcier ? »

Devinette

Vous savez comment on reconnaît un chien d'aveugle ?

Y a un aveugle au bout !

Les restos chinois, j'ai horreur de ça. Ils n'ont pas d'urinoir, ils n'ont que du riz blanc !

06·04 SAINT MARCELLIN

• CONSEIL DU JOUR •

Nouveau crash d'avion. Je ne le dirai jamais assez : vous qui voyagez en avion, exigez de payer à l'arrivée.

VRAIMENT DES GUEUX !

C'est deux femmes du monde qui sont devant un Rembrandt qui représente des gueux à table. L'une dit alors :
« Regardez, Edmonde, c'est assez curieux parce que, aujourd'hui, on nous traite de snobs, mais franchement, des gens de cette condition, se faire peindre par Rembrandt… Si ça, c'est pas du snobisme ... »

H ET MENU

Vous savez qu'on n'est pas complètement idiots en France : l'année où les Américains avaient la bombe H, nous, au concours Lépine, on inventait la moulinette à gruyère !

MÉFIEZ-VOUS DES CONTREFAÇONS !

- Jean Bédel Bokassa, quand il s'est sacré lui-même empereur, on lui avait envoyé avec des copains en cadeau un camembert qui fait « pouet ! » quand on appuie dessus avec un couteau.
- Les Japonais fabriquent des vélos, Manufrance ferme. Les Japonais fabriquent des voitures, Renault va fermer. Si un jour les Japonais fabriquent du camembert et du vin rouge, il faudra fermer la France.

07·04 SAINT JEAN-BAPTISTE DE LA SALLE

L'HUMOUR EN HÉRITAGE

« Coluche, de tout temps, les auteurs dramatiques et les comédiens ont fustigé les travers de leurs contemporains. L'un des plus illustres fut, vous le savez, Molière, qui a eu la plume et l'expression mordantes face à la cupidité, l'avarice, les faux-semblants, les faux dévots. Alors il me semble, Coluche, que vous êtes dans la tradition de Jean-Baptiste Poquelin... Ça vous fait plaisir ?
– Oui, mais en même temps, ça m'inquiète, parce que je me dis que si lui n'a pas réussi avec le talent qu'il avait, c'est pas moi qui vais y arriver. »

C'EST L'HISTOIRE D'UN MEC...

C'est un curé dans un resto qui sort des chiottes et tout le monde rit. Il s'étonne :
« Mais enfin, qu'est-ce que c'est, c'est parce que j'suis curé qu'on rigole ? »
Et un mec lui dit :
« Non, il faut pas vous fâcher, c'est parce que, vous avez vu la p'tite figurine représentant Brigitte Bardot dans les chiottes, eh ben, quand on soulève sa jupe, ça allume la lampe, là ! »

% STATISTIQUE

Jean-Baptiste Doumeng a déclaré : « Oui, bien sûr, Staline a fait quelques morts, mais pas plus que les accidents de la route. » Il devait évidemment parler de tous les accidents de la route, tous pays confondus, depuis l'invention de l'automobile.

08·04 SAINTE JULIE

LES GRANDS MOYENS

Dès que je me rends compte qu'un journaliste ne saura pas quoi dire sur moi, je l'engueule et je le vire. Comme ça, au moins, il aura quelque chose à raconter. Et puis, si ça se trouve, il allait me faire un petit article. Au lieu de ça, sur un coup de colère, il va m'en faire un gros pour m'insulter.
C'est ça qu'est bien.

Gastronomie

Bientôt, on commandera toute notre bouffe par téléphone. J'attends le jour où on la recevra par la télé, moi.

DÉFINITION

Un Noir et un Blanc, c'est la même chose, sauf qu'il y en a un qui court plus vite.

Pensées

« À la télé, ils disent tous les jours : « Y a 3 millions de personnes qui veulent du travail. » C'est pas vrai : de l'argent leur suffirait. »

« On commence par chasser les nazis, et vous verrez, on finira par chasser les Juifs ! Vous verrez... »

09·04 SAINT GAUTIER

DÉFI Je ne suis ni pédé, ni juif, ni franc-maçon, et pourtant j'essaie de m'en sortir quand même dans le music-hall!

ARITHMÉTIQUE Deux millions d'alcooliques, 3 millions qui boivent trop, 1 million de drogués, 3 millions de pédés, 5 millions de fainéants, 1 million de clochards, 1 million de branleurs, 1 million d'autonomes, 50 radios « libres ». On se demande qui bosse, dans tout ça!

ANTICIPATION

C'est des gens qui sont à table, le père, la mère et le fils, et y a la mère qui dit au père:
« Ah, vraiment, t'es un imbécile, regarde-toi, t'en as encore foutu plein ton froc, t'es vraiment un plouc, regarde-moi ça, espèce d'abruti ! »
Et le père répond:
« Tu vas fermer ta gueule, moi, j'vais t'envoyer une tartine, j'vais t'étaler sur l'mur, tu commences à m'faire chier, tu m'les gonfles, j'les ai là maintenant, qu'est-ce que tu m'emmerdes avec tes conneries... »
Alors la femme:
« Tu pourrais faire attention, quand même devant l'gosse !... »
Et le gosse, y fait un signe, comme ça, comme s'il allait prendre une claque, avec le bras sur la tête. Et le père:
« Qu'est-ce que tu fais, toi, j't'ai rien demandé...
– Non, mais t'es tellement con, j'ai eu peur... »

10·04 SAINT FULBERT

ÇA DATE !

10 AVRIL 1979

Coluche est jugé pour outrage à agent. L'audience est expédiée. Verdict: 3 000 francs d'amende. Commentaire: « C'est dans mes prix. »

UN PEU D'HISTOIRE On a eu deux Napoléon: Napoléon Ier, et le second en pire.

Devinette

Savez-vous la différence qu'il y a entre un mari et un amant?

C'est le jour et la nuit.

ALERTE INFO *Tous les départements sont touchés par l'inflation : même le Loir est cher !*

Y A PAS DE PRESSE ! Les journalistes, ils viennent quand une pièce a beaucoup de succès. Seulement, une fois que ça marche, on n'a plus besoin d'eux.

PRIS DE COURT « Mince alors, tu es tombé de vélo avec ton pantalon neuf...
– Oui, tu vas rire, j'ai pas eu le temps de l'enlever ! »

Y A PAS PHOTO !

C'est un type qui est au lit à poil avec sa copine également à poil.
Il regarde ses seins et lui dit:
« Ah ! comme ils sont mignons ! Si je ne me retenais pas, je les ferais encadrer ! »
Et elle, en regardant sous les couvertures:
« Et lui aussi, il est mignon ! Si je ne me retenais pas, moi, j'en ferais plutôt un agrandissement ! »

11 • 04 SAINT STANISLAS

TELLE EST VISION

C'est un jeune homme qui présente une émission de variétés, un odieux visuel en gros, et qu'est très habitué à recevoir les jeunes filles qui veulent être figurantes, chanteuses ou chanteuses ou des fois chanteuses. Et il en reçoit un jour une qui est très très très très myope, mais alors myope comme c'est pas possible. Il l'emmène dans sa loge, il défait son pantalon, sort le monstre, lui colle devant le nez et lui dit :
« Et alors, maintenant, qu'est-ce que t'as à dire ? »
Alors elle l'attrape et dit, toute contente :
« Eh bien, je dis bonjour à Éric, à Sylvie, à Dédé et à toute la bande du drugstore ! »

COLUCHE *PAR* COLUCHE

• Moi, ce qui me fait surtout rire, c'est la situation générale dans laquelle on vit : le mensonge par rapport à la télévision, aux gens qui vont au boulot, à la politique. C'est pas drôle ? Alors, y a rien de drôle…

• Mon poids, je m'en fous. Il y a juste un moment où il faut que je choisisse entre mon bide ou faire creuser les réservoirs de mes motos.

• Moi, j'ai raté le certificat d'études, mais j'ai pas essayé de le passer trois fois.

• J'ai toujours entendu dire : « Faire rire, c'est ce qu'il y a de plus difficile. » Personnellement, c'est ce que je connais de plus facile. C'est comme pour la plomberie, si t'es pas doué, c'est pas la peine.

12 • 04 SAINT JULES

PATIENCE ET LONGUEUR DE TEMPS

Un vieux bonhomme raconte : « À 20 ans, c'était du bois, je n'pouvais pas le plier avec les mains, à 40 ans, c'était encore du bois, je n'pouvais pas le plier avec les mains, et, à 60 ans, j'arrive à le plier avec les mains. Eh bien, vous voyez, plus on vieillit, plus on est fort. »

IDÉE

J'écrirai un livre quand je serai vieux et que j'aurai quelque chose à dire : je dénoncerai tout le monde, je donnerai noms et adresses de ceux qui m'ont embêté pour qu'on aille les mordre.

ENTREVUE

C'est un Suisse qu'est dans un train assis en face d'une femme qui a les jambes écartées et qui n'a pas de culotte. Alors, il regarde un moment puis il lui dit :
« Excusez-moi, madame…
– Ah non, mademoiselle.
– Ah, excusez-moi, d'où je suis, je ne vois pas bien… »

LOGIQUE

• Manifestation d'homos dans le Bas-Rhin : quoi de plus normal ?

• Le Pen est contre les films porno de Canal +. Normal, Le Pen à jouir.

• La logique n'est pas de ce monde : comment expliquer que les tableaux de Monet ne soient pas les plus chers ?

13 • 04 — SAINTE IDA

DENT LE PANNEAU

C'est une dame qui revient dans un sex-shop, elle dit : « Monsieur, je n'suis pas contente de votre vibromasseur parce que je m'en suis servie, vous m'aviez dit : "Ça remplace le mari", eh ben, moi, j'ai fait comme avec mon mari et tous mes plombages sont tombés ! »

DONNANT DONNANT

Transsexuel, pourquoi pas ? Moi, je veux bien changer de sexe. Mais à condition qu'on m'en donne un plus gros !

COLUCHE *PAR* COLUCHE

Un jour, j'ai eu le « Fauteuil d'or ». Ça faisait chier mon producteur que je sois recordman de durée au théâtre et qu'il n'y ait pas de prix. Alors il en a inventé un !*

* *Coluche séjourne au théâtre du Gymnase de 1977 à 1980, y établissant un record homologué de 600 000 spectateurs. Ça valait bien un fauteuil.*

DÉFINITION *Un chef, c'est un type qui a une mentalité d'employé mais qui ne veut pas le rester.*

COURS DE FRANÇAIS

On dit un jour néfaste ou une journée faste ?

14 • 04 — SAINT MAXIME

FAUT PAS GÂCHER

C'est deux vidangeurs qui sont en train de bosser, ils sont vraiment dans la merde, ils en peuvent plus, et il y en a un qui dit à l'autre :
« Merde, ma musette est tombée dans le trou ! »
Alors l'autre :
« Laisse tomber, c'était une vieille musette.
– Oui, mais y a mon casse-croûte dedans ! »

COURS DE LATIN(S)

Quand je suis en Italie, je me sens bien. La grande différence avec les Français, c'est que les Italiens sont de bonne humeur. Moi, je ne suis pas connu en Italie, je ne parle pas bien italien, mais si j'entre dans un magasin et que je déconne, ils rigolent. En France, le mec, s'il n'a pas de revolver, il appelle le boucher.

Devinette

Est-ce que vous savez d'où vient le triple menton de Régine ?

Elle s'est fait remonter les seins !

• CONSEIL DU JOUR •

Vous avez 9 ans, vous voulez aller voir les films interdits aux moins de 18 ans, une seule solution : allez les voir deux fois !

% SONDAGE

Le racisme et la droite, ce sont deux thèmes que j'adore parce que, en France, ça n'existe pas ! Tu demandes à n'importe qui : « Êtes-vous raciste ? De droite ? » Tout le monde te répond : « Non. »

15 • 04

SAINT PATERNE

LE PISTONNÉ

C'est toi le neveu de mon imprésario ? Alors il t'a fait embaucher ici ? Il t'a pistonné ? Il fait oui avec la tête. Tu fous rien ? Non, il fout rien, oui. Il peut venir à l'heure, il peut même arriver en retard, toute façon, il fout rien. T'es content ? Il est content. Ben c'est très bien. Il y en a qui cherchent du boulot, lui, il cherche du chômage.

ÇA DATE !

15 AVRIL 1970

Première apparition de Coluche au cinéma dans *Le Pistonné*, de Claude Berri.

COLUCHE *PAR* COLUCHE

« Tu te rases comment ?

– Électrique. Et après, je mets un truc de chez Dior. C'est pour vous dire.

– Ton tailleur, c'est Dior aussi ?

– C'est Raymond, puces de Vanves. »

Pensées

« Il y a une majorité silencieuse en France, il paraît. Moi, je trouve plutôt que les cons ouvrent beaucoup leur gueule, mais enfin... »

« La veuve Mao : ancienne comédienne. Le pape : ancien comédien. Reagan : ancien comédien... J'ai toutes mes chances. »

16 • 04

SAINT BENOÎT-JOSEPH

TOUR DE VICE

C'est un gosse de 9 ans qui est dans la rue avec une cigarette. Une dame lui dit :
« Mais tu te rends compte qu'à ton âge tu fumes ?!
– Ah, ça, c'est rien, hier j'étais aux putes !
– Quoi ? Et avec laquelle t'as été ?!
– Oh ben, j'en sais rien, moi, j'étais bourré. »

COLUCHE *PAR* COLUCHE

« Quel est ton alcool préféré ?

– Je bois pas d'alcool.

– Et tout ça, c'est pas de l'alcool ?

– C'est pas de l'alcool, c'est des bières. »

LA QUESTION DU JOUR

À part la poêle Tefal qui représente un progrès par rapport à la poêle ordinaire, qu'est-ce qui s'est passé en France depuis trente ans ?

TOURNEZ L'ÉTALON

Une histoire zobsolète maintenant : c'est un vieux mec qu'a la maladie des Rolling Stones, de Parking stone, pardon, et qui entre dans un bordel en demandant :
« Je veux cinq filles ! »
On les lui donne, ils montent. Et là, il se couche, deux filles le tiennent par les bras, deux autres par les jambes pour qu'il arrête de bouger dans tous les sens et la cinquième lui monte dessus, elle le chevauche comme on dit. Dès qu'elle est en place, le vieux crie : « C'est bon maintenant, lâchez-moi ! »

17 • 04 SAINT ANICET

Pensées

« Si jamais nos hommes politiques se mettaient à tenir les promesses qu'ils font, il leur faudrait le budget des États-Unis. »

« Finalement, le mec qui est mort pour la conquête de ses idées socialistes, il a rien à envier au connard qui est mort pour rien en 14-18 : il est mort. »

« Vous voyez, c'est ça la liberté en France : on a rigoureusement le droit de dire ce qu'on veut, et le gouvernement a rigoureusement le droit de faire ce qu'il veut. »

UNE VEINE DE COCA

Alors je mets 1 franc dans une machine de Coca-Cola, il tombe une bouteille ! Je mets un autre franc, il tombe une autre bouteille. Je mets un autre franc… Et les gens disaient : « Mais il va tout prendre ! » Ben dites donc, tant que j'gagne, je joue, hein !

RENDS-MOI L'APPAREIL

C'est deux vieux qui se roulent un patin et, au bout d'un moment, le vieux se retire et dit à la vieille :
« T'as pas vu mon dentier ?
– Non, pourquoi ?
– Parce que j'ai envie de te mordre, mon amour ! »

18 • 04 SAINT PARFAIT

LÉSION D'INTERNE

Le chirurgien à l'interne :
« Je sais que c'est votre première opération, mon vieux, ça ne peut pas être parfait, mais tout de même, quand vous ouvrez un malade, appuyez moins fort sur le bistouri, ça abîme la table… »

COLUCHE *PAR* COLUCHE

Vous savez pourquoi un fromage pourri se met à puer ? Parce qu'il ne veut pas qu'on le mange. C'est ça, la politique française aujourd'hui. Je fais partie des déchets qu'elle engendre. Promesses non tenues, discours démodés, usines qui ferment : basta.
La politique qu'ils nous font est tellement grossière qu'il s'agit de la discréditer. Complètement.

Gastronomie

L'Académie française trouve que la langue est en danger ! Nous, on a appelé la boucherie Bernard et apparemment la langue est bonne, elle est fraîche, elle est à 35,80, elle est légèrement en hausse mais, dans l'ensemble, elle se maintient !

Quand je mourrai, je veux léguer mon corps à la science, et mon foie à la charcuterie.

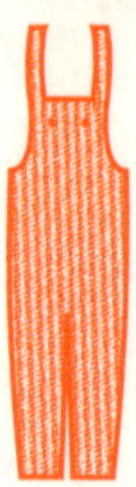

C'EST L'HISTOIRE D'UN MEC…

Eh bien, c'est un mec qui vient d'être accidenté. Il est mourant. Le curé passe et lui dit :
« Si vous voulez, je peux vous donner l'extrême-onction…
– C'est pas la peine, dans dix minutes, je vais parler directement au patron. »

19·04 SAINTE EMMA

Histoire belge

C'est un Belge qu'a une paire de chaussettes avec une rouge et une verte. Un autre lui dit :
« Ça doit être rare une paire comme ça !
– Pas du tout, j'en ai une autre paire à la maison ! »

GARE AUX FAUVES

C'est un Ougadin, un Ougadin, chef de gare, chef de gare de la tribu qui est sur le quai, devant le train et qui dit : « Attention, attention, fermez les panthères, attention au guépard ! »

SECRETS DE STARS

- J'ai des copains qui mettent de côté du pognon que je gagne mais moi, j'y arrive pas, c'est marrant, non ?
- Tu sais ce qu'il m'a dit, Johnny Hallyday ? Il m'a dit : « Moi, tu vois, je fréquente personne dans le métier », alors je lui ai dit : « Mais quand même tu connais vachement Carlos ! », il m'a répondu : « Mais il est pas du métier, Carlos, c'est un ami. »
- Moi, je connais le mec qui a lancé Mike Brant. Pas par la fenêtre, hein, ça, il s'est lancé tout seul !

LE COMMENCEMENT DE LA FAIM

C'est bizarre de commencer une grève de la faim, ça dépend comment on écrit fin, tu me diras, mais quand même, c'est bizarre comme expression.

20·04 SAINTE ODETTE

DANS LES ANNALES

- *« Je voulais savoir si tu avais un truc quand tu jouais du violon avec des gants de boxe ?*
  – Je vais te dire, oui, il y a un truc, il y a un an et demi de boulot. »
- *Quand j'ai fait mon premier disque Mes adieux au music-hall, y a des cons qui ont cru que c'était moi qui m'en allais alors que c'était le music-hall qui était en train de disparaître !*

bruit de couloir

Il paraît que ce sont les cordonniers les plus fraudeurs. Sûrement que ce sont les hommes politiques, alors, qui sont les plus mal chaussés !

DE TOIT À MOI

Deux amis discutent :
« Nous flirtions dans la voiture, elle m'a dit : "Il fait tellement beau, tu devrais ouvrir la capote." Tu me croiras si tu veux, j'ai mis une heure vingt !
– Mais comment tu fais, moi, je mets trente secondes…
– Oui, mais toi, tu as une décapotable ! »

Pensée

« Le journaliste, ce n'est pas ce que tu vas lui dire qui l'intéresse, c'est ce qu'il pense, lui. Ce qu'il veut marquer dans le journal, ce sont ses idées à lui. Il faut le comprendre, le mec. S'il pouvait pas marquer ce qu'il pense, quelles raisons il aurait d'être journaliste ? »

21 · 04 SAINT ANSELME

LA CHASSE EST OUVERTE

C'est un représentant qui envoie ses notes de frais à son patron. Son patron l'appelle et lui dit :
« Eh, dites donc, votre note de frais “Prostituée 800 francs”, ça ne passera pas au niveau des impôts. La prochaine fois que vous tirez un coup, faites passer en frais de chasse. »
Le mois suivant, nouvelle note :
« Frais de chasse : 500 francs. Nettoyage du fusil : 2 000 francs. »

DÉFINITION
Le pape ? La colombe de la paix dans une cage blindée.

C'EST L'HISTOIRE D'UN MEC...

C'est l'histoire d'un mec qui visite l'Écosse. Il passe devant un cimetière et il entre, comme ça, pour voir. Sur une tombe, il remarque une inscription : « Ici repose en paix Michael Mac Heckett, bon père, homme généreux, citoyen exemplaire. » Alors il dit : « Il n'y a que les Écossais pour ça : se faire enterrer à trois dans une seule tombe. »

CYNOPHILIE Les chiens, il y en a des bien ! Regarde les bassets, par exemple, c'est des chiens qu'ils élèvent dans des tuyaux. C'est avec l'héritage de Pompidou qu'ils font ça. Avec les premiers tuyaux, ils ont fait Beaubourg et, avec le reste, ils élèvent des bassets !

22 · 04 SAINT ALEXANDRE

UN MÉTIER D'AVENIR Vous savez que, grâce à Raymond Barre, tout le monde est boulanger en France ? Amis dans le pétrin, bonjour !

Devinette

Comment les hérissons font pour se reproduire ?
Très doucement.

Pensée

« Je dis souvent des conneries en politique, mais au moins, moi, c'est parce que j'y connais rien. »

Histoire belge

Alors, c'est un Belge, n'est-ce pas, qui s'est arrêté au bord de l'autoroute en remontant de vacances, et pis il voit un barbecue, sur le parking. Alors il dit : « Tiens, ça, c'est formidable, y a des gens qui ont déposé un vieux barbecue, il a l'air tout neuf. » Il le met dans son coffre puis il s'en va. Arrivé à la frontière belge, on lui demande :
« Vous n'avez rien à déclarer ?
– Ben non, j'étais en vacances, le bronzage, je l'ai sur moi, donc j'ai rien à déclarer.
– Vous pouvez ouvrir le coffre ? »
Le Belge l'ouvre, le douanier regarde et dit :
« Et ça, qu'est-ce que c'est ?
– C'est un barbecue qu'on a trouvé sur le bord d'la route. »
Et le douanier se tourne et crie :
« Chef, je tiens le mec qu'a piqué le radar ! »

23·04 SAINT GEORGES

ÇA DOIT MARCHAIS DANS LES DEUX SENS

Marchais contre l'immigration. Sauf quand c'est les Russes qui émigrent en Afghanistan.

HÉROÏQUE

Georges Marchais est passionnant. Il est le seul à avoir été prisonnier huit ans alors que la guerre a duré cinq ans.

% SONDAGE

Premier sondage honnête : 60 % sont contre Barre, 74 % contre Giscard, 77 % sont contre Mitterrand, 84 % contre Marchais, 88 % sont contre Chirac… 383 % des Français sont contre la politique.

JE SOUTIENS GEORGES

À l'occasion du soixantième anniversaire du PCF, Coluche se fend d'un télégramme à Georges Marchais : « Suis de tout cœur avec vous – Stop – Ai soufflé 60 bougies sur 60 kilos de caviar – Stop. »

CHARITÉ BIEN ORDONNÉE

Marchais et Poniatowski parlent de tout changer. Tout à fait d'accord, à condition de commencer par eux.

OUVRONS LES ŒUFS !

Georges Marchais en Chine. Si c'était juste pour voir des Jaunes, c'était pas la peine d'aller si loin : il suffit de casser des œufs, il y en a un dans chaque !

24·04 SAINT FIDÈLE

ENGAGÉ

Je suis pour la fidélité dans le couple. À condition qu'on n'ait pas à se forcer.

ÇA DATE !

24 AVRIL 1978

Coluche prend pour la première fois l'antenne à Europe 1 : « On m'a volé ma moto. Je vais m'en acheter une autre. Si les voleurs ont une préférence pour la couleur, qu'ils m'écrivent ! »

« RTL : c'est la radio où le nain Bouvard parle l'après-midi. On l'appelle le bémol, c'est la note juste au-dessus du sol ! J'en parle d'autant plus volontiers que c'est mon ennemi préféré. »

PROVERBE

On n'est pas payé pour ce qu'on vaut mais pour ce qu'on rapporte.

DÉFINITION *Voler, c'est quand on a trouvé un objet avant qu'il soit perdu.*

Pensées

« Heureusement qu'il y a la réalité de tous les jours pour nous distraire de toutes les cochonneries qu'on entend à la radio et qu'on voit dans les journaux ! »

« Collaro, c'est un garçon qui a énormément de courage : tu en ferais, toi, de la radio si tu étais pas doué ? »

Devinette

Tu connais la différence entre les parasites à la radio et les parasites à la télé ?

À la télé, on voit les parasites !

25·04 SAINT MARC

bruit de couloir

Il paraît qu'au lit Eddie Barclay est un véritable pur-sang : il n'y a pas moyen de le dresser !

COLUCHE *PAR* COLUCHE

• Les gens qui disent que je suis grossier ont raison. Je suis exactement grossier, et je me trouve même un peu seul. L'irrespect se perd et on se fout pas assez de la gueule des cons.

• Je suis un ancien pauvre, et comme je m'en souviens bien, même avec ce que je paie d'impôts, je gagne encore beaucoup.

• Politiquement, je suis coluchiste et des comme moi, on est deux mais l'autre veut pas dire son nom.

IMPROPRE

C'est un mec qui entre dans un magasin et demande du papier à cul. Le vendeur lui dit : « Écoutez, monsieur, soyez poli, y a des gosses, dites papier toilette.
– Oui, si vous voulez, du papier toilette et puis je veux aussi du savon.
– Du savon de toilette ?
– Ah non, du savon pour la figure ! »

IDÉE

Je voudrais lancer sur le marché, et sur tous les panneaux d'affichage, la Lessive ordinaire. Toutes les autres lessives disent : « Notre lessive est beaucoup mieux que la lessive ordinaire. » En cette époque de publicité comparative, je leur ferais à tous des procès que je gagnerais !

26·04 SAINTE ALIDA

TRUC Pour trouver l'âge de Jean Marais, qui veut jamais dire son âge, on se repère sur l'âge du cheval.

AVIS DE DÉCÈS Super, ces émissions pour chanteurs morts ! C'est plus *Pour qui sonne le glas* mais *Pour qui sonne le gala* ! Avec Mike Brant, Claude François, Édith Piaf, Elvis Presley, Dalida, Jacques Brel, Joe Dassin et Hugues Aufray ! Présenté en direct par Jean-Claude Brialy, la Mère-Lachaise ! Et retransmis sur T'es Défunt, Antenne Dieu et France Croix !

Gastronomie

C'est un type qu'est dans un restaurant : « Dites-moi, garçon, venez voir là, le poulet a une cuisse plus courte que l'autre ! » Et le garçon : « Dites, c'est pour manger ou c'est pour danser ? »

Vous savez comment ma grand-mère faisait cuire les gâteaux ? Vieille recette italienne : vous faites deux gâteaux identiques, un grand et un petit, vous mettez les deux au four en même temps et quand le petit est brûlé, c'est que le grand est cuit !

Pensée « La jeunesse a le grand tort de se croire indispensable : sans les personnes âgées, il n'y aurait pas de jeunes ! »

27·04 SAINTE ZITA

LARGER THAN LIFE

C'est un couple de touristes texans qui visite Paris. Le genre pognon sur rue, bourré de fric et de pétrole, et dont le fils demande au Père Noël: « Qu'est-ce que je t'offre cette année ? » Ils font les galeries de peinture et madame achète, comme ça, pour manger tout de suite, un Picasso, un Van Gogh et un Cézanne. Vingt millions de dollars. Le mari paie cash. Ils sortent de la galerie et le Texan dit à sa femme: « Bon, maintenant qu'on a les cartes postales, si on achetait quelques souvenirs ? »

Histoire belge

C'est un Belge qu'est sur le quai et qui voit le train arriver et ralentir, ralentir. Alors, il descend sur la voie et il dit: « Ça passe, ça passe... »

Pensées

“ Les choses sont très bien réparties dans la nature. Dieu a mis les pommes en Normandie parce qu'il sait que c'est là-bas qu'on boit du cidre. ”

“ J'ai jamais compris les marées – je vois pas où passe l'eau qui manque. Pareil pour les érections. ”

“ Disons, pour ratisser large, qu'en politique, il faudrait, par moments, faire primer l'intelligence sur la connerie. ”

COLUCHE *PAR* COLUCHE

« Qu'est-ce qui vous amuse dans le métier d'acteur ?

– De changer de tête. Pour *La Vengeance du serpent à plumes*, on m'a dit: “C'est Tintin au Mexique”, alors je me suis teint en blond. »

28·04 SAINTE VALÉRIE

LEVÉ DE LA MAIN GAUCHE

Dis donc, ce matin, je me lève, je m'habille, je mets ma chemise, le bouton me reste dans la main, je mets mes chaussures, le lacet me reste dans la main, alors je me suis dit qu'il valait mieux pas que j'aille pisser !

IMBU

Une gonzesse se plaint à sa copine que son mari boit. Enfin, pas qu'il boit, mais de la manière dont il boit: le genre « M'as-tu bu » en somme. La copine demande: « Mais alors, si tu savais qu'il buvait, pourquoi l'as-tu épousé ?

– Je n'en savais rien jusqu'au soir, bien plus tard, où, pour la première fois, il est rentré à jeun. »

ALERTE UN FAUX

On dément formellement l'information selon laquelle la famille Giscard d'Estaing (Anne-Aymone, Marguerite, Frezia et tout le bouquet) aurait été arrêtée à Varennes dans une charrette, déguisée en bourgeois et portant sur elle des diamants d'origine inconnue. L'information faisant état d'ornières béantes formées par la charrette dans le goudron, à cause du poids important des pierres précieuses, eh bien, tout ça serait faux.

RENVOYÉE EN L'AIR

C'est une hôtesse de l'air qu'était tellement moche que même le pilote automatique voulait pas coucher avec !

29·04 SAINTE CATHERINE DE SIENNE

PRÉVENANT

C'est un mec qui demande à sa secrétaire: « Vous êtes libre dimanche soir?
– Oui.
– Eh bien, couchez-vous de bonne heure! Comme ça, au moins, vous serez à l'heure lundi!»

REMÈDE DE CHEVAL

C'est une bonne femme qui vient voir le vétérinaire. Elle lui dit:
« Voilà, vétérinaire, j'viens vous voir, c'est pour mon mari Gustave.
– Mais faut aller voir un médecin pour votre mari, moi, je soigne que les animaux...
– Justement, c'est rapport avec ce que vous lui avez dit.
– Bon, qu'est-ce qu'il a, votre mari?
– Voilà, il suffoque, il est tombé les bras en croix su'l'carreau dans l'écurie et puis y suffoque.
– Et alors, quel rapport? Moi, je lui ai donné un remède pour le cheval...
– Oui, ben, justement, vous lui avez donné un tuyau parce que le cheval, il avait d'l'aérophagie et vous lui avez dit il faut l'mettre dans l'cul du ch'val et puis faut souffler fort pour qu'ça lui fasse une poche d'air...
– Oui.
– Eh bien, figurez-vous qu'il l'a fait mais c'est le cheval qu'a soufflé le premier!»

VACANCES À L'EAU

L'année dernière, on avait été à Venise, mais on avait pas eu d'chance! On est arrivés et c'était tout inondé, hein!

30·04 SAINT ROBERT

SECRETS DE STARS

• Robert Charlebois avait une maison à côté de la mienne sur les îles. On était voisins de palmier. J'aime bien dire du mal de lui et puis, de toute façon, les accents ont toujours tort. En tout cas, ils ont fait sauter ma maison là-bas, et pas la sienne. Décidément, Charlebois et c'est moi qui trinque!

• Il a une très belle voix, Robert Hossein. Quand il ouvre la bouche, on peut presque lire à l'intérieur la marque de ses pompes!

SCORE FINAL

Robert Badinter 2 à 0.

Devinette

Vous savez ce que c'est, une tragédie grecque?

Des hémorroïdes.

ENFOIRÉS, EXCUSEZ-LE!

· Coluche était interrogé sur le métier d'acteur et sur la difficulté de l'exercer: « Le music-hall, c'est dur, le cinéma, ça ne l'est pas! Ceux qui disent le contraire n'ont pas de mémoire ou n'ont jamais bossé ailleurs parce que c'est carrément pas du travail. Le soir, il faut des fois que je rentre en courant du studio, sans ça, je suis pas crevé pour dormir. »

· Réponse à un journaliste qui demandait si Le Pen était, selon lui, le nouveau « roi des beaufs »: « Non. Ça serait pas gentil pour les beaufs de dire ça. »

MAI

QU'EST-CE QU'IL Y A DANS LA PRESSE ?
RIEN DE NOUVEAU !
VOUS ÊTES TOUS DES CONS !
WOLINSKI

01 • 05 FÊTE DU TRAVAIL

BILAN DE COMPÉTENCES

C'est un chômeur qui arrive à l'ANPE et qui dit :
«Je cherche un emploi, j'ai 1 femme et 10 enfants.
– Et à part ça, vous savez faire quoi ?»

Pensées « Un ancien militaire, ça n'existe pas. Un jour, on arrête de travailler mais on reste con ! »

« Le travail, c'est bien une maladie, puisqu'il y a une médecine du travail. »

« Je m'amuse où les autres travaillent, contrairement au gynécologue qui, lui, travaille là où les autres s'amusent ! »

OBJECTIF BULLE Le travail n'est pas un but dans la vie. Le but, c'est d'arriver à rien foutre. Et à part gangster et homme politique, y a pas beaucoup de boulots où on peut gagner de l'argent sans se fatiguer.

FAITES DU TRAVAIL C'est très dur de ne rien faire du tout. Regardez : les gens qu'on a forcés à rien faire, comme dans l'Administration, c'est pas rare qu'ils aient un hobby en dehors de leur travail.

DÉFINITION ***Vous savez à quoi on reconnaît le travail ? C'est mal payé, c'est chiant et c'est long. Moi, ce que je fais, c'est bien payé, c'est court et je me marre ! Enfoirés, excusez-nous !***

02 • 05 SAINT BORIS

ÉCONOMIE Le président russe était à Paris pour les soldes aux Galeries Lafayette. Il était arrivé à crédit, il est reparti content.

LE CHOIX DÉSARME

En URSS, vous le savez, on a du mal à trouver ce qu'on veut dans les magasins, on peut difficilement dire ce qu'on veut, tout ça, même tard d'ailleurs, mieux vaut tsar que jamais, enfin… bon, une dame arrive dans une épicerie et dit :
«Je voudrais du thé.
– Du thé chinois ou du thé russe ?
– Ah, je dois choisir… bah, alors donnez-moi du café.
– J'en ai plus.
– Ah, je préfère !»

RÈGLE D'OR Le principe fondamental de notre métier est qu'il ne faut connaître personne, il faut être connu de tout le monde.

TOURISME Les Russes ont invité des responsables américains à visiter les centrales nucléaires soviétiques (ça doit certainement être les seuls trucs visitables en URSS), inaugurant ainsi l'ère de l'espionnage touristique : avant, l'espionnage consistait à cacher ce qu'on avait trouvé, maintenant il consiste à faire visiter ce qu'on a trouvé pour faire peur à son adversaire.

LA QUESTION DU JOUR **Il paraît que l'ennemi, c'est l'URSS. Quand je vois nos chars, je me dis : comment faut faire pour être russe ?**

03·05 SAINT PHILIPPE

LA QUESTION DU JOUR Les «chaînes privées»… privées de quoi?

LE THÉÂTRE DE PETIT BOUVARD

Bouvard a dit qu'il me connaissait pas? Mais c'est normal, mon vieux, il peut pas aller au théâtre: il voit rien.

ALERTE INFO

Une triste nouvelle: Philippe Bouvard aurait été victime d'une chute d'échelle alors qu'il cueillait des fraises! Pauvre homme! Quand on pense qu'il est déjà obligé de se mettre sur la pointe des pieds pour cracher!

QUESTION D'ÉQUILIBRE

Ce qui me surprend le plus chez Bouvard, c'est qu'il est bien élevé. Ça compense!

À SA TAILLE

Il y a une bonne femme qui m'a envoyé une paire de chaussons, du 162, je vais en envoyer un à Bouvard, ça lui fera un deux-pièces.

Devinette

Vous savez comment navigue Philippe Bouvard en avion?

En lisant les plaques des rues.

04·05 SAINT SYLVAIN

L'AMOUR VACHE

C'est une femme de ménage qui tient un préservatif entre ses doigts dans la chambre de ses patrons. La maîtresse de maison entre et dit:
«Eh bien quoi, vous paraissez surprise, vous ne faites donc pas l'amour dans votre campagne?
– Si, mais pas au point d'arracher la peau!»

DÉFINITION *Le mariage, c'est souvent le coup de foudre. On s'est plu, on s'est plu, on s'est plu, puis à la fin on sait plus!*

•CONSEIL DU JOUR•

Conseil aux petits barbus: laissez-vous plutôt pousser les jambes!

COLUCHE *PAR* COLUCHE

J'ai commencé par chanter dans un resto, Le Vieux Bistrot, dans l'île de la Cité, puis dans un autre. Un jour, j'entre dans un cabaret pour chanter; on m'engage pour faire la vaisselle. Je reste là plusieurs mois et j'y fais mes débuts de chanteur. Il y avait là deux jeunes qui venaient chanter le soir: Jo Moustaki et Maxime Le Forestier. C'est là aussi qu'on m'a donné ce surnom: Coluche.

DÉGRAISSAGE

Problèmes financiers au Vatican. On annonce une «suppression du personnel inutile». Ils vont virer tout le monde?

UN AIR DE FAMILLE

C'est une femme qui dit à son mari:
«Je crois que la petite a mon intelligence!
– Sûrement, parce que moi, j'ai encore la mienne!»

05·05

SAINTE JUDITH

LA BONNE PLANQUE La guerre de 14-18 avait fait 1 civil de tué pour 10 militaires. 39-45 : 1 civil pour 1 militaire. Vietnam : 100 civils pour 1 militaire. Engagez-vous : pour la prochaine, seuls les militaires seront survivants.

L'OMBRE D'UN DOUTE Moi, j'ai un copain qui vote pour le même depuis des années, et le type n'est jamais élu. À tel point que mon copain se demande s'il est pas mort !

ALERTE INFO *Catastrophe maritime : un bateau chargé de Yo-Yo a coulé… 47 fois.*

SEX O'CLOCK

C'est un couple d'Anglais qui est en train de faire ce qu'il reste à faire le samedi soir quand y a plus rien à la télé et qu'on travaille pas le lendemain, qu'on s'est dit tant pis pour la messe et que le tiercé est déjà préparé, bref, pour ceux qui n'auraient encore pas compris, ils font tous les mouvements respiratoires nécessaires à la reproduction.
Respirez, soufflez, et, à un moment, le monsieur dit à la dame :
« Je vous ai fait mal, chérie ?
– Non, pourquoi ?
– Je sais pas, il me semble que vous avez bougé. »

CQFD Jean-Marie ne sera jamais élu, DONC ceux qui votent pour lui votent forcément pour rien !

06·05

SAINTE PRUDENCE

•CONSEIL DU JOUR•

Plutôt que de se parfumer de partout, il vaut mieux puer de nulle part.

GORGE PROFONDE

Comment dirais-je… Un homo quoi… sexuel, mais sexuel alors, chez le médecin.
Le médecin dit :
« Déshabillez-vous, je vais vous ausculter la gorge. »
Il se déshabille et ouvre la bouche. Le médecin lui dit alors :
« C'est marrant, je vois une petite lumière dans le fond.
– Ah bon ! Bah, attendez, je vais m'asseoir alors. »

COLUCHE *PAR* COLUCHE

C'est pas que je suis gros, c'est juste qu'il est pas très prudent de prendre l'ascenseur avec moi. Sauf si vous voulez descendre, évidemment.

LE GRAND BRAQUET

« Notre fils fait trop de bêtises, j'vais lui acheter un vélo. Ça lui mettra du plomb dans la tête. La tête et les jantes d'ailleurs.
– Et tu crois qu'il fera moins de bêtises ?
– Non, mais, déjà, il ira les faire plus loin. »

SAVOIR-FAIRE Des idées, tout le monde en a. Souvent les mêmes. Ce qu'il faut, c'est savoir s'en servir.

TENACES Les dirigeants ont promis qu'ils tiendraient bien leurs promesses. Entendez par là qu'ils ne sont pas près de les lâcher.

07 · 05

SAINTE GISÈLE

IN SITU

Eh bien, un homme qui circulait en montgolfière s'est perdu. Alors il est descendu un petit peu pour voir où il était, il ne savait pas qu'il était en Belgique, à Bruges, le pays des lapins, vous savez, Bruges Bunny, et il a demandé à un monsieur qui se trouvait là : « S'il vous plaît, est-ce que vous pouvez me dire où je me trouve ?
– Dans une montgolfière, pourquoi ? »

SÉCURITÉ Comme disait Jean-Marie : « Il ne faut jamais rien jeter par la portière dans les trains, parce qu'on peut blesser un ouvrier… voire un Français ! »

C'EST L'HISTOIRE D'UN MEC…

C'est un mec qui est devant les assises, enfin lui est debout, et il attend le verdict du procès. Son avocat est allé tendre une oreille à la salle du jury et il revient. Le mec lui demande : « Alors, j'ai ma chance ?
– Je pourrais pas vous le dire, mais ce que je crois, en revanche, c'est que vous aurez le choix entre l'alternatif et le continu. »

HARAS DES PÂQUERETTES

C'est un môme qui rentre de l'école : « Maman, maman, il faut que je change d'école.
– Mais pourquoi ?
– Notre institutrice est nulle. Elle n'a jamais vu de cheval.
– Comment ça ?
– Ben oui, j'ai dessiné un cheval et elle m'a demandé ce que c'était. »

08 · 05

VICTOIRE 1945

RÉSOLUTION Je ne vous parlerai pas de MM. Blanc et Bonnet pour éviter un jeu de mots.

Pensée

« Les anciens combattants ? Je vais te dire que moi, si un mec m'avait piégé une fois dans ma vie et m'avait envoyé faire la guerre, tu peux être sûr d'un truc, c'est qu'il ne serait pas près de me revoir pour après aller défiler avec son drapeau ! »

EN AVOIR OU PAS

C'est un colonel qu'est dans une réception, il a les mains dans les poches, et il discute : « Nous étions sur le Gange, prêts à traverser malgré les milliers de piranhas – c'est les p'tits animaux qui mangent tout et qui laissent rien… »
Et y a quelqu'un qui lui dit :
« Mais, colonel, vous jouez avec votre vie ! »
Et le colonel, gêné :
« Non, avec mes clés ! »

LINE DE FRONT Quatre-vingts anciens combattants australiens vont venir en France pour faire un pèlerinage sur les champs de bataille. Il va donc falloir réserver des places au Casino de Paris pour aller voir Line Renaud qui, comme chacun sait, chantait déjà dans les tranchées.

09 · 05 SAINT PACÔME

LA MALÉDICTION DU CLOWN
Quand tu fais pleurer, même si les gens trouvent ça mauvais, ils disent toujours que ça part d'une bonne intention. Alors que quand tu fais rire, on prétend toujours que ça part d'une mauvaise intention.

ENGAGEMENT
Si Giscard est réélu, je demande l'asile politique à la Belgique.

GÉOGRAPHIE
Bangkok, c'est une grande ville pauvre, pleine de Jaunes. Ils l'ont construite juste un peu en dessous du niveau de la mer, à 50 cm en dessous. Ce qui fait que, quand il pleut, et il pleut souvent, on a tout de suite les pieds dans l'eau. C'est amusant. Sauf pour ceux qui dorment par terre.

ALERTE INFO
Un golfeur éborgne un collègue et demande à homologuer ce 19e trou.

SANTÉ
C'est un médecin qui demande à sa patiente :
« Est-ce que vous mangez épicé ?
– Oui, j'fais tout normalement. »

L'ARGENT N'A PAS D'ODEUR
C'est un type qui rencontre un de ses copains, il lui dit :
« Alors, comment ça va en ce moment, les affaires ?
– Oh, tu sais, en ce moment, les affaires… je bouffe de l'argent. »
Et l'autre dit :
« Ça t'ennuie pas de venir aux toilettes à la maison ? »

10 · 05 SAINTE SOLANGE

C'EST PAS LEUR JOUR
Le 10 mai, c'est pas une bonne date pour les rois. Y en a deux qui sont morts ce jour-là : Louis XV et Giscard d'Estaing.

MAUVAIS RÊVE
Mitterrand a fait un cauchemar épouvantable : il a rêvé qu'il était tout seul à se présenter aux élections et qu'il était battu quand même !

PUB
« Un foie, deux reins : trois raisons de boire Contrex. » Mitterrand s'est présenté deux fois pour rien. Ça lui fait trois raisons de boire Contrex.

% SONDAGE
Des sondages ont révélé que 82 % de la population pense que les hommes politiques ne disent pas la vérité. Imaginez que l'un d'eux obtienne ce pourcentage aux élections, il serait élu haut la main.

LA RETRAITE À DEUX VITESSES
Regardez, la retraite à 60 ans. Pour tout le monde, c'est une loi. Bon, c'est une loi pour tout le monde, sauf pour ceux qui la font. Reagan, Gorbatchev... Mitterrand.

HOME SWEET HOME
François Mitterrand a dit : « Les immigrés sont ici chez eux ! » Jean-Marie a répliqué : « Moi, je suis d'accord. Je me sens aussi chez eux ! »

11 · 05

SAINTE ESTELLE

DÉFINITION *La méchanceté et la grossièreté sont des partis pris. Accessibles à tout le monde, qui soulagent tout le monde. La méchanceté et la grossièreté sont les armes de la simplicité.*

NON-ÉVÉNEMENT

Il y a encore eu une espèce de putsch en Amérique du Sud. On n'en parle pas parce qu'il y en a un tous les jours là-bas et qu'il y en aura encore un tous les jours parce que, comme vous le savez, il reste sur ce continent 270 millions de personnes qui n'ont pas encore été présidents !

IN MEMORIAM

C'est un type qui achète des capotes et demande à la pharmacienne :
« Vous en auriez pas des noires ? Je suis veuf. »

Devinette

Savez-vous pourquoi nous, les mecs, on pisse debout ?

Eh ben, parce que c'est pas nous qui lavons !

COMME UNE LETTRE À LA POSTE

C'est un mec qui est chez lui et on frappe à sa porte.
« Qui c'est ?
– Le facteur.
– C'est pour quoi ?
– Les étrennes.
– Ah… bah, glissez-les sous la porte ! »

PUB Ils vont faire de la bière sans alcool, tu te rends compte… c'est sûrement pour les mecs qu'aiment pas être bourrés mais qu'adorent quand même pisser !

12 · 05

SAINT ACHILLE

PRÉVOYANT

C'est le bombardement en Israël et les coups se rapprochent de la maison. Une femme dit à son mari :
« Moïse, dépêche-toi, Moïse, viens vite, viens vite, il faut s'en aller !
– Attends, je trouve pas mon dentier », répond le mari.
– Quoi, le dentier, tu crois qu'ils vont te bombarder avec des sandwichs ? »

TRUC

C'est un Corse, en bout de Corse comme tous les Corses, qui dit :
« Ah, c'est affreux, on a un climat épouvantable ici, rien ne pousse. »
Le Parisien sort des graines de sa poche, les jette par terre, et dit :
« On va bien voir…
– Ben ça, si vous s'mez, évidemment… »

DANS LES ANNALES

Ma mère me disait : « Si tu sors dans la rue, fais bien attention qu'il ne t'arrive rien. » Mais s'il ne t'arrive rien, c'est ce qui peut arriver de pire quand t'es môme.

PROGRAMME TV

S'il y a quelque chose qui porte bien son nom, c'est les dramatiques à la télévision. C'est de la télé et c'est dramatique. Tellement c'est mauvais !

bruit de couloir

Il paraît que je suis démagogue. La diplomatie ressemble beaucoup à la démagogie. La première est une qualité, l'autre un défaut.

13 • 05

SAINTE ROLANDE

À PROPOS DE MAI 68

• Moi, le jour où j'ai vraiment compris qu'on avait perdu la révolution, c'est quand ils ont refusé de manifester le dimanche.

• Mai 68, quand je pense au grand mouvement de jeunesse que ça a été, toutes les idées neuves, et quelle a été la seule chose que le gouvernement a trouvé à faire en réponse? Il a fait goudronner les rues de Paris pour plus que les flics se prennent des pavés dans la gueule. Non, mais tu te rends compte, c'est tout ce qu'ils ont entendu, eux. Franchement, hein, les mecs qui tiennent le haut du pavé…

SILENCE, ON DANSE !

C'est à l'Opéra, là où y a les danseurs avec les nids d'oiseaux dans la culotte, y a un mec qui sort et on lui demande:
«Alors, c'était bien?
– Ah! c'était formidable, on pouvait dormir, ils dansaient sur la pointe des pieds!»

PERSEVERARE DIABOLICUM

J'ai commencé par être chanteur, mais j'ai été plus honnête que ceux qui ont continué, moi, j'ai arrêté.

SOUS PRESSION

«Romy Schneider sauvée par Alain Delon.» Ah bon, elle avait soif? Alain Delon, viens nous servir à boire!

14 • 05

SAINT MATTHIAS

COLUCHE *PAR* COLUCHE

«Tu ferais partie d'un jury d'assises?
– Je ne ferai jamais partie d'aucun groupe, OK?»

PAS DE PETITS PROFITS

C'est en 1939 en Allemagne, vous allez voir un Rhin m'amuse, Moïse qui arrive au siège du parti nazi. Le siège du parti nazi… un siège de chiottes si vous préférez, avec couvercle et lunette. Il demande au garde à l'entrée:
«C'est bien vous qui dites que les juifs, ils ont vendu l'Allemagne?
– Oui, c'est nous! Et après?
– Eh bien, je viens chercher ma part!»

EST-CE QUE LE JUGE MENT?

C'est un mec et une femme qui divorcent, y s'entendaient plus, pourtant ils criaient fort, mais bon, bref, ils divorcent. Ils sont là, devant le tribunal et le juge des peines, à ne pas confondre avec la fille de joie, dit au mari:
«Après jugement, je donne 10 000 balles par mois de pension alimentaire à votre ex-femme.»
Et le mari répond:
«C'est sympa. J'essaierai moi aussi de lui donner un petit quelque chose de temps en temps.»

CINÉMA

Le Festival de Cannes est ainsi appelé parce qu'il n'y a que des vieux.

15 · 05 SAINTE DENISE

CON… CON… CONTAGIEUX

C'est un b… un be… un bè… un bègue qui a une lap… lapine. Tu vois un an… animal, tu tu tu vois, féminin quoi, comme un lapin lapin lapin, s'tu veux, mais en en en fille. Une lap… lap… lapine. Alors, il dit à une copine à lui:
« Tu veux pas m'la garder pendant pendant les les vacances? »
Alors la gonzesse, elle garde la la la lapine et pis alors, tout ça, le mec y va en va en vacances et pis alors il rencontre le mari de la gonzesse à qui il a donné la la la lapine à garder, et le mec pendant les vacances, il a attrapé la ch… la ch… la chaude p… de p… de pisse, la chaude-pisse, à fond, la tour d'ailleurs aussi, la tour de pisse et alors le mec, il voit son pote et alors il lui dit:
« Eh, t'as ma la…, t'as ma la…, t'as ma lap… aa… pine… t'as mal à la pine? »
Et l'autre lui dit:
« Oui, comment tu le sais?
– Parce que je l'ai refilé à à à ta femme avant d'partir. »

• CONSEIL DU JOUR •

Il ne faut pas entrer sur scène en se disant: « Combien ils sont? Combien je vais gagner? » Sinon, un soir, on se surprend à compter les pompiers de service.

ABUS DE POUVOIR

Ça, c'est bien les bonnes femmes, c'est elles qui nettoient, qui cuisinent, qui remplissent les sacs-poubelle et ça serait à nous de les descendre! Faut pas déconner!

16 · 05 SAINT HONORÉ

Histoire belge

(Coluche prend un fort accent belge…)

Nous savons aussi avoir de l'esprit, hein! Je n'en ai pas personnellement, ma femme non plus, mais j'ai un camarade qui en a eu pour le mois d'juillet! On s'est amusés! Il disait par exemple:
« Le comble pour un chauve, c'est de pêcher une raie… »
Celui qui a un poisson sur la tête il a l'air aussi idiot que ça, hein! Vous êtes comme moi, j'ai eu du mal aussi à comprendre! Il disait tout l'temps:
« Le chauve, c'est adéquat, c'est comme Sheila, c'est parce que Sheila, elle a des couattes. »
Ah ah ah ah!…
Elle est très amusante aussi, voyez! Non, c'est un garçon qu'était pas malin, il s'est pendu avec un élastique, on l'a retrouvé écrasé au plafond, hein! Même, je sais que quand il était petit, il avait échoué à un examen d'urine. C'est pour vous dire! C'est lui qui disait tout l'temps:
« J'ai appris qu'il fallait cueillir les cerises avec la queue, je suis embêté! J'avais déjà du mal avec la main, hein! »

IDÉE
Faites des économies d'énergie: les Bretons à qui il en reste, tirez-vous et allez carrément passer vos vacances sur un pétrolier!

17 • 05 — SAINT PASCAL

PACIFISTES, MAIS PRESQUE

Quand c'est la guerre, c'est mal. Quand c'est la révolution, c'est bien... Alors que la révolution a pourtant le même folklore de mort, d'assassinats, de pillages et d'atrocités en tout genre. Dès qu'une idéologie cautionne, tous ceux qui détestent la guerre sont prêts à faire la révolution!

Gastronomie

D'après Pascal, tous les hommes sont bons. Ce que contredisent les plus grands philosophes cannibales.

La Suisse est un des seuls pays du monde où on mange autant de viande qu'ailleurs.

Moi, j'aime beaucoup le caviar, mais j'en mange pas souvent parce que ma femme enlève la peau, alors ça prend des heures.

LA TÉLÉ SE DÉCHAÎNE

La CLT, la Compagnie luxembourgeoise de télévision, a dit: «La sixième chaîne pourrait émettre avant Noël.» C'est-à-dire avant la cinquième. Alors on se demande si la septième pourrait pas émettre à partir de demain et la huitième à partir de l'année dernière.

ÇA DATE!

17 MAI 1985

Première participation au «Jeu de la vérité» de Patrick Sabatier.

18 • 05 — SAINT ÉRIC

LE PETIT RAPPORTEUR

C'est un garçon qui rentre de l'école avec une très mauvaise note et son père lui dit: «Une très mauvaise note comme ça, ça mérite une correction.»
Et son fils lui répond aussitôt:
«C'est simple, je sais où habite le prof.»

PROIE FERRÉE

C'est un mec qui entre, à la campagne, chez un marchand de pièges et qui dit: «Voilà, est-ce que vous avez un piège, c'est pour mettre dans l'poulailler, quelque chose de très gros, qu'est-ce que vous avez d'plus gros comme piège?
– Vous savez, les pièges, y a toutes les tailles…
– Dépêchez-vous, j'dois attraper mon train!
– Ah ça, si c'est pour un train, j'ai pas la bonne taille de toute façon!»

COLUCHE *PAR* COLUCHE

«Auriez-vous préféré vivre à une autre époque?
– Je connais même pas l'histoire de France, comment voulez-vous que je réponde? Probablement, non!»

CINÉMA

Aux césars, ils vont remettre un prix à Simone Signoret. Au salon des Antiquaires, on lui aurait simplement mis un prix!

RENTABLE

22 179 personnes sont déjà mortes au Japon des suites de la radioactivité de la bombe de 1945. C'est donc un truc qui s'amortit sur plusieurs années.

19 • 05 SAINT YVES

YVES A T'Y, YVES A T'Y PAS !

J'ai entendu Mourousi parler hier ou avant-hier sur Canal + du fait qu'il allait pas voter. Je pense que Yves Mourousi, c'est un leader d'opinion. Je pense que si une petite douzaine de personnes comme ça disaient ça en France, on arriverait à des pourcentages d'abstention effarants. Car si on regarde bien, à part les politiciens, et puis la presse qui s'est donné ce titre de quatrième pouvoir avant de l'avoir parce qu'évidemment elle risquait de passer à travers, à part des gens comme ça, je vois pas très bien qui pourrait le prendre, le pouvoir...

BIG BANG

C'est deux singes dans un zoo après une explosion atomique. Ils sont les deux seuls survivants, il n'y a plus qu'eux au monde. Alors le mâle se retourne vers la femelle et demande : « Qu'est-ce qu'on fait : on r'commence ou on laisse tomber ? »

Devinette

Quelle est la différence entre la gauche et la droite ?

Y en a pas ! La droite vend des promesses et ne les tient pas, la gauche vend de l'espoir et le brise.

CARNET DU JOUR

- ***Yves Mourousi va se marier ! Avec une femme en plus ! Pourvu que les deux robes de mariées soient prêtes à l'heure !***
- ***Ça y est, Mourousi est marié ! Espérons qu'il ne perdra pas les pédales !***

20 • 05 SAINT BERNARDIN

CÉLÉBRITÉ LOCALE

Giscard ? Il est plus connu des éléphants d'Afrique que des paysans français.

DES NOUVELLES DU FRONT

Moi, je connaissais un mec qui avait un défaut sur le dessus. À la tête. Il y en a qui sont un peu chauves, eh bien, lui, il n'avait carrément pas de front. C'est-à-dire qu'au-dessus des yeux il y avait juste les sourcils puis plus rien, c'était complètement plat ! Il n'y avait pas du tout mais alors pas du tout de place pour la cervelle. Rien, des yeux et du plat ! Remarque, heureusement pour lui, ça se voyait pas du tout, du tout. Enfin, sauf quand il enlevait son képi.

Devinette

Qu'est-ce qu'il fait, l'Éthiopien, quand il trouve un petit pois ?

Il ouvre un supermarché.

ALERTE INFO

Dieu est mort, il y a une place à prendre !

SCIENCES NATURELLES

Bernard Pons a dit que Raymond Barre était une « monstruosité politique ». Il aurait pu rajouter biologique.

Pensée

« Le problème avec nos élections, c'est que le résultat compte pour les hommes politiques, pas pour nous. »

21 • 05 SAINT CONSTANTIN

Pensée

« Heureusement que la boxe, c'est pas comme les autres sports, deux manches et une belle, parce que le pauvre mec qui se fait démolir dès la première, il faudrait qu'il y retourne deux fois se faire casser la gueule ! »

• CONSEIL DU JOUR •

Si tu as un gosse de 7 ans à garder, suis mon conseil, trouves-en un deuxième. Les gosses, c'est comme les agents d'assurance, s'il y en a un qui t'emmerde, t'en mets deux ensemble, ils te laisseront tranquille !

DÉCOUVREUR DE TALENTS Eddie Barclay, il les épouse de plus en plus jeunes, lui. Remarque, c'est bonnard, parce que, comme ça, ce qu'il arrive plus à faire, elles savent pas encore que ça existe !

ÉTAT SŒUR ! L'état de la France ?... On me répondra sans doute que les raisons d'État, c'est des tas de raisons.

ET AVEUGLE, AVEC ÇA !

C'est un sourd qu'est assis sur un banc dans un square et un mec lui dit : « Monsieur, je viens de peindre le banc.
– Comment ?
– En vert. »

Gastronomie

Jacques Brel, c'était Le plat pays qui est le mien, Jacques Borel, lui, ça serait plutôt : le plat pourri qui est le mien.

22 • 05 SAINT ÉMILE

GÉOPHYSIQUE J'ai rencontré un type complètement bourré assis sur le bord d'un trottoir. Je lui ai demandé ce qu'il faisait. Il m'a répondu : « Puisque la Terre tourne, je veux attendre, là, que ma maison passe. »

Pensée

« Tous les hommes politiques sont des comiques de circonstance. Moi, j'ai sur eux l'avantage d'être un comique professionnel. »

UN VRAI REMÈDE Ceux qui ont le plus de mal à être amoureux, ce sont les médecins. Parce qu'une fois que tu sais qu'une gonzesse, ça a 7 mètres d'intestin grêle, 3 mètres de gros intestin, 150 mètres carrés de poumon si on développait tout, 7 litres de sang, 1 litre d'urine et 90 % d'eau dans le tout, tu sais que pour tomber amoureux...

MAUVAIS CALCUL Le progrès, l'homme courant après la civilisation, quelle tristesse ! Et tout ça pour lutter contre quoi, monsieur ? Je vous le donne Émile, pour lutter contre la tristesse et l'ennui. L'homme s'est mis en société pour lutter contre l'ennui et depuis il s'emmerde. C'est pas joli comme calcul : toute notre civilisation repose sur des erreurs.

23 · 05 — SAINT DIDIER

DÉFINITION *Messieurs, ne confondez pas une pute et une salope. Pute, c'est un métier, salope, c'est un trait de caractère.*

Pensées « Si le jazz avait été russe, la face du monde en aurait été changée. »

« Le Pen n'aime pas voir les Arabes sur notre sol. Il préférerait peut-être les voir dessous ! »

LA QUESTION DU JOUR *Peut-on rire de tout ? Ma position sur le sujet, c'est que, si c'est drôle, t'as eu raison de le faire !*

COMPTES D'APOTHICAIRE

Un homme entre dans une pharmacie et demande un médicament. Le pharmacien l'apporte et lui dit : « C'est 10 francs. »
Le mec le paie et s'en va. Le pharmacien s'aperçoit alors que le mec ne lui a donné qu'un franc.
« Merde… Enfin ça fait toujours 60 centimes de gagnés… »

ALERTE UN FAUX Les Français reçoivent les nouvelles à la télé comme si c'était les nouvelles les plus importantes. Mais quand on parle d'une guerre, c'est qu'on a des informations dessus, que les agences internationales, américaines il faudrait dire, en parlent. Un jour, on s'est aperçu tout à coup qu'il y avait une guerre dans un coin perdu d'Asie parce que les mecs, ils avaient pris deux Français ! Mais la guerre, elle existait là-bas depuis trente-cinq ans ! Et nous, on le savait pas…

24 · 05 — SAINT DONATIEN

Pensée « Ça sert à rien, la célébrité. Ce qui compte, c'est la popularité. »

EN VO Quand on me fait chier, j'envoie pas l'avocat, mais mon poing dans la gueule. Pas besoin de sous-titres.

IDÉE
Moi, j'ai trouvé une combine pour les mecs qui veulent faire la guerre. Plutôt qu'ils aillent emmerder les Cambodgiens ou les autres chez eux juste pour essayer leurs armes, on n'a qu'à leur donner un grand terrain, au milieu du désert, par exemple, dans un endroit où personne n'habite, une espèce de champ protégé dans lequel ils pourront faire la guerre et se tuer entre eux en toute tranquillité et sans faire chier personne.
Un « champ » de guerre en quelque sorte.

À MALIN, MALIN ET DEMI(S)

C'est un type qui entre dans un bar pour boire un coup. Il commande une bière, vous savez, comme Alain Delon : Alain Delon vient nous servir à boire… Ah non, merde, c'est la Madelon. Enfin bref, le mec demande au patron :
« Vous écoulez combien de litres de bière par an ?
– À peu près 5 000.
– Vous voudriez en écouler 10 000 ?
– Et comment !
– Alors, commencez par remplir les verres jusqu'au bord. »

25 • 05

SAINTE SOPHIE

VOYANCE PAR TÉLÉPHONE

C'est une voyante qui téléphone à une autre voyante et qui lui dit :
« Allô ! Vous allez très bien, et moi-même ? »

SECRET DE STAR Sophie Favier porte une perruque. Pas sur la tête, sur la langue.

ENGAGÉ Le gouvernement s'occupe de l'emploi. Le Premier ministre s'occupe personnellement de l'emploi. Surtout du sien.

C'EST L'HISTOIRE D'UN MEC...

C'est un mec qu'est dans un restaurant. Il y a écrit au menu « poulet de Bresse ». Alors il demande un « poulet de Bresse », et on lui amène un poulet. Il met le doigt dans le cul du poulet, il le sort, le sent et dit :
« Non, non, ça, c'est un poulet des Landes. »
Alors on renvoie le poulet à la cuisine, on lui en sert un autre. Pareil, il met le doigt dans le cul du poulet, il fait :
« Non, ça, c'est un poulet du Gers. »
Alors, on le remporte et on lui apporte un autre poulet, il met le doigt dans le cul du poulet et là, il fait :
« Ah ! ça, c'est un poulet de Bresse, ah oui, ça, c'est un poulet de Bresse ! »
Et un mec se lève à côté de lui et lui dit :
« Moi, j'suis orphelin, vous pouvez pas me dire d'où je viens ? »

26 • 05

SAINT BÉRENGER

UN VRAI COMMERCE SANS

En Pologne, une dame entre dans un magasin et demande un litre de lait.
« Ah non, ici, c'est le magasin où il n'y a pas de viande. Celui où il n'y a pas de lait, c'est en face ! »

IDÉE
Il faut qu'on arrive à avoir en France une police honnête et propre. Sans ça, on ne leur fera plus confiance. Les Français ne feront plus leur devoir et on ne trouvera plus personne pour dénoncer son voisin !

Devinette
Vous savez pourquoi on trouve encore de la laine vierge ?
C'est parce que les moutons courent plus vite que les bergers !

VOUS FEREZ CEINTURE

J'ai une petite histoire : elle se passe dans une librairie et elle se passe de commentaire aussi… C'est un mec qui entre dans une librairie donc et qui dit :
« Je voudrais une paire de bretelles bleues.
– Ah, monsieur, on a pas ça ici…
– Tant pis pour vous, vous perdez un client. »

CARNET DU JOUR
La scène se passe à Marseille, deux copains, y en a un qui dit :
« Tiens, je vais marier ma sœur.
– Oh là, putain !
– Non, pas celle-là, l'autre. »

27 • 05 SAINT AUGUSTIN

DEVOIR DE MÉMOIRE (OU PAS)

Ceux qu'ont fait la guerre, ils veulent s'en souvenir, ils veulent pas qu'on l'oublie, parce que c'est la seule chose qu'ils croient avoir fait de bien dans leur vie, et ceux qui ont pas fait la guerre, ils veulent pas en entendre parler, parce que c'est la seule chose qu'ils pourraient faire de mal dans leur vie.

Devinette

Est-ce que tu sais pourquoi c'est les Belges qui ont des frites et les Arabes qui ont du pétrole?

C'est parce que c'est les Belges qu'ont choisi les premiers.

MÉTÉO **Monsieur Météo: « On attend beaucoup de rafales de vent... » Et derrière?**

SOLITAIRE

C'est un type qui fait des pompes au bois de Boulogne. Un passant s'approche et lui dit: « C'est bon, vous pouvez arrêter, la dame est partie. »

PRAGMATIQUE

C'est la femme d'un jockey qui rentre du BHV avec les bras chargés de cadeaux. Et elle dit à son mari: « Tiens, v'là l'résultat des courses! »

SUBLINGUAL Vous avez déjà entendu parler un Danois? On dirait un Allemand qui parle sous l'eau.

28 • 05 SAINT GERMAIN

FAIT NOTABLE

C'est un ministre, un gland de ce monde donc, qui va aux putes, ça doit bien arriver, et, au moment de payer, il lui dit:
« Combien je vous dois?
– Trois francs!
– Oh, ben, dites donc, vous n'êtes pas chère! Comment vous gagnez votre vie?
– Le chantage, pourquoi? »

Devinette

Vous savez comment on appelle un homme qui a les deux yeux dans le même trou?

Un gynécologue!

Pensée « Sans le moindre racisme, je dois dire qu'entre le blues, le jazz, le rock, le reggae, tout est noir. »

ÉLÉMENTAIRE

C'est une bonne femme jalouse qui regarde les costards de son mari pour trouver des cheveux de gonzesse. Elle regarde, elle inspecte, rien, elle n'en trouve aucun. Alors, elle se dit: « Merde, v'là qu'il couche avec des chauves maintenant! »

FOOTBALL Ce soir, le Paris Saint-Germain rencontre Auxerre. Enfin une chance de gagner pour la France!

DÉMOGRAPHIE D'après une étude américaine, la population sera tellement élevée dans deux mille ans que les gens seront obligés de rester debout. Remarque bien qu'à mon avis, à partir de ce moment-là, les naissances diminueront!

29 • 05 FÊTE DES MÈRES

Devinette

Tu sais comment elles font, les mamans visons, pour avoir des petits visons ?

Elles font comme les femmes pour avoir des visons.

BIEN ÉLEVÉ (EN FÛT)

Fait divers de la vie quotidienne : une affaire de gros saoul. C'est un petit garçon qui vient dire à sa mère :
« Maman, maman, il y a papa qui vient de se casser la gueule dans l'escalier avec deux litres de whisky.
– Il n'en a pas mis partout, j'espère ?
– Oh non, il a gardé la bouche bien fermée ! »

CARNET ROSE • Dans le journal : « Nicoletta enfin maman ! Elle s'est battue pendant deux ans pour avoir son enfant. » J'appelle pas ça se battre, moi, pour commencer et ensuite je trouve ça très drôle comme titre « Nicoletta enfin maman ! ». Tout ce qu'on peut dire, c'est que c'est pas faute d'avoir essayé !

• Lady Di est maman ! La reine d'Angleterre serait venue la voir à la maternité et se serait exclamée : « Le bébé a déjà dix doigts de pied ! Comme ça pousse vite ! »

ANTICIPATION Je les aime bien, les futures mamans, mais longtemps avant, quand elles prennent encore la pilule.

30 • 05 SAINT FERDINAND

LES CHAUSSETTES, C'EST LE PIED

C'est une copine qui dit à une autre :
« Mon mari à moi, pfftt ! C'est terminé, le magasin est fermé depuis déjà huit jours, c'est fini, il a plus rien, c'est l'âge, j'sais pas, il a atteint la limite, la date du yaourt, si tu veux, la date de fraîcheur est dépassée, on n'a plus droit à rien. En tout cas, y a plus rien, y a plus aucune érection pestilentielle, y a rien. »
Alors, l'autre lui dit :
« Ben moi, j'ai acheté des chaussettes, tu les mets à ton mari, ça a l'air de rien, mais mon vieux, il a des érections extraordinaires, tu vas voir, ça l'énerve, ça l'excite.
– Des chaussettes ?
– Oui, des chaussettes, tu lui dis rien, tu lui dis : “Tiens, mets ces chaussettes-là”, alors il les met et hop ! tout d'un coup, il est en pleine forme, il te saute dessus et tout.
– Bon, j'vais essayer. »
Et une semaine après, elle revoit sa copine et elle lui demande :
« Alors, ça a marché les chaussettes ?
– J'ai pas compris, j'ai fait comme tu m'as dit, je lui ai donné les chaussettes, il les a mises et il s'est précipité sur le réfrigérateur, il a attrapé un saucisson, il se l'est fourré dans le cul…
– Vérifie qu'il les ait pas mises à l'envers. »

Pensée « Enfin, si tu veux, il y a deux sortes de justice : vous avez l'avocat qui connaît bien la loi et vous avez l'avocat qui connaît bien les juges. »

31 • 05 VISITATION

L'AMOUR EN HÉRITAGE

C'est un môme qui pleure dans le train, ouin, ouin, il pleure et les autres voyageurs lui demandent ce qu'il a.
«J'ai appris que ma mère était une pute!»
Le type à côté de lui lui dit:
«C'est pas grave du tout, mais, moi aussi, ma mère est une pute, hein, ma mère, ma mère est une putain, mais c'est pas grave du tout, ça peut arriver à n'importe qui…»
Et le curé, un peu plus loin:
«Mais moi aussi, moi aussi, ma mère faisait le trottoir!»
Et le militaire:
«Mais moi aussi, ma mère était une prostituée…»
Et le dernier mec du wagon sort une clope et demande:
«Dans tous ces fils de putes, y en a pas un qu'a du feu?»

COLUCHE *PAR* COLUCHE

Parlons de mes égouts et de mes couleuvres:
- j'aime flâner sur les Grands Boulevards;
- j'aime Paris au mois de mai;
- j'aime bien mes dindons;
- j'aime mieux mes moutons;
- j'aime le jambon et la saucisse;
- je hais les dimanches.

Moi, j'aime le music-hall!

Devinette

Qu'est-ce que c'est quoi la différence qu'il y a entre moi et le pape?

C'est que je raconte aussi des histoires mais moi, je ne demande pas qu'on y croie!

DANS LES ANNALES

J'ai vendu des fruits aux Halles quand j'étais jeune. Oh, pas longtemps, juste le temps d'apprendre qu'il fallait mettre les taches en dessous.

•CONSEIL DU JOUR•

Un bon gouvernement doit laisser au peuple assez de richesses pour qu'il puisse supporter sa misère. Et tout ira pour le mieux.

LE BLUES DU BUSINESSMAN

C'est un couple qui visite le Louvre.
La femme dit au mari:
«Tu sais quand même, ce serait bien si on avait des belles peintures comme ça chez nous.»
Et lui il répond:
«Avec le boulot que j'ai, tu voudrais en plus que je trouve le temps de peindre!»

Pensées

“J'ai remarqué que les mecs deviennent souvent cons à l'âge où il leur pousse des dents en or!”

“La plus grosse infirmité qu'on puisse avoir, pour moi, c'est pas qu'il vous manque des jambes, des bras, des yeux ou des cheveux, pour moi, les vrais infirmes, c'est simplement les cons. Il vaudrait mieux pour eux qu'ils soient vraiment infirmes, les cons, ça leur porterait moins préjudice dans la vie et à nous aussi. La connerie, c'est très grave et, en plus, ça n'est pas remboursé par la Sécurité sociale.”

JUIN

01 • 06 SAINT JUSTIN

C'EST L'HISTOIRE D'UN MEC…

Alors, c'est un camionneur qui dit: « Tu t'rends compte, ces gens s'ils sont dégueulasses, une petite bande de cons, ils m'ont attaqué, ils m'ont fait descendre de mon camion, tout ça, ils m'ont traité de pédé, tout ça, tu te rends compte.
– Merde alors, c'est dégueulasse, j'espère que t'en as attrapé un pour lui mettre une baffe?
– Ah, mais, dis, j'aurais voulu t'y voir à courir avec une jupe droite! »

DÉFINITION ***Un sportif français qui gagne est un Français. Un sportif français qui perd est un sportif, pour ne pas dire plus.***

SENS DE L'ÉQUITÉ

C'est deux naufragés sur une coque de noix et y en a un qu'est en train de couper la jambe de l'autre avec son canif. L'autre évidemment gueule comme un putois, il sent pareil aussi puisqu'ils sont là depuis un mois, alors son copain lui dit:
« Gueule pas comme ça, je vais t'en donner un morceau! »

AVANT-GARDE Les intellectuels sont des gens courageux et j'aime les gens courageux. Moi-même, j'ai pris position contre le cancer avant 1968 – ce qui est très osé si l'on regarde l'échiquier politique de l'époque.

02 • 06 SAINTE BLANDINE

LANGAGE DES SIGNES

C'est des sourds-muets qui sont dans un bistrot et qui tapent sur la table.
Un type, au bar, demande au patron:
« Mais qu'est-ce qu'ils font?
– Tu vois, c'est des sourds-muets, quand ils tapent une fois, c'est pour avoir du Ricard; deux fois, c'est pour avoir du vin blanc; trois fois, c'est pour du vin rouge.
– C'est bien, c'est pratique. »
Un quart d'heure se passe, le patron a servi les sourds-muets, le type du bar jette un œil.
Ils ne font plus un bruit, ils sont tous autour de la table, silencieux, la tête en l'air.
Il demande au patron:
« Qu'est-ce qu'y font là maintenant?
– Là maintenant, ils sont bourrés, ils chantent. »

SEXE À PILES J'ai croisé une femme dans un sex-shop, son mari était en panne, elle venait changer les piles.

•CONSEIL DU JOUR•

Tout le monde parle du rêve américain, moi, je veux bien, mais je dis que les mecs, au lieu de dormir, ils feraient mieux de bosser.

Pensées

« Beaucoup de politiciens montent dans les sondages parce qu'à leur stade, pour descendre, il faudrait creuser. »

« Les pauvres ne sont pas riches cette année et la misère est triste! »

03•06 SAINT KÉVIN

DANS LES ANNALES

On était tellement pauvres quand j'étais gamin que, pour mon anniversaire, on me montrait la photo d'un gâteau d'anniversaire. Le plus difficile, c'était de souffler les bougies.

LA PRIÈRE DU JOUR Il paraît que le président américain aurait dit au président russe que leurs deux pays devront faire une alliance en cas d'attaque extraterrestre. Alors je vous en prie, Martiens, attaquez la Terre pour qu'on vive en paix !

GOOD MORNING, VIETNAM Le Vietnam, c'est évident que c'est un champ de tir. Les Américains leur ont fait la guerre, les Japonais leur ont fait la guerre, les Français leur ont fait la guerre, et maintenant ils sont emmerdés par les Cambodgiens. C'est évident que c'est devenu un champ de tir. Les mecs y vont pour essayer leurs armes.

•CONSEIL DU JOUR•

Commencez la révolution sans nous. On préfère être cons et vivants que morts et pleins d'idées.

04•06 SAINTE CLOTILDE

AVIS DE DÉCÈS • Il est encore mort, Mike Brant ? Mais alors c'est tous les jours !

• Ah bon, Jean Marais, il est pas mort ? Je savais pas. Mais lui, il le sait ?

OCCUPÉ Le problème des hommes politiques, c'est qu'y a pas de place pour tout le monde dans les cabinets ministériels ! Bah oui, y a un loquet ! Et c'est pour ça que les autres font de drôles de gueules !

Pensée « On croit que les rêves sont faits pour être réalisés. C'est le problème des rêves. Les rêves sont faits pour être rêvés. »

OLÉ

C'est un mec qui s'est fait opérer de l'appendicite et le lendemain, il s'réveille avec un bandeau autour d'la tête, alors il appelle une infirmière et lui dit :
« Dites donc, alors, qu'est-ce qui s'est passé ?
– Le chirurgien est espagnol et, comme il a bien réussi, on lui a donné les oreilles et la queue… »

DEVINE QUI VIENT DÎNER

J'ai été manger chez le pape. Qu'est-ce qu'il est sympa ! Mais alors elle !

05·06

SAINT IGOR

MISE EN SLIP

C'est une secrétaire qui passe devant le bureau de son patron avec les jambes légèrement écartées et une drôle de démarche. Le patron lui demande :
« Qu'est-ce que vous avez ?
– Rien, je vais à un bal de nudistes ce soir.
– Et alors ?
– Et alors j'ai mis des bigoudis. »

PRODUIT DE LA FERME

« C'est quoi ce disque, je le connais pas.
– C'est neuf.
– Ah bon, ça vient d'être pondu alors ! »

SANG DÉCONNER

Moi, je suis pour le mélange des origines. C'est ce qu'il y a de mieux. La preuve, c'est que quand tu vois une photo de la famille d'Angleterre, t'as pas envie d'en être. On se dit, merde, putain, vivement que les Arabes viennent baiser leurs femmes et que ça se renouvelle.

FAUSSE ALERTE

C'est un mec qui téléphone à son médecin en lui disant :
« Venez vite, ma femme a avalé un préservatif. »
Alors le médecin range ses affaires de toute urgence, le téléphone resonne, il entend :
« Vous dérangez pas, on en a trouvé un autre. »

06·06

SAINT NORBERT

COLUCHE *PAR* COLUCHE

Je ne lis pas les scénarios. Si je lis l'histoire, je découvre ce qui doit m'arriver et quand je joue la scène, je vais essayer de faire un effet comique, alors que si je ne sais rien, je suis surpris et c'est plus naturel.

ALERTE INFO

Des Chinois ont manifesté contre le nucléaire : ils ont été reçus, on en a parlé, on ne changera rien, mais ils pourront revenir.

UNE CROIX DESSUS

Le mec qui croit à la résurrection, il peut toujours aller se faire enterrer à côté de Marilyn Monroe, ça prouve pas qu'il va être ressurexé, si je peux me permettre d'inventer un mot qu'est pas dans le dictionnaire. Parce que, à la rigueur, l'espoir fait vivre, mais quant à mourir de ça, y a une marge !

BAROMÈTRE

Je crois que cette fois, politiquement, on est vraiment dans la merde ! J'ai parlé à un chauffeur de taxi, il m'a dit : « Moi, si j'étais à la place du président des États-Unis, je sais pas ce que je ferais... »
Ça, c'est la preuve qu'on est vraiment dans la merde : quand le chauffeur de taxi, il ne sait pas ce qu'il ferait à la place du président des États-Unis, c'est qu'on est vraiment dans la merde !

LIVRAISON À DOMICILE

C'est l'éboueur qui passe et qui demande à la dame :
« Pas d'ordures, aujourd'hui ? »
Et la dame :
« Oh, allez ! Mettez-moi deux poubelles, mais c'est tout ! »

07 • 06 SAINT GILBERT

SPECTACLE Gilbert Montagné en concert à l'Olympia ce soir. Pourvu qu'il trouve!

NATALITÉ La pilule arrive en Belgique. On espère qu'ils vont enfin arrêter de tirer sur les cigognes!

Pensées « Moi, enregistrer un disque? Y a déjà assez de mauvais chanteurs comme ça. »

« En parlant des cons, je parle de moi. Mais dans la salle, chacun pense à son voisin. »

ALERTE INFO *Un homme a fait un casse avant de déposer le butin à l'agence d'en face: voilà un braqueur qui a de la Suisse dans les idées.*

Histoire belge Voici notre séquence « Trente millions d'amis », nos amis les Belges. C'est une histoire qui nous est envoyée par notre ami belge: M. Ventenpoupe. C'est en Belgique, une fille qui a été violée et alors elle est au commissariat de police pour les confrontations. On a arrêté des suspects qu'on a mis la face au mur et on les retourne un par un pour voir sa réaction. Le premier se retourne, elle dit rien, le deuxième se retourne, elle dit rien, le troisième se retourne, elle dit rien et le quatrième se retourne et il crie: « C'est elle! »

NOSTALGIE Moi, j'aimais bien Dalida quand elle était chanteuse. En strip-teaseuse, je l'aime un petit peu moins. C'est peut-être ça justement, la vulgarité.

08 • 06 SAINT MÉDARD

• CONSEIL DU JOUR •

Y a beaucoup d'écrivains qui feraient mieux d'écrire sur un papier beaucoup plus fin et de vendre leur livre avec un truc pour l'accrocher dans les toilettes!

Devinette

Savez-vous ce que les Belges font des vieux camions de pompiers qui ne marchent plus?

Ils les gardent pour les fausses alertes.

Pensée « Pompier en Corse, c'est un bon job, là-bas, y a pas le feu! »

À CONTRECŒUR

Tiens, allez, c'est un mec qui a de la cuite dans les idées. Il emmène son gosse au bistrot où il commande un verre de gin. « Comme d'habitude, René! » Le verre arrive. Il en fait boire une gorgée à son gamin et lui demande: « Alors, tu trouves ça bon?
– Beurk, c'est dégueulasse!
– Ah, tu vois, quand je pense que ta mère et toi croyez que cela me fait plaisir de boire! »

PETITE ANNONCE

S'il y a des mecs qui ont du pognon et qui sont emmerdés parce que l'argent ne fait pas le bonheur, ils n'ont qu'à le dire: on trouvera toujours des pauvres assez cons pour le leur piquer.

09 · 06 — SAINTE DIANE

LEÇON D'ÉVEIL

Un curé avait dit publiquement au sermon, comme ça, aux gosses, au catéchisme: «La nuit, il ne faut pas mettre les mains sous les couvertures.» Alors les gosses ont cherché pourquoi. Et il y en a qui ont trouvé!

ESPRIT SPORTIF

À propos d'un arbitre détestable: je remercie beaucoup cet homme-là d'avoir eu le courage de sa lâcheté, parce que, vraiment, être aussi minable et le savoir, c'est bien!

L'IRONIE DU SAUT

Fait divers ce matin dans le journal: «Une femme qui voulait se suicider a sauté du 17e étage. Et le vent l'a rabattue sur le balcon du 16e étage.» Elle est quand même morte mais d'un arrêt du cœur! Vous vous rendez compte, pour mourir de peur en tombant d'un seul étage, moi, je ne me serais pas crevé à monter au 17e, j'aurais sauté du rez-de-chaussée!

C'EST L'HISTOIRE D'UN MEC…

C'est un mec qui rentre chez sa femme: «Tu vas être contente, j't'ai acheté un vison.
– Super!
– Mais je te préviens. Que la cage soit toujours propre, sinon je le vire!»

10 · 06 — SAINT LANDRY

DANS LES ANNALES

J'ai été goal au hand. Les gars jettent la balle de toutes leurs forces et elle est en cuir, la balle. Quand t'en as arrêté une, tu arrêtes d'être goal. Moi, j'en ai arrêté une, je me rappelle, avec l'œil droit. Le gauche l'a jamais reconnu.

PRÉVENTION

Afin de limiter les cas de maladies honteuses dans les régiments d'outre-Rhin qui font grande consommation de prostituées, on a installé pour la première fois dans les casernes cet écriteau: «Soldats, interdit de tirer.»

TEL PÈRE, TEL FILS

C'est un gosse qui dit à son père:
«Dis donc, papa, y a longtemps qu'tu connais maman?
– Oui, ben, maintenant y a un p'tit moment, oui, y a trente-cinq ans.
– Ah oui, elle a toujours été comme ça ou elle était plus jolie avant?
– Ben, non, ta mère, elle a toujours été comme ça.
– Ah oui, elle parlait déjà fort, comme ça, quand elle était p'tite?
– Oui, oui, elle parlait déjà fort.
– Eh, dis donc, papa, comment ça s'fait qu't'as épousé maman?
– Ah, tu t'poses la question aussi, dis?»

MISE AU POINT

Je ferai aimablement remarquer aux hommes politiques qui me prennent pour un rigolo que c'est pas moi qu'ai commencé.

11 • 06 — SAINT BARNABÉ

QUI PEUT LE PLUS PEUT LE MOINS

C'est un mec qui dit, comme ça :
« J'ai entendu dire, Robert, que ça t'arrivait d'aller dans des endroits où ils se mettent à plusieurs, tout nus, et ils se tournent autour, ou ils font des jeux, tout ça…
– Ben, oui, ça m'arrive, oui.
– Non, mais sans déconner, tu pourrais m'emmener un jour ?
– Si tu veux, Barnabé, si tu veux, oui.
– C'est vrai, tu pourrais m'emmener, sans blague, tu déconnes pas ?
– Non, j't'assure.
– Mais, quand est-ce que t'y vas, quand est-ce que t'y vas ?
– Oh ben, j'y vais dimanche.
– Oh, dimanche, c'est trop tard, c'est loin, merde, on est lundi, ça fait une semaine à attendre, y en a pas une avant ?
– Oh, non, y en a pas.
– Oh, on pourrait en faire une, tu connais des gens, on pourrait en organiser une.
– Ben, si tu veux, on peut en faire une chez moi, si tu veux.
– Oh, ouais, d'accord, quand, quand ?
– Ben, demain si tu veux.
– Et ce soir, c'est possible, ce soir ?
– Ben, ouais, c'est possible ce soir, chez moi, oui.
– Eh, dis donc, on s'ra combien ?
– Ben, amène ta femme, on s'ra trois. »

ÉCONOMIE Les effets de l'inflation, je vous explique : le temps que vous gagniez du blé, vous pouvez plus vous payer ce que vous achetiez quand vous étiez pauvre.

12 • 06 — SAINT GUY

FAIS-MOI UNE SCÈNE Les arènes de Nîmes, c'est pas comme au café-théâtre, là-bas, le comédien n'est pas à 20 centimètres du public. Les sourcils, faut qu'il les fasse avec le coude !

ÇA DATE !

12 JUIN 1969
Ouverture du Café de la Gare qu'il cofonde avec Romain Bouteille, Patrick Dewaere, Sotha, Miou-Miou et Henri Guybet.

DANS LES ANNALES

• *Quand j'étais au café-théâtre, j'ai vu un mec monter sur scène pour faire une photo de sa femme dans la salle. Évidemment, pendant le spectacle !*

• *J'ai vu un mec qui faisait un one-man-show au café-théâtre et qui bâillait ! T'as qu'à voir l'état dans lequel on était dans la salle ! Y a pas pire que ça. À part peut-être ceux qui ont vu des récitals de Régine ou des choses comme ça.*

• *J'étais dans une première affaire, qui s'appelait le Café de la Gare, qui a tout de suite marché, puis, après ça, j'ai joué tout seul, ça a tout de suite marché. Donc, j'avais pas une intention au départ. Je me suis pas dit : j'ai une culture donnée, à quoi est-ce que je vais utiliser ce talent. Non. J'ai découvert un talent au fur et à mesure que j'apprenais un métier, et je me suis retrouvé dans une situation…*

13 • 06 SAINT ANTOINE DE PADOUE

POUR LA ROUTE

C'est une grosse bonne femme en pétard qui est en train de taper sur son petit mari ivre mort. Elle lui tape dessus en gueulant : « Alors, tu vas encore boire, dis maintenant, tu vas encore boire ? »
Et lui, dans un soupir, répond :
« Bon, d'accord, encore un, mais c'est le dernier alors ! »

• CONSEIL DU JOUR •

Les gosses, un conseil : mettez-vous les doigts dans le nez, c'est encore le meilleur moyen pour se gratter l'œil de l'intérieur !

ALERTE INFO *Journal des cons et des malcomprenants : deux flics se sont fait tabasser. Ce n'est pas une information... mais ça soulage !*

LE SENS DU SACRIFICE Certains hommes aiment tellement leur femme que, pour ne pas l'user, ils utilisent celle des autres.

Pensées « La plus grande erreur qu'ont faite les banlieusards, c'est que, quand ils ont voulu s'évader de Paris, ils se sont évadés tous en même temps. »

« Le journal télévisé, c'est extraordinaire. Tu regardes le journal télévisé, tu te dis, si c'est Fellini qui a fait le texte et la mise en scène, eh ben, ils sont balèzes, les acteurs. »

Devinette

Qu'est-ce que font les culs-de-jatte à Noël ?

Ils mettent les gants dans la ch'minée.

14 • 06 SAINT ÉLISÉE

MON RÊVE AMÉRICAIN J'aimerais bien faire une carrière américaine. Parce qu'il y a deux choses avec lesquelles il ne faut pas plaisanter dans la vie, c'est l'argent et les dollars.

À VUE DE NEZ

C'est l'histoire d'un mec qui va dans un garage, genre mec qui vient de passer un mauvais carter... si vous voyez ce que je veux dire, et qui demande au garagiste : « Combien ça va me coûter, la réparation de ma voiture ?
– Vous savez ce qu'elle a ?
– Ah non, pas du tout.
– Oh ben, alors 50 000 balles minimum. »

DANS LES ANNALES

Quand j'étais garçon de café, qu'on me demandait les toilettes, je disais toujours : « Pipi ou popo ? » et y a jamais personne qui répondait : « Popo. »

NOS AMIES LES BÊTES

C'est un type qui a eu un accident et à qui on a été obligé de... on lui a... si vous voulez... on a été obligé de les lui enlever et de les remplacer par des pommes de terre. Il a déclaré : « Tout va très bien sauf qu'avant j'avais des morpions, maintenant j'ai des doryphores ! »

LA QUESTION DU JOUR À quoi ça sert, le pouvoir, si c'est pour ne pas en abuser ?

15 • 06 SAINTE GERMAINE

COUP DE GUEULE

Défense des blagues misogynes et racistes : personne n'empêche les femmes et les Noirs de faire des blagues !

DÉGOÛT ET DES COULEURS

Le Pen est tellement raciste que, avant la commercialisation des télévisions couleur, il avait deux postes : un pour le blanc et un pour le noir.

« En racisme, le plus souvent, il n'y a pas de mauvais sentiments mais un mauvais voisinage. »

ÇA DATE !

15 JUIN 1985

Aux côtés de Guy Bedos, Coluche anime le concert SOS Racisme place de la Concorde.

Pensées

« Je ne suis pas raciste, mais regarde : y a trop de Chinois ! Apprenez-leur le bon trou : qu'ils s'enculent, ces gens-là ! Et tous ces juifs, vous croyez pas qu'y en a trop ? Regardez ça : y a 1 milliard de Chinois, on n'en parle jamais. Y a 6 millions de juifs, on en parle tout le temps ! »

« Jean-Marie le dit : « Le racisme, c'est comme les Nègres, ça ne devrait pas exister ! » »

« Déjà les Noirs, j'aime pas tellement, mais alors les racistes ! »

16 • 06 SAINT JEAN-FRANÇOIS RÉGIS

L'ARME À DROITE

Maintenant les morts se mettent à voter. Et je sais pas si vous avez remarqué, mais les morts sont à droite. Déjà pour un mec de gauche, mourir, c'était pas drôle, mais alors maintenant qu'on sait ça, c'est terrible.

Devinette

Qu'est-ce qui est vert au fond d'un bois et qui pue ?

Un scout mort.

Pensée

« Les perroquets, on dit toujours : « Ils parlent mal, ils parlent mal », mais non, ils apprennent la langue, ils sont loin de leur pays. »

Gastronomie

Je suis allé voir un pote à l'hôpital. Les médecins voulaient pas que je bouffe avec lui. J'ai gueulé, eh bah, ils ont fini par amener un deuxième tuyau !

Prenez donc un éclair, ils sont du tonnerre !

En tout cas, le bouquin de Rika Zaraï, il est super. Moi, je fais des dîners chez elle, c'est que de l'herbe. Avant de passer à table, elle dit toujours : « Dépêchez-vous, le dîner va faner ! »

PRINCIPE DE PRÉCAUTION

Un psychiatre dit à son patient :
« Je pense que vous êtes définitivement débarrassé de votre complexe d'homosexualité.
– Oh, merci, docteur, je peux vous embrasser ?
– Oh, surtout pas ! »

17 · 06 SAINT HERVÉ

SÉQUENCE NOSTALGIE *Love Me Tender...*

La vache, qu'est-ce qu'on a emballé avec ça... Les slows ! J'te dis pas... Les larmes jusque dans le fond du froc...

• CONSEIL DU JOUR •

Et maintenant un conseil à tous les sucres amoureux de petites cuillères : ne vous donnez pas rendez-vous dans un café !

LA QUESTION DU JOUR

Maintenant, on voit : « Tunisie amie. » Elle nous a mis quoi ?

TRUC

Si tu sais faire rire, tu sais faire pleurer. Un acteur, c'est comme un briquet : il suffit qu'il y ait de l'essence. Et alors, il y a l'étincelle.

Histoire belge

C'est un Belge qui mange une banane sans enlever la peau, alors y en a un qui lui dit :
« Ben, dis donc, tu n'enlèves pas la peau d'la banane ? »
Et lui :
« Ben, depuis qu'j'en mange, je sais bien c'qu'il y a dedans, hein ! »

C'EST PAS PERMIS !

Les forains sont interdits dans les villes, et, dans les campagnes, les bals sont fermés : ils faisaient trop de bruit. Tout le monde s'emmerde. Bref, on a tous les droits pourvu qu'on ne fasse rien.

18 · 06 SAINT LÉONCE

TOUT LE MONDE PEUT SE TROMPER

Un manchot va se faire couper les cheveux. À peine il a commencé, le coiffeur lui coupe une oreille avec le rasoir. Alors il lui fait un pansement, s'excuse, puis lui demande : « Mais il me semble que je vous ai déjà vu, non ?
– Ah non, mon bras, je l'ai perdu à la guerre. »

Pensée

« Je rappelle qu'aux échecs, si la victoire est brillante, l'échec est mat ! »

REMPLACEMENT

Michel Debré, candidat du troisième âge (encore plus vieux que le PC), a déclaré qu'il se présentait à la place de De Gaulle qui a été empêché. Ah bon ! Et pourquoi Tino Rossi... ne se présenterait-il pas pour Napoléon, pendant qu'on y est ?

SÉQUENCE NOSTALGIE

C'est deux vieux dans un square qui regardent une petite fille d'environ 5 ans et y en a un qui dit à l'autre : « Dis donc, elle a dû être belle ! »

LES SURNOMS DU JOUR

• Madame Tas-de-Chair est ainsi appelée à cause de la viande qui lui pousse autour des os.

• Il était communiste et homosexuel. On l'appelait « l'embrayage ». Parce que c'est la pédale de gauche.

19·06 FÊTE DES PÈRES

MOINS DIX

C'est un gars qui va voir le médecin pour un ketch-up, merde, pour un check-up. Il revient ensuite chercher les résultats et le médecin lui dit: «Ah! là, là, j'ai bien peur que vous soyez en train de mourir.
– Combien de temps me reste-t-il?
– Maximum dix…
– Dix? Dix quoi? Dix mois? Dix semaines? Dix quoi enfin?
– Dix… neuf… huit… sept…»

Pensées “Certains commencent à l'extrême gauche et finissent à l'extrême droite: il paraît que c'est un chemin qu'on fait avec l'âge. J'espère mourir avant.”

“Je fais un métier où si on écoute les gens, ce sont surtout les morts qui ont du talent. Les mecs malades aussi. Les vivants, eux, en général, c'est des merdes.”

Devinette
Quel est le problème de la Comédie-Française?
C'est que Molière soit mort!

EN BREF N'étant pas licencié international, j'ai demandé une dispense de licence pour tenter un record du monde moto. On a calculé qu'il durerait dix-sept secondes. Donc, je peux les trouver facilement dans mon emploi du temps.

† ÇA DATE! †
19 JUIN 1986
Coluche disparaît dans un accident de moto à Opio (Alpes-Maritimes).

20·06 SAINT SILVÈRE

COLUCHE *PAR* COLUCHE

• J'ai essayé toutes les drogues, le hasch, l'héroïne… j'ai même goûté au Martini.

• Moi, je suis d'accord avec ceux qui me trouvent vulgaire parce que ça m'intéresse effectivement plus de jouer avec le moche qu'avec le beau.

CASIER DES CHARGES La condition pour s'engager dans l'armée, c'est d'avoir fait moins d'un an de prison. Parce que si c'était casier vierge, il n'y aurait plus grand monde.

Pensée “À la Sécurité sociale, tout est assuré. Sauf la pendule. Ça, on risque pas de la voler: le personnel a les yeux constamment fixés dessus!”

INTERMÈDE MUSICAL «Coluche, excuse-moi de t'interrompre, mais si on mettait un disque…
– Oui, il faut bien que les gens aillent pisser!»

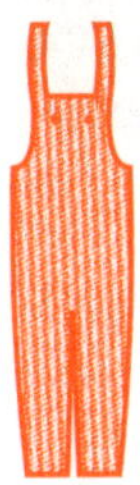

C'EST L'HISTOIRE D'UN MEC…

En plein milieu de la nuit, c'est un type, au Chili, qui arrache toutes les affiches politiques placardées sur les murs. Des policiers surgissent et embarquent le type. Il a droit à un interrogatoire musclé,un interrogatoire, quoi! D'abord, on bâillonne le type pour qu'il ne s'entende pas souffrir. Puis, on lui enlève son bâillon. Le mec est en sang, recroquevillé sur le sol. Le flic lui dit:
«Alors, on est opposant, hein? On arrache les affiches?
– Non, dit le mec, je suis pas opposant. Je cherchais simplement la porte de chez moi…»

21 • 06 — ÉTÉ

PARTIES AVEC L'EAU DU BAIN

C'est un mec qui entre à la clinique et qui dit : « Bonjour, docteur, je viens pour me faire émasculer. »
Le docteur lui dit :
« Écoutez, quand même, il faudrait peut-être y réfléchir encore un petit peu...
– Non, non, je suis en pleine possession de mes moyens, je vous demande de m'émasculer, émasculez-moi, et puis c'est tout ! »
Bon. On l'endort et on l'émascule.
Le lendemain, y a un pote qui vient le voir et qui lui dit :
« Dis donc, j'ai su par hasard que tu étais là, je venais me faire vacciner... »
Et l'autre fait :
« Vacciner ! Voilà le mot que je cherchais ! »

SUR LE DÉPART

Alors, c'est deux p'tits pédés, comme ça, qui sont sur un lit, c'est l'été, il fait très chaud, et y en a un qui fait des ronds sur les fesses à l'autre avec un stylo à bille et l'autre lui dit : « Arrête, arrête, tu m'excites, tu me chatouilles, tu m'excites, ah, ça y est, je pars ! »
Et l'autre lui plante d'un grand coup le crayon entre les fesses en lui disant :
« Tiens, tu m'écriras ! »

Devinette

À quoi reconnaît-on que Liz Taylor est passée dans un hôtel ?

Deux jours après, le miroir est encore chaud.

22 • 06 — SAINT ALBAN

ABAISSEMENT DU COÛT DE LA MORT

Accident sur un chantier. Un échafaudage s'écroule, 2 morts et 1 blessé grave. Le propriétaire de l'échafaudage déclare : « Ces échafaudages se font depuis plus de cent ans, c'est vous dire s'ils sont solides. » C'est formidable le culot, non ? Il poursuit : « Je me sens blanc dans cette affaire à 99,5 %. » On sait pas comment il a évalué les 0,5 % qui restent, mais, à mon avis, les 3 mecs, c'est des Arabes. Le procureur de la République, en tout cas, a été très sévère. Il a réclamé une peine de deux mois de prison avec sursis pour l'entrepreneur – je vous rappelle que la prison avec sursis, c'est celle qu'on fait pas, on a un papier sur lequel y a écrit deux mois de sursis, mais on reste chez soi, et le papier, on en a rien à chier. Et le mec a eu 10 000 francs d'amende. Alors voilà, on le sait maintenant, 2 Arabes morts et 1 blessé, ça coûte 10 000 francs à un chef d'entreprise. Moi, je vais vous dire, les Arabes, ils ont de la chance que je les aime bien, parce qu'avec le pognon que je gagne, je pourrais en bousiller un paquet !

MÉFIANCE

Le mariage, j'sais pas, j'ai pas confiance ! D'abord, il faut des témoins, c'est comme dans les accidents.

DÉMOGRAPHIE

Si on en juge par les fichiers qu'on a trouvés en Allemagne, il y avait 80 millions de Français pendant la guerre : 40 millions de résistants et 40 millions de collabos.

23 · 06 — SAINTE AUDREY

ALERTE INFO

Voici un communiqué de la sécurité routière : « L'année dernière, on a sauvé 30 millions de vies humaines. » C'est malin, maintenant faut les nourrir !

IDÉE

On a longtemps cherché des idées pour améliorer le sort des hommes. Le socialisme, par exemple, c'est une idée qui essaie d'améliorer le sort des hommes. À mon avis, il faudrait commencer à chercher une idée pour améliorer les hommes. C'est urgent, maintenant !

• CONSEIL DU JOUR •

Pasqua, ministre de l'Intérieur : les cheveux frisés et le bronzage sont déconseillés.

LEÇON DE CHOSES

Deux gamins discutent :
« Tu sais c'que c'est qu'un centilitre ?
– Oui, c'est la centième partie d'un litre.
– Qu'est-ce qui y a au-d'ssus ?
– Le décilitre.
– Et au-d'ssus ?
– Le litre.
– Et au-d'ssus ?
– Le bouchon ? »

INSTINCT PRIMAIRE

Tu as remarqué ? À chaque fois qu'on dessine un Martien, il est beaucoup plus intelligent que les hommes et beaucoup plus moche qu'eux. Comme quoi les hommes sont très cons : la seule chose qui compte pour eux, c'est d'avoir l'air beau à côté des femmes !

24 · 06 — SAINT JEAN

CUMULARD

Jean Ferrat, Ardéchois et communiste, est doublement isolé. Et en plus, il aime la solitude !

• CONSEIL DU JOUR •

Injustice flagrante qui a semé dans l'épiscopat quelques remous : tous les pères ont des calottes rouges alors que sa propreté, Jean-Paul II et Jean Retiens un, lave plus blanc avec Javel La Croix, la croix qu'il a autour du cou d'ailleurs. Ainsi, il y a des pères blancs, il y a des pères rouges et si vous êtes parmi ceux qui ont des paires rouges, eh bien, allez voir votre médecin, c'est pas normal.

D'ORIGINE INCONTRÔLÉE

Jean Lecanuet, c'est la maxi-tête, il a les dents à Sacha Distel et tout est rafistolé.

ALERTE INFO

« Il y a eu un accident terrible ! Il y avait 3 mecs dans une voiture, dont une femme d'ailleurs, et ils ont eu un accident. Il y avait Jean Cau, Jacqueline Cartier et François Chalais dans la bagnole. Résultat de l'accident, ils ont eu tous les 3 des lésions importantes au cerveau.
– Ah ! bon, c'est arrivé là, pendant le week-end ?
– Non, non, c'était il y a vingt ans. »

AVIS DE DÉCÈS

N'écoutant que sa conscience, et respectant les économies d'énergie, hier, Jean Lumière s'est éteint.

25 • 06 SAINT PROSPER

DÉLOYAL

J'ai vu en photo dans le journal un basketteur de 2,30 mètres. Là, je dis, c'est plus du jeu ! Y a triche ! C'est comme courir le tiercé avec un cheval de 800 mètres de long !

TORTS PARTAGÉS

Devant le tribunal, ou plutôt dans le tribunal, enfin au tribunal quoi... une femme gueule : « Je veux le divorce ! Mon mari est toujours fin saoul, et d'ailleurs il a vendu toutes mes casseroles pour s'acheter à boire. »
Le mari intervient :
« Moi aussi, je veux divorcer. Elle a mis un mois avant de s'apercevoir que les casseroles n'étaient plus là. »

DANS LES ANNALES

• *J'ai été serveur à une époque. Quand un mec me demandait un café fort, je lui servais une tasse d'eau chaude. Le mec gueulait et je lui disais : « Vous voyez bien que vous êtes assez énervé comme ça ! »*

• *Quand je me suis présenté, j'ai fait peur aux hommes politiques, quand j'ai fait les Restos du cœur, je leur ai fait honte.*

DÉFORMATION PROFESSIONNELLE

Moi, j'en connais un, un gynécologue : pour pas perdre la main pendant ses vacances, il repeint le corridor en passant la main par la boîte aux lettres.

26 • 06 SAINT ANTHELME

Y A PAS LE FEU AUX DUNES

Maintenant, passe-moi le Sahel, j'ai une histoire de désert. C'est un Suisse qu'est paumé dans le désert. Il rencontre un Touareg sur son chameau et lui demande :
« Excusez-moi, les toilettes, s'il vous plaît.
– On est quel jour ? dit le Touareg.
– Lundi, pourquoi ?
– Eh ben, alors, tu vas toujours tout droit, et samedi, tu tournes à gauche et tu trouves les toilettes. »

DÉFINITION *Un névrosé, c'est le mec qui fait des châteaux en Espagne, un psychopathe, c'est celui qui habite le château en Espagne et le psychiatre, c'est celui qui prend le loyer.*

Gastronomie

Les Japonais, quand ils parlent, on dirait toujours avec leur accent qu'ils sont en train de pousser. Faut dire que le riz, ça constipe !

TOUT NOUVEAU, TOUT BEAU

Les politiciens, ils commencent toujours par croire ce qu'ils disent et finissent toujours par avoir des doutes. C'est comme la religion : le mec qui entre dans les ordres quand il est jeune, il a plus de chances de croire en Dieu que celui qui en sort pape.

27•06

SAINT FERNAND

L'ILLUSTRATION PAR L'EXEMPLE

Je vais vous dire une phrase de Jacques Chirac qui montre à quel point, quand on fait un discours à des gens, on se fout de leur gueule. S'adressant à des sous-mariniers, il a dit : « Quand vous êtes en plongée et que les oreilles vous sifflent, c'est que le gouvernement pense à vous ! » Il me semble, M. Chirac, que les prendre pour des militaires, c'était amplement suffisant !

Devinette

Vous savez la différence qu'il y a entre une grand-mère italienne et un éléphant ?

Environ 10 kilos.

NEUVE OU D'OCCASION ?

C'est un mec qui vient voir un vieux et qui lui dit :
« J'ai l'intention d'épouser votre fille !
– Mais vous avez vu ma femme ?
– Oui, mais je préfère quand même épouser votre fille. »

Pensée

« Les flics s'étonnent qu'il n'y ait jamais de témoins dans les affaires. Comme s'ils ne savaient pas que le pire des dangers en France, c'était d'être attiré par des flics dans un commissariat ! »

28•06

SAINT IRÉNÉE

À LA UNE

Un hebdo titre : « Traître ou victime, toute la vérité sur Pétain ! » Je voudrais bien savoir où, dans la déontologie professionnelle, les journalistes trouvent le culot de dire la vérité quarante ans après. Ils ont mis quarante ans à trouver la vérité ou ils se sont déballonnés pendant quarante ans ? Ils n'attendent pas quarante ans pour se foutre de notre gueule en tout cas !

Devinette

M. et Mme Camélia ont un fils, il est connu, il est chanteur, comment s'appelle-t-il ?

Adamo.

COLUCHE *PAR* COLUCHE

Être vedette de cinéma, c'est un conte de fées, c'est formidable. Le matin, t'arrives, ils te mettent un costume qu'est pas à toi, faut pas le salir mais tout le monde s'occupe du costard à ta place, après ils te maquillent, ils te mettent des kleenex en attendant que tu tournes, on te tend ta chaise et c'est bon, tu t'assois. Tout d'un coup, on te dit : « C'est à toi. » Tu dis trois mots, ça dure trente secondes, ce qu'on tourne, et puis la chaise, tranquille...

Pensées

« Quand les filles ont les yeux cernés, c'est que la place est prise. »

« On peut être fossoyeur et vrai con. »

29 · 06 — SAINT PIERRE, PAUL

AD PATRES

C'est un Noir qui arrive au paradis.
Saint Pierre lui demande:
«Tu habitais où?
– Afrique du Sud.
– Et qu'est-ce que tu as fait?
– J'ai épousé une Blanche.
– Il y a longtemps?
– Bah, le temps de venir ici.»

PROVERBE

Proverbe hippie: si c'est Pierre qui roule, mets-le sur l'oreille, tu le fumeras demain!

Pensée

« En France, t'as des grilles au square, ça ferme la nuit! C'est un état d'esprit. »

PAR-DERRIÈRE

Le dernier amant de Rock Hudson, apprenant «après coup» sa séropositivité, a demandé à la famille du défunt un dédommagement de plusieurs millions de dollars. On a donc affaire à un enculé qui ne recule devant rien, ni devant personne d'ailleurs, c'est pour ça que ça se transmet.

PARTENARIAT

De retour de Pologne, rien ne change, niveau fringues, c'est toujours l'abbé Pierre le fournisseur exclusif!

AD PATRES (*BIS*)

Bousculade au Brésil autour de Jean-Paul II: 6 morts. Six pauvres soulagés de leur misère. Merci, Dieu.

30 · 06 — SAINT MARTIAL

COLUCHE *PAR* COLUCHE

Moi, personnellement, j'ai mis dans une enveloppe ce que je mettrai sur mon épitaphe en partant. C'est: «Démerdez-vous!»
Moi, j'ai fait ce que j'ai pu, je vais faire ce que je peux pour faire marrer, je vais faire ce que je peux pour intéresser les gens, les surprendre, les amuser... Je vais faire mon métier. En fait, on n'en a pas parlé, mais, finalement, si vous regardez bien, c'est ça.

Si vous regardez bien ma carrière, j'ai commencé par être célèbre au music-hall. J'ai pas été à plaindre au café-théâtre parce qu'on a lancé un genre aussi, j'ai fait partie de la génération qui l'a créé, et non pas de ceux qui ont seulement suivi un mouvement. Ça, c'est vachement fort dans le public. Au music-hall, j'ai vraiment démodé pas mal de monde...

Pensée

« *Charlie Hebdo* et moi, on donne l'impression d'avoir inventé le dérisoire, alors qu'on est nés dedans! »

ENFOIRÉS, EXCUSEZ-LE!

À des étudiants venus l'écouter, Coluche tient des propos sur l'éducation: «Les parents disent toujours aux enfants: "Rangez-moi ce désordre! Allons, remettez un peu d'ordre là-dedans!", etc. Ils ont, eux, les parents, un tiroir fermé à clef que jamais tu n'ouvres. Un jour, tu as la clef et tu regardes... et dedans, c'est un de ces bordels!»

JUILLET

MONSIEUR COLUCHE, LA JUSTICE N'EST PAS ASSEZ SÉVÈRE !
LA JUSTICE ÇA N'EXISTE PAS. PARCEQUE S'IL YAVAIT UNE JUSTICE, ON AURAIT TOUS UN SEXE DE LA MÊME LONGUEUR.
WOLINSKI

01 · 07 SAINT THIERRY

LE DILEMME DU JOUR

Le meilleur moyen d'enrayer l'hémorragie des accidents du travail est sans doute d'arrêter de travailler. Ce qui aurait malheureusement pour conséquence immédiate d'augmenter les accidents de vacances.

Pensées

« J'essaie de pas toujours m'asseoir à la même place à table, les 78 % de Français qui le font devraient faire attention. On prend vite des habitudes. »

« Moi qui n'ai que les moyens d'être français, je me retrouve être un Français moyen ! »

« Marx, il étudie la croissance du grain de blé sous l'angle du travail du paysan. Bon ! Mais il oublie juste l'action du soleil ! »

Devinette

Savez-vous ce que les Polonais porteront l'année prochaine ?

Ce qu'ils portaient déjà l'année dernière !

Histoire belge

Vous connaissez l'histoire de cette femme belge qui est tombée d'une échelle en repassant ses rideaux ? C'est la même bonne femme qui avait déjà décidé de ne plus nourrir son enfant au sein parce que ce n'est pas pratique de faire bouillir à chaque fois les tétines.

• CONSEIL DU JOUR •

C'est les vacances : attachez vos bagages sur le toit de la voiture si vous voulez épater la galerie !

02 · 07 SAINT MARTINIEN

ITINÉRAIRE

Alors, le chemin de la richesse, c'est pas dur, je vais vous dire comment faut faire pour y aller : tu prends à droite, puis après tu prends à gauche, puis après tu prends en face, puis après tu prends derrière et quand t'auras pris partout, tu seras bourré de pognon.

FAUT PAS SE FIER AUX APPARENCES

Alors c'est un mec qui voit passer un fantôme et qui lui dit :
« Attention, vous perdez votre mouchoir !
– C'est pas mon mouchoir, andouille, c'est mon fils ! »

REVUE DE PRESSE

Très jolie coquille dans *France-Soir* ! Dans le petit encadré Discomania, colonne de droite, on lit que les Village People font un malheur en ce moment. Je cite : « Ce groupe avait une cible bien précise : le public homosexuel qui fréquente… », alors là, je pense que c'est les « boîtes » qu'ils ont voulu dire mais ils ont oublié le O… Très belle coquille donc – déjà le mot « coquille », faut pas oublier le Q… Bon, je continue donc, disons « les bOîtes les plus folles de New York ». Et alors la ligne d'après, on retrouve le O qui manque, nouvelle coquille, au lieu d'écrire : « Le but est atteint », ils ont écrit : « Le bOut est atteint » ! Superbe, c'est un triomphe, deux coquilles en cinq lignes !

03·07 SAINT THOMAS

À POIL(S) Le nudisme vient juste d'être autorisé en Angleterre. Ils n'ont rien à craindre, remarque, avec le climat qu'il fait, y a que les plus poilus qui pourront en profiter !

IDÉE REÇUE Contrairement à ce qu'on pourrait croire, l'épître n'est pas la femme de l'apôtre.

Pensée « Quand les hommes cesseront de croire en Dieu, ils croiront en n'importe quoi. »

LE VOIR POUR LE CROIRE

La seule excuse de Dieu, c'est qu'il existe pas. Parce que dans le monde qu'on voit autour de nous, si on croit à l'existence de Dieu, on est obligé de croire à l'existence du diable ! Et on est bien obligé de se rendre compte que le diable l'emporte. Vous vous rendez compte que le pape est obligé de se déplacer dans une bagnole blindée : l'ange de la paix dans une cage de verre blindée ! La voiture, allemande, immatriculée Conception, avec 1 pape au-dessus et 16 soupapes en dessous ! C'est extraordinaire, ça : l'épiscopat télescopique ! Avec le siège qui se soulève dans la bagnole. Comme ça, il est sous verre : des fois qu'y ait des microbes !

ALERTE INFO *Un mec assassiné pendant qu'il collait des affiches. C'est dire si ça l'affiche mal !*

04·07 SAINT FLORENT

DANS LES ANNALES

Avant, j'étais fleuriste, garçon de café... Je travaillais, quoi ! Dans le music-hall, tout le monde a fait plusieurs métiers, puisqu'on ne peut pas apprendre à faire du music-hall, on est obligé d'y venir par hasard. Mon hasard, c'est que je me suis aperçu qu'il y avait des patrons et que je ne parvenais pas à bien m'entendre avec ces gens-là.

DÉROGATION Elle est tellement moche qu'ils l'ont acceptée dans un club de nudistes uniquement à condition qu'elle se mette une feuille de vigne sur la tête.

CONTRÔLE PARENTAL

C'est un garçon qui rentre chez lui et qui dit à son père :
« Voilà, j'voudrais m'marier.
– Comment ? Tu voudrais t'marier à 17 ans, c'est incroyable, et tu voudrais t'marier avec qui ?
– J'voudrais m'marier avec Étienne.
– Ah ben, non, tu peux pas t'marier avec Étienne, tu sais bien qu'tu peux pas t'marier avec Étienne, enfin, Roger, tu t'rends bien compte que tu peux pas t'marier avec Étienne. »
Et le père appelle la mère :
« Viens voir, Roger veut s'marier avec Étienne. »
Et la mère :
« Mais enfin, mon fils, tu n'y penses pas, Étienne est juif ! »

05•07 SAINT ANTOINE

L'ENJEU DE LA VÉRITÉ

Un mec qui a tout le monde au cul dit à sa femme:
«Si on me demande au téléphone, tu réponds que ton mari est sorti.»
À peine a-t-il fini sa phrase que le téléphone sonne. Elle décroche et dit:
«Ah non, désolée! En ce moment, mon mari est à la maison.»
Et elle raccroche. Le mari l'engueule:
«Mais t'as rien compris. T'as fait exactement le contraire de ce que je t'ai dit!»
Et elle:
«Mais ce n'était pas pour toi, chéri.»

DÉFINITION ***Les enfants, c'est cruel. Après, quand ça grandit, ça porte un autre nom, mais ça reste quand même des enfoirés.***

PUB On est en train de fêter le 40e anniversaire de la fin de la guerre. Et c'est une fête nationale! Pendant plusieurs jours, la télévision nous a parlé de guerre. C'est de la publicité. On voudrait lancer la guerre, on ne ferait pas mieux.

Pensée **« En général, un comique trouve un truc et il fait vingt ans avec. Je trouve que ce n'est pas gai comme perspective. C'est comme ça qu'on vieillit, en gardant son âge d'origine. »**

06•07 SAINTE MARIETTE

•CONSEIL DU JOUR•

Aujourd'hui, les enfants, si on vous demande le moindre boulot, vous dites non, parce que non seulement c'est les vacances scolaires mais, en plus, c'est mercredi... Double couche de vacances!

DÉFINITION ***En politique, la différence entre un traître et un converti? Un traître, c'est quelqu'un de votre parti qui va dans un autre. Un converti, c'est quelqu'un d'un autre parti qui arrive dans le vôtre. Ça n'a rien à voir.***

TOUS COMPTES FAITS

C'est un mec dans une surprise-partie qui dit à un copain:
«Dis donc, qu'est-ce que c'est qu'ce tas d'os, là, tout maigre, tout sec, la gonzesse, avec les os qui dépassent de la peau, là, qu'est-ce que c'est qu'c't'appareil?
– Déconne pas, c'est une fille à Rothschild...
– Ah... mais tu sais que j'aime bien les grandes minces, moi, finalement...»

Pensée

« La justice c'est le parent pauvre: ils ont pas assez d'argent, ils ont pas assez de prisons, pour un peu ils manqueraient de voleurs. »

TRUC Je vais vous donner la solution idéale pour maigrir: secouer la tête de gauche à droite quand on vous propose un plat.

07·07 SAINT RAOUL

ENTRE COLLÈGUES

C'est un mec qui finit de bouffer au resto et qui demande l'addition. Le patron lui apporte. Le mec la lit et s'exclame:
« Sept cents balles! Dites-moi, vous allez bien faire une petite réduc à un confrère, non?
– Pourquoi, vous êtes restaurateur?
– Non, je suis voleur. »

Pensée « L'Élysée, c'est râpé, mais l'Académie? Non, ou plus tard, mais avant je me présente à Miss France. »

PRÉSOMPTION D'INNOCENCE

L'ancien président de la chambre de commerce du Havre et 27 autres personnes impliqués dans une vaste affaire de corruption comparaissent depuis lundi devant le tribunal correctionnel de la cité normande. Ils sont accusés d'avoir touché des pots-de-vin allant de quelques centaines de francs à plusieurs milliers de francs. Tu sais ce qu'ils ont dit? « On croyait que c'était pour Noël. » Tu vois qu'il y a des mecs qui croient au Père Noël.

PRÉSOMPTION TOUT COURT

Comment cela, vous me dites que vous n'avez encore jamais vu de billets de 150 francs, alors comment pouvez-vous prétendre que celui-ci est un faux?

08·07 SAINT THIBAULT

PETITES ANNONCES

Je voudrais faire une annonce personnelle: mesdames, mesdemoiselles, messieurs, Français, Françaises, vous qui écoutez Europe 1 actuellement, je voulais vous dire quelque chose de très important pour moi et mes camarades. Ici, il fait chaud, on est très bien considérés et on est payés en plus, alors si vous pouviez rire, ça nous arrangerait, merci!

Faites l'amour, pas la guerre… et pour celles qu'auraient pas tout compris au message, je suis chaque jour à Europe 1 de 15 heures à 17 heures.

COLUCHE *PAR* COLUCHE

• J'ai la photo de mes deux gosses dans mon portefeuille. Depuis peu, parce que je vis séparément d'eux. Ils écoutent la radio tous les matins à la même heure. Heureusement! Ça permet à des mecs comme moi de vivre. C'est vachement bien, la radio: ça donne l'heure, le temps qu'il fait, ça permet d'écouter des chansons… Faut faire attention à la routine.

• On m'engage à la radio. On me paie très cher et on me vire pour les mêmes raisons que l'on m'avait engagé.

ÇA DATE!

8 JUILLET 1985

Retour à la radio sur Europe 1 avec « Y en aura pour tout le monde! ».

09•07

SAINTE AMANDINE

TYPÉ

C'est un type qui entre dans une boutique.
« Bonjour, je voudrais un pot de crème et un pain de beurre, s'il vous plaît.
– Vous, vous êtes belge, dit le vendeur.
– Mais oui, c'est vrai une fois, Belge de Bruxelles, comment l'avez-vous deviné ?
– Ici, c'est une librairie, monsieur. »

PROVERBE

Qui aime bien charrie bien.

Pensée

« Depuis que j'suis môme, j'entends dire : « C'est fini, c'est plus comme avant. » Eh ben, tant mieux que c'est plus comme avant, parce que, avant, c'était tarte ! »

DÉFINITION *Le pouvoir, c'est une maladie, être président, c'est être mégalomane.*

ANDORRE L'ENNEMI !

Le Luxembourg projette de faire la guerre à Andorre. Leur arsenal est composé d'un avion pour l'armée de l'air et d'un char pour l'infanterie. L'aviation a des chances de réussite, mais l'infanterie aura du mal à la frontière de l'Andorre parce que, là-bas, ils ont un gros chien.

COLUCHE *PAR* COLUCHE

Pourquoi je suis devenu gros ? Parce que je ne me trouvais jamais assez bronzé, j'ai voulu augmenter la surface. Et il me reste des réserves, je peux encore devenir chauve !

10•07

SAINT ULRICH

VOUS AVEZ DIT ZIZZARD ?

C'est un juif qui rencontre un autre juif. Il lui demande :
« Qu'est-ce que tu fais maintenant ?
– Je m'occupe des zizzards.
– Comment ça, tu t'occupes des zizzards ?
– Oui, j'achète des zizzards. Là, je suis parti acheter un autre couple de zizzards.
– Mais, tu les paies cher ?
– Ça dépend.
– Parce que je peux t'en vendre, si tu veux.
– Ah oui, combien tu les vends ?
– Je te vends deux zizzards 17 000 francs.
– C'est trop cher, je veux les deux pour 7 000.
– Ben, d'accord. »
Ils s'en vont et celui qui vient de vendre rencontre un copain. Il lui demande :
« Dis donc, tu sais ce que c'est des zizzards, toi ? »

À LA UNE

Dans le journal : « Caroline de Monaco en négligé : l'allure d'une star ! » T'as raison, avec le négligé qu'elle s'est offert, dis donc, déjà, tu peux aller trois mois en Corse ! Et à l'hôtel, pas au camping !

LA QUESTION DU JOUR

Si la Terre tourne autour du Soleil, on se demande ce qu'elle fout la nuit.

ALERTE INFO

Ce matin, on apprend la défection d'un membre du parti socialiste qui adhère au RPR. Le PS perd donc un traître qui rejoint le RPR où, comme on le sait, les traîtres sont toujours les bienvenus ! Enfoirés, excusez-nous !

11 • 07

SAINT BENOÎT

QUESTION D'ORGANISATION

Évidemment on pourra toujours dire que l'Argentine a gagné la Coupe du monde. On peut le dire. Mais enfin, il y a huit ans, quand c'étaient les Anglais qui organisaient la Coupe du monde, qui est-ce qui a gagné ? Les Anglais ! Il y a quatre ans, c'était l'Allemagne qui organisait la Coupe du monde, qui c'est qui a gagné la Coupe du monde ? C'est les Allemands. Cette année, c'est l'Argentine qui organisait la Coupe du monde, qui c'est qui a gagné la Coupe du monde ? C'est l'Argentine. Bon. Qu'est-ce qu'il faut que le Bangladesh fasse pour gagner la Coupe du monde ?

ÉGALITÉ DES CHANCES

Qu'est-ce qu'il est bien, Pinochet ! Ils ont interviewé sa femme, et tu sais ce qu'elle a dit, sa femme ? Elle a dit : « Il est un petit peu dominateur. » Dominateur commun, sans doute, car tout le monde y a droit !

FAUX DÉPART

C'est une secrétaire qui arrive au bureau avec un beurre noir. Enfin avec un œil au beurre noir. Elle dit à sa collègue :
« C'est mon mari qui m'a frappée ! Je le quitte.
– Je le croyais en voyage.
– Moi aussi. »

Pensée

« Ça fait beaucoup marrer le public de voir qu'on peut se moquer de la politique alors que, dans l'ensemble, c'est surtout la politique qui se fout de nous. »

12 • 07

SAINT OLIVIER

Gastronomie

Les yaourts ont une date de garantie. C'est parce que c'est garanti ou remboursé, les yaourts. C'est-à-dire que si vraiment tu meurs de ça, on te rembourse le yaourt.

DÉFINITION *Une pensée chinoise : la luxure, c'est la coupe des vices.*

VU J'ai vu des mecs qui jouaient à celui qui se pencherait le plus par la fenêtre et ben, j'ai vu la gueule de celui qu'avait gagné, il était pas beau !

TROP PEU, C'EST TROP !

C'est un type qui a eu sa feuille de paie et puis il a fait une réclamation parce qu'il y avait une erreur de 10 francs. Alors, il a dit :
« Il me manque 10 francs à ma feuille de paie, il me manque 10 francs… »
Le patron lui a répondu :
« Oui, mais la semaine dernière, il y avait 20 francs de trop et vous n'avez rien dit.
– Non, je n'ai rien dit, mais deux erreurs en deux semaines, là, je gueule ! »

Pensée

« Ce qui compte dans la vie, c'est d'avoir un bon boulot et une bonne santé. Eh bien, ouvriers licenciés, si vous avez une bonne santé, dites-vous un truc, les syndicalistes ont eux un bon boulot ! »

13 • 07 SAINT HENRI, JOËL

TENNIS Henri Leconte tout content de faire le break! Il aurait eu la galerie et la remorque, il partait tout de suite en vacances!

DÉFINITION *Les zones érogènes, vous pouvez pas vous tromper, c'est celles qui font le plus mal quand on se cogne.*

***UNION* FAIT LA FORCE** J'ai un copain, il avait une bagnole tellement petite que quand il montait des gonzesses, il était obligé de regarder *Union* pour savoir dans quelle position les mettre.

C'EST L'HISTOIRE D'UN MEC...

C'est un mec qui réveille un pote et il lui dit:
« Dis donc, viens, on va aller cueillir le blé, viens vite, lève-toi, on va aller couper le blé, il est 5 heures du matin.
– C'est du blé sauvage?
– Non, pourquoi?
– Ben, on est peut-être pas obligés d'lui tomber d'ssus en pleine nuit! »

Devinette

Est-ce que tu sais ce que les Belges font au réveil?

Ils le remontent.

bruit de couloir Il paraît que les chevaux, si on les lâchait sans les jockeys, ça serait dur de parier, mais tant qu'il y aura les jockeys, ça ne sera jamais qu'un jeu.

14 • 07 FÊTE NATIONALE

SCIENCE Il y a écrit dans le journal qu'il y a des singes de laboratoire qui ont attrapé le sida. J'aimerais bien savoir qui sont les savants qui leur ont inoculé. C'est pas un gros mot, mais j'ai peur que ce soit par-derrière quand même.

CINÉMA J'ai vu qu'on allait projeter un film fait par des scouts. C'est pour rendre idiots ceux qui ont eu la chance de ne pas y aller?

MAUDITS FRANÇAIS Les Français ne boivent pas l'eau du robinet, ça, c'est con. Elle est peut-être pas assez chère. Les autres sont aussi mauvaises, mais, au moins, on les paie. Vous dites qu'ils sont inquiets? C'est normal. Ils se bouffent les ongles. Surtout les hommes politiques. Il paraît qu'en politique 50 % des hommes se rongent les ongles, et 50 % viennent juste d'arrêter. Ils se lèvent la nuit pour voir si la porte est fermée. Plusieurs fois, ça frise la bêtise... Une fois, d'accord, mais pas plus!

RÉVOLUTION FRANÇAISE Cavanna a inspiré tout le monde! « Bal tragique à Colombey: un mort »... Une révolution! C'est Molière disant à Louis XIV: « Ne vous asseyez pas là, c'est ma chaise! » Dans un journal, on ne doit rien à personne.

15·07 SAINT DONALD

MÊME PAS EN RÊVE

Tu imagines un arbitre suisse en Argentine accorder un penalty à la France contre les Argentins ? Non mais, de toi à moi, tu as déjà essayé, toi, de sortir d'un stade dans lequel il y a 80 000 personnes qui ne veulent pas que tu sortes ?

PUB

Enfin, je suis quand même content de savoir que ça fait quatre ans que je chôme et que ça a servi à la carrière d'un homme politique ou deux. Voilà, je suis très content ! Mais la prochaine fois, je saurai quoi voter, je ferai comme dans la publicité : « Votez, éliminez ! Votez, éliminez ! »

MILICE ET BOULE DE GOMME

Avec toutes ces associations de légitime défense, où tout le monde est armé jusqu'aux dents, les milices d'action civique, tout le merdier, c'est évident qu'on est en guerre. Mais on ne sait pas contre qui !

EN VERT ET CONTRE TOUT

Le président de l'Allemagne visite Israël avec sa famille. J e sais pas si vous avez vu les photos, mais ils étaient tous habillés en vert, sa femme en vert macht et ses gardes du corps en vert boten !

16·07 NOTRE-DAME DU MONT CARMEL

LOGIQUE

Eh oui, ils le croient, les gens, ce qu'il y a dans *France Dimanche*, tu as raison. Et tu sais pourquoi ? Non ? Parce qu'ils sont aussi cons qu'eux !

CONSEIL SANTÉ

Je l'ai lu dans le livre de Rika Zaraï : « Tu te trempes le cul dans l'eau froide, tu décolles la vignette qu'il y a sur le disque et il est remboursé par la Sécu ! » D'ailleurs, Rika Zaraï, elle a fait du mal à personne. Les seuls qu'elle a rendus malades, c'est les médecins. Et les prix Nobel… Parce qu'elle a quand même vendu plus de livres que le prix Nobel !

Pensées

« Pour faire un mauvais musicien, il faut au moins cinq ans d'études. Tandis que pour faire un mauvais comédien, il faut à peine dix minutes. »

« Si les journalistes étaient funambules, il y aurait une forte mortalité dans la profession. »

DÉFINITION

Les lepénistes sont français. Le problème, c'est qu'ils ne sont que ça.

17 • 07 SAINTE CHARLOTTE

MAL ENTENDU

Un couple de Suisses va à l'opéra de Genève écouter *La Chevauchée des vaches qui rient*. Ils continuent, durant le spectacle, la conversation commencée chez eux. C'est la Suisse au prochain numéro si vous voulez… Alors, un type assis devant eux se retourne et leur dit :
« Excusez-moi, mais je n'entends rien ! »
Et eux :
« Mais dites donc, ce qu'on dit ne vous regarde pas ! »

% SONDAGE 18 % des Français font confiance aux hommes politiques. C'est beaucoup, mais il faut préciser que, parmi les personnes sondées, il y avait des hommes politiques, ainsi que leurs familles.

LES BONS ET LES MÉCHANTS

« Des bons du Trésor volés pour une valeur de 55 milliards de francs » : quand les bons volés font 55 milliards, c'est qu'il n'y a pas que des bons volés, mais qu'il y a aussi de bons voleurs !

DÉFINITION ***Un innocent en France, c'est un coupable qui ne risque rien.***

ÇA FAIT MAUVAIS GENRE

Un p'tit garçon demande à sa mère :
« Maman, qu'est-ce que c'est un travesti ? »
Sa mère lui répond :
« J'te l'dirai quand tu seras plus grand, mais m'appelle pas maman, ça m'agace. »

18 • 07 SAINT FRÉDÉRIC

COLUCHE *PAR* COLUCHE

• Personnellement, je ne le fais pas exprès, dès que j'ouvre la bouche, je dis des conneries. Avant je les disais, ça ne me rapportait pas un rond, maintenant je les dis, ça me rapporte de l'argent, mais pour moi, ça n'a pas changé, je dis toujours autant de conneries.

• Vous savez comment c'est, notre métier, quand on fait un bide, tout le monde sait pourquoi, quand on fait un succès, personne ne sait pourquoi.

ÇA FÊTARD

Un mec dit à un copain :
« Je suis emmerdé, ma femme ne s'endort jamais avant 3 heures du matin…
– Ah bon, et elle fait quoi ?
– Elle attend que je rentre. »

PORTEFEUILLE MINISTÉRIEL

Les ministres canadiens ont refusé leur salaire pour exprimer leur solidarité face à la crise. À ce prix-là, on pourrait carrément leur retirer leurs portefeuilles, puisqu'ils ne s'en servent pas !

Pensée

« Avec la retraite, les mecs ont assez de fric pour vivre peinards jusqu'à la fin de leurs jours. Sauf évidemment s'ils veulent acheter quelque chose. »

19 • 07

SAINT ARSÈNE

N'OUBLIE PAS MON PETIT CADEAU

C'est une bonne femme assez légère, pas le poids, hein, les mœurs, qui part en vacances. Elle demande à son mari :
« Qu'est-ce que tu veux que je te rapporte comme souvenir ?
– C'est toi qui choisis : aujourd'hui, tout se soigne. »

Devinette

Jeanne d'Arc... et les flèches donc, mais qui ne l'ont pas percée, puisqu'elle était pucelle... et vous savez comment on a su qu'elle était pucelle ?

Parce que, quand on l'a brûlée, il n'y avait pas de tirage.

Pensée

« À 15 ans, on s'est demandé ce qu'on allait foutre dans la vie. Les uns pensaient voleurs, les autres commerçants, puisque les commerçants sont des voleurs qui ont le droit de l'être. »

LA QUESTION DU JOUR

Y a-t-il une vie après la mort ? Le pape déclare : « Seul Jésus pourrait répondre à cette question. Malheureusement, il est mort. »

POINT DE REPÈRE

Line Renaud, quand elle était jeune, la mer Morte était pas encore malade.

20 • 07

SAINTE MARINA

C'EST L'HISTOIRE D'UN MEC...

C'est un type qui entre dans un cabinet, pas pour faire, hein, mais pour consulter et qui dit :
« Docteur, j'ai mal à la couille gauche.
– Ah, désolé, vous vous êtes trompé, je suis docteur en droit.
– Ah bon, je ne pensais pas qu'on pouvait se spécialiser à ce point-là... »

Histoire belge

C'est un Belge qui raconte une histoire à sa femme :
« Tu sais quelle est la différence entre un piano et un écureuil ?
– Non.
– Ben, j'me souviens plus d'la fin, mais je sais qu'il faut les mettre au pied d'un arbre. »

GROSSE FATIGUE

C'est un type qui va voir son médecin et qui lui dit :
« Voilà. Je suis très fatigué, je ne sais pas ce qui se passe, je suis très fatigué.
– Écoutez, je ne sais pas, sexuellement, par exemple, comment ça va ?
– Le matin, je me réveille et hop, si vous voulez, hop hop hop, j'en mets un petit coup à ma femme et puis je vais dans la cuisine, je prépare mon café, il y a la bonne qui passe avec l'aspirateur, hop hop hop, j'en mets un petit coup à la bonne, bon et puis alors après en allant au travail, hop hop hop, j'en mets un petit coup à ma maîtresse et puis en arrivant au travail, hop hop hop, les secrétaires et puis après je sors du travail, hop hop hop, les secrétaires, hop hop hop, la bonne et puis, hop hop hop, ma femme.
– C'est peut-être ça alors qui vous fatigue, c'est peut-être ça...
– Ah ben, je préfère, j'avais peur que ce soit la masturbation ! »

21 · 07 — SAINT VICTOR

AVIS DE RECHERCHE

Sur une affiche, à Genève, on lit:
«Recherche un Français pour viol.»
Un Suisse, qui passe devant, se demande:
«Pourquoi un Français? Un Suisse pourrait très bien le faire…»

LA TAILLE EN DESSOUS Ça, voyez, c'est la France, on prend toujours petit, petit, petit. Regarde à l'Opéra, les danseuses, ils les prennent tellement petites qu'il faut qu'elles se mettent sur la pointe des pieds!

DÉFINITION *La France, c'est formidable, parce que c'est le seul pays où ils nous entubent et où on peut le dire!*

C'EST L'HISTOIRE D'UN MEC…

C'est un mec qui est en train d'se noyer dans une rivière en pleine nuit. Il hurle:
«Au secours! Je n'sais pas nager, au secours!»
Et y a un autre mec dans une des petites maisons qui bordent la rivière qui ouvre la fenêtre et qui crie:
«Moi non plus, je ne sais pas nager, mais j'emmerde personne!»

ÇA VALAIT PAS LE COU J'ai passé un excellent week-end: je me suis pendu, mais la corde a cassé.

22 · 07 — SAINTE MARIE-MADELEINE

PIZZA-LLER

C'est un Belge en vacances à Rome. Il a donc évité le néfaste-food et il est entré dans une pizzeria où il a demandé une pizza à emporter. Le pizzaiolo lui dit:
«Je vous la coupe en huit?
– Non, coupez-la plutôt en quatre. Je pourrai jamais manger les huit.»

% SONDAGE 25% des Français pensent que le Soleil tourne autour de la Terre: c'est la Terre qui tourne autour du Soleil. Il y a quand même 25% des gens qui pensent le contraire! 25% des Français qui pensent que le Soleil tourne autour de la Terre et 45% qui pensent que Chirac ferait un bon président… Voilà… C'est l'ignorance qui est un désastre. C'est pas le Soleil.

RAPPEL Mais si, tu connais forcément l'histoire de l'écrou qu'était amoureux d'une clé à molette et qui lui dit: «Serre-moi fort»!

Devinette

Vous savez qui a inventé les claquettes?

Un type qui avait douze enfants et une seule toilette!

Pensées

« Il n'y a pas plus ridicule qu'un homme politique qui essaie de faire rire. Volontairement, je veux dire. Ça se voit que le public est obligé de les payer! »

« S'il faut ressembler à Le Pen pour être français, moi, j'arrête. »

23 • 07 SAINTE BRIGITTE

DANS SON ÉLÉMENT

Un homme bourré, très avancé pour son âge, se trouve dans un bistrot et demande à un homme en uniforme :
« Portier, appelez-moi un taxi.
– Je ne suis pas portier, je suis officier de marine.
– Bon, appelez-moi un bateau. »

FAUSSE PUB Quoi qu'on fasse, dès qu'on se met en avant, les petits malins ont tout compris : « C'est de la pub ! » Comme Brigitte Bardot avec sa campagne pour les bêtes d'abattoir, où ceux à qui on ne la fait pas voient une opération publicitaire, alors qu'elle ne tourne plus depuis des siècles...

COLUCHE *PAR* COLUCHE

« Vous vous considérez comme sexuellement normal ?
– Tout à fait... C'est-à-dire pas du tout. Y a pas de normal, parce qu'il n'y a pas de norme. »

PROVERBE

Comme disait Gepetto : la colle à bois et la caravane passe !

ART ET MÉNAGE

C'est un monsieur qui dit :
« Avec ma femme, voilà, on s'emmerde jamais parce que, si vous voulez, moi, dans la journée, je fais de la peinture abstraite et ma femme fait de la cuisine et comme ça, le soir, on essaie l'un et l'autre de deviner ce qu'on a voulu faire. »

ALERTE INFO *La police évacue trois radios libres : il faudra penser à les appeler autrement !*

24 • 07 SAINTE CHRISTINE

LACUNE OU DEUX

C'est deux commerçants juifs, deux commerçants donc, qui discutent. Le premier dit :
« Je crois qu'il n'y a qu'une seule façon de gagner sa vie honnêtement.
– Ah oui, dit l'autre, laquelle ?
– Je savais bien que vous ne la connaissiez pas ! »

bruit de couloir

Il paraît que l'alcool est déconseillé aux femmes enceintes. Pourtant, entre nous, si y avait pas l'alcool, y aurait pas beaucoup de femmes enceintes.

Devinette

De combien est la différence entre un éléphant d'Afrique et un éléphant des Indes ?

Environ 7 000 kilomètres.

CARNET ROSE Christine Ockrent a accouché : pourvu que ce soit un gosse !

FOOTBALL Les Français, ils ont bien perdu la Coupe du monde ! Autant les Argentins ont mal gagné, autant les Français, ils ont bien perdu ! Ils auraient perdu comme ça contre l'Italie, ils gagnaient !

À LA UNE Christine Villemin et son gamin en couverture d'un journal qui sent le poisson. Il paraît que le reportage a été vendu 30 briques. Il a intérêt à se cramponner, le gosse, parce qu'avec 30 briques autour du cou...

25 • 07

SAINT JACQUES

LA QUESTION DU JOUR

Jacques Chirac a déclaré que le nucléaire avait de l'avenir. D'accord, mais nous?

Gastronomie

Chirac, tête de liste ravigote, récupère à des fins politiques la gastronomie française : veau et usage de veau !

• CONSEIL DU JOUR •

Jacques Chirac: «Contre le chômage, il faut travailler davantage.» Oui, et contre la pauvreté, il faut être plus riche.

PETITE ANNONCE

À propos de Jacques Tati: j'ai appris qu'il allait refaire un film et je voudrais lui dire que je m'appelle Coluche, que je suis un jeune comédien et que si je pouvais ne serait-ce qu'ouvrir une porte dans son prochain film, je pourrais donner beaucoup d'argent de Lederman.

Pensées

« Jacques Chirac, il est quand même plus malin que Michel Debré en a l'air ! »

« Chirac, c'est pas le genre à marcher sur ses amis. Le problème, c'est que, en politique, on n'a pas d'amis. »

« Sous prétexte d'emmerder la gauche, Chirac emmerde les Français : faut pas confondre ! »

26 • 07

SAINTE ANNE

ENTÊTÉS

C'est deux Écossais, n'est-ce pas, qui ont parié l'un et l'autre ensemble que l'autre tiendrait plus longtemps la tête sous l'eau que l'un. On recherche encore les deux cadavres.

DÉFINITION ***Le beauf, c'est le mec qui reproche au gouvernement le mauvais temps en été.***

C'EST L'HISTOIRE D'UN MEC...

C'est un mec qu'est complètement bourré dans une soirée et qui dit à sa femme:
« C'est fou comme le champagne, ça peut te changer!
– Mais je n'ai pas bu de champagne...
– Non, mais moi, j'en ai bu. »

PÉAGE DE RAISON En France, on a à la fois les autoroutes les plus chères d'Europe et en plus celles où il y a le plus de bouchons. Alors non seulement faut payer, mais en plus faut attendre pour payer!

PRÉVENTION La princesse Anne a refusé d'embrasser un enfant... Moi, je trouve que c'est bien. Parce qu'avec le nez qu'elle a, elle aurait pu lui crever un œil.

Pensées

« Étant donné que nous vivons dans un monde corrompu par l'argent, tout ce qui est gratuit est bon à prendre. »

« En France, les réformes économiques ont autant d'effet que des piqûres dans des prothèses de fesses. »

27 • 07 SAINTE NATHALIE

NON MAIS, À L'EAU QUOI !

Une mère dit à son môme sur la plage :
« Allez, va te baigner !
– Non, je sais pas nager et j'ai pas envie de pisser. »

LA QUESTION DU JOUR J'aimerais bien qu'on m'explique comment, depuis des dizaines d'années, des ministres de la Culture passent sans souci à l'Agriculture, du Budget à la Guerre, de l'Intérieur à l'Extérieur. C'est bien beau d'être ministre mais, de là à être ministre de n'importe quoi, il y a une marge : quand on est chef comptable, on n'est pas chef de gare, et pourtant, on est chef.

DÉBATS QUI SE PERDENT Je ne sais pas si vous avez remarqué, mais il y a de moins en moins de débats politiques à la télé. On avait déjà fait aimablement remarquer aux hommes politiques que ça nous pompait l'air, eh bien, ça y est, eux aussi !

RECONVERSION J'ai un copain qui était militaire avant. Il était dans l'aviation. Et maintenant qu'il est à la retraite, il est entré chez André. Comme chef d'espadrille.

RETARDA(MILI)TAIRE Un militaire qui se suicide après un alcootest positif, pourquoi il l'a pas fait avant ? Bah, oui : c'est pas parce qu'il est bourré qu'il faut qu'il meure, c'est parce qu'il est militaire !

28 • 07 SAINT SAMSON

DÉFINITION *Je vais vous donner la meilleure définition que la sécurité routière ne m'a pas encore gaulée : c'est un mec dans une bagnole qui a un train à prendre et il dit : « Chauffeur, roulez doucement, je suis pressé… »*

• CONSEIL DU JOUR •

Le flic qui a violé des filles, ils l'ont fait passer devant un psychiatre pour savoir s'il n'était pas dingue. C'est marrant, ils font toujours ça après, pourquoi ils le font pas avant ? Il y aurait peut-être moins de monde dans la police !

Pensées

« Faire chier, c'est une fonction indispensable dans la société. »

« J'aime bien Jean-Claude Brialy. C'est un homme qui aime agrandir le cercle de ses amis. »

GÉOMÉTRIE À Paris, la plus courte distance entre deux points, c'est toujours celle où il y a des travaux.

ARITHMÉTIQUE Si on s'intéresse pas au fait que l'essence a augmenté deux fois en France pendant qu'elle baissait deux fois en Belgique, par exemple, on saura jamais qu'on est plus cons que les Belges.

29 • 07 SAINTE MARTHE

LETTRE À LA SÉCU

Chère Madame,

Je me décide à vous écrire, car je suis passée deux fois à la caisse et c'était fermé.

Voici ma situation :
Mon premier mari étant provisoirement mort, je vis maternellement avec un Cubain. Quand mon premier enfant a eu 2 ans, la caisse m'en a coupé la moitié. D'autre part, on a coupé les bourses à mon deuxième qui ne va plus à l'école. Moi, j'ai été couchée quinze jours avec le docteur tous les jours. Je suis restée malade à cheval sur deux mois et je me suis fait soigner avec des feuilles de maladie. Comme je suis devenue veuve après la mort de mon mari, je vis avec une tierce personne. Suite au passage du contrôleur, veuillez m'envoyer un carnet de maternité. Faites un effort, mon enfant va naître, il aura besoin de lait et mon pauvre mari ne pourra pas lui en donner, car, avec ses dents de devant, il ne peut mâcher que du potage. Il a toujours mal aux dents qui sont sur son derrière. Comme le pauvre doit partir chez les fous, je vous l'envoie à votre bureau. J'espère que vous aurez pitié d'un pauvre homme, qui a sept enfants à manger, ainsi que sa femme et sa belle-mère.

(Éditions Maroko Exploitation)

C'EST L'HISTOIRE D'UN MEC...

C'est un mec qui vient pour faire le BCG à une fille assez jolie. Il lui demande :
« Je vous le fais sur le bras ou sur la cuisse ?
– Faites-le sur le bras, ça se verra moins. »

30 • 07 SAINTE JULIETTE

EN POUSSANT UN PEU

C'est un Belge qui dit à un autre :
« Tu vois ma nouvelle Porsche ? On peut facilement monter jusqu'à 200 !
– Ben dis donc, on doit être vachement tassés ! »

VOCABULAIRE

Selon Jean-Marie Le Pen, en tant que fils d'immigré, je n'aurais pas le droit de faire les Restaurants du cœur. J'ai traité Le Pen d'enfoiré, c'est vrai, et je retire ce que j'ai dit. Lui, faut lui trouver un mot pour lui tout seul.

IDÉE

À mon avis, il n'existe qu'une très, très bonne solution pour le théâtre : c'est installer devant chaque fauteuil un interrupteur. Quand une scène plaît, les mecs allument les projecteurs. Quand ça commence à les barber, ils éteignent : à ce moment-là, les acteurs passent à la scène suivante. Là, il n'y aurait plus de chômage dans notre métier : les mecs qui se pointeraient sur scène et qui n'auraient jamais de lumière, ils feraient autre chose.

• CONSEIL DU JOUR •

Si vous avez vraiment envie de vous payer quelque chose que vous pouvez pas vous offrir, le Crédit Lyonnais vous expliquera comment vous en passer.

31 • 07 SAINT IGNACE DE LOYOLA

SILENCE ET DORS !

Françaises, Français, c'était très bien. L'année prochaine, ce sera pire !

Eh oui, mesdames et messieurs, le pays va mieux que l'année prochaine ! Nous envisageons un redressement dans cinq ans ! En effet, dans cinq ans, nous serons considérés comme un pays sous-développé auquel viendront en aide des pays industrialisés ! Vous ne dites rien ? Tant mieux. De tous ceux qui n'ont rien à dire, les plus agréables sont ceux qui se taisent. Mais rappelez-vous que si la Gestapo avait les moyens de vous faire parler, les politiciens d'aujourd'hui ont les moyens de vous faire taire !

J'entends de droite et de gauche dire : « La droite est nulle, la gauche est nulle, je vote nul. » Éloignez-vous du fatalisme ! Réagissez ! Sachez prendre votre chance ! Rappelez-vous que, quand il pleut des roubles, les malchanceux n'ont pas de sac ! La France doit se redresser ! Elle compte sur vous. Il faut acheter français ! C'est très facile d'acheter français ! Comment reconnaître un produit français ? C'est le plus cher. Acheter le plus cher, vous êtes sûr d'acheter français !

Je voudrais rassurer les peuples qui meurent de la famine dans le monde : ici, on mange pour vous. Mais qu'ils prennent patience ! Les pauvres sont indispensables ! La preuve ? Les Américains en ont ! C'est quand même pas par snobisme ! Oui ! Les pauvres sont indispensables à l'équilibre du monde. Donc, nous remercions les pauvres de l'être.

Pour les pauvres, hip, hip, hip, hourra ! Pour le Sahel, hip, hip, hip ! Pour l'Éthiopie, hip, hip, hip ! Pour l'Amérique du Sud, Manille, les Indes, hip, hip, hip ! Et les populations s'agitent, et j'te fais des affiches !

Un Rocard sinon rien ! Mon candidat, c'est Hernu ! (*Bis.*) À vos souhaits ! Et Raymond Barre avec ses 45 % de matière grasse… Chirac avec sa carrière… Et Giscard, quand il est pas là, il nous manque ! Faut dire que, quand il est là, il nous manque aussi !

Le PC, c'est le parti des travailleurs. C'est là où il y a de vieux fossiles. Certains sont complètement marteaux !

(Sketch « Les discours en disent long ou Silence, on mange pour vous », éditions Maroko Exploitation)

ACCIDENT DE CHASSE Un type qui tirait sur un lapin a tué un de ses camarades, lequel laisse une femme, quatre enfants, et donc un lapin.

LA NUANCE DU JOUR La différence entre Gainsbourg et moi, c'est que moi, quand je dépasse les bornes, je le fais toujours exprès, je ne perds pas le contrôle. C'est toute la différence entre l'alcool et l'herbe.

Pensée

« Bah oui, c'est la crise, c'est-à-dire qu'il va falloir que vous vous passiez de trucs dont vos parents n'avaient pas besoin ! »

AOÛT

01 · 08 SAINT ALPHONSE

COUCOU SUISSE

Sur la boutique d'un médecin suisse, il y avait une pancarte où était inscrit: «Première consultation: 150 francs, deuxième consultation: 100 francs.» Un client genevois arrive pour la première fois et dit: «Coucou, c'est encore moi!»

Pensées

« Le plus dur, c'est pas d'arriver au sommet, c'est d'y être. »

« Je ne suis pas allé partout, mais je suis revenu de tout. »

CLASSIQUE M. Barre a déclaré: «Le bout du tunnel est pour l'an prochain.» Voilà une phrase que cet homme pourra répéter toute sa vie s'il le désire.

• CONSEIL DU JOUR •

On m'a dit que, pour réussir dans le cinéma, il fallait coucher avec le metteur en scène. J'ai bien essayé mais, enfin, ceux qui voulaient, ce n'était pas les meilleurs.

Devinette

Vous savez ce qu'il y a de tatoué sur le derrière des homos masos?

Frappez avant d'entrer!

ALERTE INFO *Un usager d'Air France vient de se faire gauler avec 10 kilos d'héroïne dans sa valise, on peut donc dire qu'à Air France le trafic est interrompu. On lui souhaite un bon avocat de la défonce.*

02 · 08 SAINT JULIEN

PAS TRÈS CATHODIQUE Que tu sois jeune, femme, arabe, noir, tu peux passer à la télé, mais t'as pas le droit d'y parler. Le truc c'est: «Bon, on vous invite quand même, mais par contre vous êtes gentil, vous fermez votre gueule!»

CONSEILS DE LECTURE • J'ai lu *Le Capital*. L'avantage du *Capital*, c'est que pour expliquer le communisme, il commence par expliquer le capitalisme. Ce qui fait que t'as besoin d'acheter un autre livre.

• Je lis pas l'annuaire, moi, j'attends qu'on l'adapte au cinéma, j'irai voir le film.

ÉCHEC ET MAC Il paraît qu'un ordinateur est capable de battre un humain aux échecs. Je commencerai à m'inquiéter, moi, le jour où ils nous battront au judo.

DANS LE LARD

C'est Moshé qui entre dans une cafétéria à New York et qui montre du doigt au serveur ce qu'il veut.
«Oui, cette tranche de jambon pour monsieur», dit le serveur.
Moshé, en colère:
«Mais merde, je ne vous avais pas demandé comment ça s'appelait!!!»

PUB Le soutien-gorge est un véritable et indispensable outil républicain: ça soutient la gauche, ça soutient la droite, et ça évite le ballottage.

03·08 SAINTE LYDIE

LA QUESTION DU JOUR

Pourquoi un prêtre aurait pas le droit d'être homo? On peut tout à fait aimer Jésus et les garçons. D'ailleurs, Jésus, c'est un garçon...

FEU SACRÉ

C'est un chanteur, dont on ne dira pas le nom, qui sort de scène après avoir été sifflé copieusement et qui dit: «Ah, si on les écoutait, on chanterait jamais!»

TRUC

Dans le livre de Rika Zaraï, y a un truc pour ne pas perdre ses cheveux. Moi, je sais ce qu'il faut faire pour ne pas perdre ses cheveux: il faut se frotter la tête avec du papier à chiotte. Parce que moi, je me torche le cul depuis des années et il ne me manque pas un poil.

Pensée

« Ils me font rire, les politiques, à dire qu'il faudrait changer le cadre de vie – ils feraient mieux de commencer par changer la toile! »

COURS DE PILOTAGE

C'est un jeune garçon qui veut apprendre à piloter les avions. On lui donne un instructeur qui monte avec lui. Ils décollent et l'instructeur lui dit:
«Première leçon, elle est simple, tu vois la petite lampe rouge qu'est à gauche, là, sur l'aile?
– Oui.
– Bon. Et la petite lampe verte qu'est à droite, là, sur l'aile?
– Oui.
– Première leçon: quand tu pilotes, tâche de rester toujours entre les deux!»

04·08 SAINT JEAN-MARIE

•CONSEIL DU JOUR•

M. Le Pen a déclaré: «L'État doit rester à sa place, seulement à sa place et rien qu'à sa place, c'est-à-dire s'occuper de sécurité, seulement de sécurité et rien que de sécurité.» On pourrait peut-être lui trouver un képi à sa taille, non?

LE MAUVAIS ŒIL

Le Pen a confirmé qu'il était contre le porno de Canal. Remarque, c'est vrai que lui, il voit que la moitié de l'écran, il est obligé de regarder deux fois pour trouver ça excitant.

SPÉCIALITÉ MAISON

Jean-Marie Le Pen a déclaré: «Il vaut mieux élire un RPR imbécile qu'un communiste intelligent.» C'est pour dire que, quand il s'agit d'intelligence, y en a qui s'y connaissent!

Pensées

« À force d'être toujours contre tout et tout le monde, Le Pen en viendra un jour à être contre les gros cons, paradoxe qu'il risque de mal vivre. »

« Le Pen dément avoir tenu certains propos... Le Pen dément? Vous voyez, on est pas les seuls à dire qu'il est fou. »

« Le Pen, je voudrais pas dire, mais je serais pas vraiment étonné d'apprendre que c'est lui qui a inventé la mauvaise haleine. »

05·08 SAINT ABEL

LA QUESTION DU JOUR

On raconte que je dis tout haut ce que les gens pensent tout bas, c'est vrai. Mais la vraie question est pourquoi les gens pensent tout bas au lieu de penser tout haut? Remarque, je préfère, moi, qu'ils pensent tout bas, sinon je sais pas de quoi je vivrais!

Histoire belge

Alors, c'est un Belge qui dit à son collègue, comme ça:
« Tu sens drôlement bon, toi, hein!
– Ben, il dit, oui, je sens bon, c'est parce que je me mets de l'eau de toilette.
– Ah, ben ça, c'est un truc que je n'aurais vraiment pas pensé, hein, de l'eau de toilette?»
Et le lendemain, le Belge revient voir son collègue avec un gros pansement sur la tête.
« Qu'est-ce qui t'est arrivé?
– J'ai fait comme toi, j'ai voulu me mettre de l'eau de toilette et puis le couvercle m'est retombé dessus.»

BONNES NOUVELLES • J'ai une bonne nouvelle pour les marchands d'armes: la guerre va continuer au Moyen-Orient.
• La France, c'est le seul pays arabe à pas être en guerre!

TESTÉ POUR VOUS En France, tu sors un porte-clefs au bout d'une chaîne, tu dis «Police!», tout le monde se met à plat ventre. Il n'y a pas plus trouillard que le Français, il n'y a pas plus lâche.

AMBIANCE On diffuse de la musique dans certains W.-C. publics. Sûrement de la musique de chiottes.

06·08 SAINT OCTAVIEN

CINQUANTE NUANCES DE NOIR

C'est deux femmes dans la rue qui sont en noir avec une voilette. Y en a une qui s'approche de l'autre et qui dit:
«Vous aussi vous êtes veuve?
– Non, moi, je suis moche.»

À LA UNE Yves Mourousi à la une de *Paris Match*: visiblement, y a pas d'avion qu'est tombé cette semaine ni de trains qui sont montés l'un sur l'autre!

ACCIDENT DE TRAIN À Rio, un Boeing n'a pas réussi à sortir le train – accident de train donc, ce qui, pour un avion, est quand même le comble. Il a dû se poser sur le ventre. Les travestis sur place ont déclaré: «Nous, on est habitués à atterrir sur le ventre, y a aucun problème et personne nous emmerde!»

UN PEU D'HISTOIRE Au Moyen Âge, il paraît que les gens étaient plus bronzés qu'aujourd'hui. Les scientifiques pensent que c'est parce qu'ils passaient plus de temps dehors. Et moi, je crois que c'était plutôt la rouille des armures.

Pensée

« Si on me donnait à choisir, je préférerais rester comme ça, un peu con. Je trouve ça bien, moi. »

07·08 SAINT GAÉTAN

DANS LES ANNALES

J'ai vu en 1964, à la Mutualité, Léo Ferré au gala des anars. Il finissait la soirée par une chanson, puis s'il y avait un quart d'heure de rappel, il revenait chanter Ni Dieu ni maître. Les mecs, ils sont sortis de la salle, il y aurait eu un flic qui aurait demandé l'heure, il était mort !

LES CHEVEUX EN KIT

On est dans la cour de l'école. Un grand dit à un petit :
« Ta mère, ça, c'est de la gonzesse ! Je te file 20 balles si tu me rapportes une mèche de ses cheveux blonds.
– File-moi 100 balles et je t'apporte la perruque. »

FAIT DIVERS

C'est une vache qu'est sur une voie ferrée, et elle voit le train qu'arrive de très très loin et elle crie : « Meuh ! Meuh ! Meuh ! » et le train arrive sur elle, il fonce sur elle, évidemment puisqu'elle est sur la voie et elle crie : « Meuh ! » et le train l'écrase. Le cri-meuh ne paie pas.

LIBERTÉ CONDITIONNELLE En URSS, tout le monde va pouvoir sortir du pays, maintenant… à condition d'avoir plus de 75 ans et une autorisation de ses parents.

RECONSTITUTION Yannick Noah rechigne toujours à monter au filet parce que ça lui rappelle sa capture.

08·08 SAINT DOMINIQUE

PETITE ANNONCE

Je voudrais dire à ceux qui m'envoient des lettres d'écrire plus lisiblement, parce que y en a… ils méritent déjà largement leur CAP de médecine !

ÉCONOMIE

C'est un médecin qui va voir un autre médecin qui lui demande :
« Mais, pourquoi vous venez me voir ?
– Parce que moi, je suis trop cher. »

ALERTE INFO *En Tunisie, une manifestation d'Arabes contre la pauvreté. C'est un pays où y a décidément trop de Beurs et pas assez de pain !*

UN VILLAGE FRANÇAIS Le maire du village de Vron a voulu démasquer un voleur et il a proposé une rançon pour qui le dénoncerait. Tout le village a balancé : la boulangère couche avec le notaire, le 16 couche avec le 7, la bonne sœur, je me la suis tapée… C'est à croire qu'à Vron il y en a encore qui cachent des juifs en leur faisant croire que la guerre n'est pas finie.

Gastronomie

Chez ma grand-mère, tout le monde faisait la prière avant la bouffe. Faut dire que la bouffe était dégueulasse ! Il faut vachement se méfier de ce qu'on mange. Encore que le champignon le plus vénéneux, c'est quand même celui qu'on trouve dans les voitures.

09 • 08 SAINT AMOUR

Devinettes

Vous savez certainement ce qu'est un quatuor en URSS ?
C'est un orchestre philarmonique qui revient d'une tournée aux États-Unis.

Vous savez pourquoi les soldats russes marchent par trois ?
Y en a un qui sait lire, un qui sait écrire et le troisième surveille les deux intellectuels.

CARNET DU JOUR
J'ai un copain qui a fait un mariage d'amour. Il a épousé une femme riche. Il aimait l'argent.

Histoire belge

C'est deux Belges, genre « frites l'amour pas naguère », qui voient passer un enterrement, comme ça, un corbillard suivi de plein de voitures noires. Y en a un qui demande :
« Dis donc, d'après toi, qui c'est qui est mort ? »
L'autre répond :
« Je crois qu'c'est celui qu'est dans la voiture de tête. »

ÇA VAUT PAS LE COUP

Au Brésil, depuis que les travestis fleurissent, les femmes paient les hommes pour faire l'amour. Elles leur donnent 100 francs à chaque fois. Je connais un type qui a voulu y aller, il en a parlé à sa femme, elle lui a dit : « Eh bah, vas-y donc, je suis curieuse de voir comment tu vas vivre avec 200 francs par mois ! »

Pensée

« Sont vulgaires les mecs qui chantent l'amour devant tout le monde et se cachent pour le faire ! »

10 • 08 SAINT LAURENT

COLUCHE *PAR* COLUCHE

- Ça me fait marrer quand on dit que les gens parlent comme moi. C'est moi qui parle comme eux ! Je leur ai tout piqué, je leur pique tout. Ils sont ma seule inspiration.
- Moi, ma mère, les nausées, elle les a eues après ma naissance.

Pensées

« L'homme descend du singe, surtout sur la tête, sous les bras et au niveau du maillot ! »

« Le bateau à voile, c'est chiant. Mais par temps calme, c'est très très chiant. À moins de penser à prendre des jerricans de vent, évidemment. »

DÉFINITION ***Les boxers, au départ, c'est des chiens ordinaires. Sauf qu'ils ont pris une porte dans la gueule quand le cartilage était pas sec.***

DÉBRIEFING

C'est une femme de retour de soirée, qui dit à son mari :
« Tu as été complètement ridicule ce soir. J'espère que personne ne s'est rendu compte que tu n'avais pas bu. »

ALERTE INFO

On apprend dans le journal de ce matin qu'un pilote de chasse s'est fait arrêter par les flics à 260 kilomètres-heure. Il volait trop bas ?

11 • 08 — SAINTE CLAIRE

LA GRANDE ILLUSION

C'est la fête au village. Le curé – vous savez, le mec qui a le bac plus Dieu – donc le curé – il a bu plus que d'habitude… enfin autant que d'habitude mais cette fois, en public – invite à danser une jeune et belle gonzesse. Au bout d'un moment, elle lui dit :
« Oh, pas mal !
– Vous emballez pas, répond le curé, c'est juste la clé de l'église. »

Y A PRESCRIPTION !

Le docteur m'a demandé de suspendre mon traitement. Depuis, je porte mes suppositoires en collier.

ASTUCE BEAUTÉ

Le maquillage selon Line Renaud : avec ton bol de plâtre, tu remplis les trous, tu attends que ça sèche, ensuite tu ponces, et là, tu maquilles.

•CONSEIL DU JOUR•

Pour éviter d'avoir des fils ou des filles, faites l'amour à votre belle-sœur, vous n'aurez que des nièces ou des neveux !

Pensée

« Le *Canard* et ma pomme, dans ce pays, on est les seuls à être subversifs. »

12 • 08 — SAINTE CLARISSE

UN RÉFLEXE DE PRO

Je suis allé une fois chez le psy. Je lui ai dit :
« Je m'excuse, j'arrive en retard. »
Il m'a répondu :
« C'est pas grave, j'avais commencé sans vous… »

Pensées

« Tout ce qui est drôle me fait rire, surtout quand c'est des Français dont on rit, parce qu'il n'y a que de ça que je ris, moi, des Français. »

« Bruce Springsteen, on dirait un mec qui se défonce à rien, c'est les pires. »

FORMATION PROFESSIONNELLE

Je suis persuadé que si on fouillait la vie des hommes politiques, on verrait qu'à l'ENA ou à l'école, ils ont monté une pièce ou joué dedans… Avec les mêmes qualités, on peut finir aujourd'hui bouffon, avocat, journaliste de télé ou homme politique.

VŒU PIEUX

Je pourrais essayer d'être gentil à partir d'aujourd'hui, ne dire que du bien de tout le monde, de Danièle Gilbert, de Régine, de Michèle Torr, d'Hugues Aufray même, dont il n'y a que du bien à dire, d'ailleurs, oui, je pourrais faire ça… il faut bien vivre dangereusement de temps en temps, non ?

13 · 08 SAINT HIPPOLYTE

C'EST L'HISTOIRE D'UN MEC…

C'est un mec qui croise à Avignon un de ses amis belges avec une serviette sur l'épaule. Il a l'air crevé. Le mec lui demande:

« Qu'est-ce que tu fais ?

– Ben, je vais à la plage, car je suis en vacances à l'hôtel des Artistes à Saint-Tropez.

– Ben, moi, j'connais bien Saint-Tropez, l'hôtel des Artistes, c'est pas à Saint-Tropez, c'est à Lyon.

– Ah ! c'est pour ça que j'trouvais qu'la plage était loin, hein ! »

Pensée « En général, on épouse une femme, on vit avec une autre et on n'aime que soi. »

LA QUESTION DU JOUR Les shampouineuses shampouinent. Et à quoi ça sert, les tanks ?

J'SUIS ASSEZ R'MONTÉ !

Il y a un danger, un risque terrible à vouloir absolument qu'on n'insulte pas la police. Ça veut dire que, dans la police, y a pas d'enculé, mais que tous les autres pourraient l'être. Personne ne passe en correctionnelle pour avoir dit « enculé » à une personne qui n'est pas assermentée. Donc, quelque chose qui est une insulte pour les assermentés ne l'est pas pour les autres. Ça ne va pas, ça !

14 · 08 SAINT ÉVRARD

C'EST L'HISTOIRE D'UN MEC…

C'est un mec qui est perdu dans la campagne. Alors, il trouve un vieux dans un champ, un mec qui va à la bêche, et il lui demande:

« Dites-moi, où est-ce qu'on est, là ?

– Ça, je sais pas.

– Mais la rivière, là, qu'est-ce que c'est comme rivière ?

– Ah ça, je sais pas.

– Bon, et la route qu'est là, elle mène où ?

– Je sais pas.

– Quoi, vous êtes d'ici et vous savez pas ?

– Non, je ne sais pas. Mais moi, je suis pas perdu ! »

IDÉE
Il faudrait retirer à l'État les choses qu'il ne sait pas faire ou qu'il fait mal. S'occuper des pauvres, par exemple.

SALAIRE : J'EN SUIS PAS REVENU

Bon, une quotidienne à la radio, c'est du boulot, d'accord, mais en même temps, ça paie. Moi, quand j'ai regardé mon salaire sur le contrat, j'ai cru un moment que c'était mon numéro de Sécu !

bruit de couloir Il paraît qu'on peut attraper le sida rien qu'en s'inscrivant au Front national ! Non, je déconne, mais faut pas le dire. On peut même, si on veut, lancer la rumeur…

Pensées

« Il y a des injustices : on s'appuie sur les murs, les murs ne s'appuient pas sur nous. »

« Tellement il est fainéant, il fait même pas son âge celui-là ! »

15·08 ASSOMPTION

VIERGE & MARIS

Une jeune femme, qui avait été mariée quatre fois et qui était encore vierge, a déclaré à son médecin :
« Mon premier mari était pianiste, il faisait tout avec les doigts, mon deuxième était avocat, il faisait tout avec la langue, mon troisième était socialiste, je n'ai eu que des promesses, mon quatrième était inspecteur des finances, alors là, je l'ai eu dans le cul. »

CARNET DU JOUR

Ah ! il va se marier, Dave, hein, ça y est, il va se marier ! Mais il peut pas tout de suite parce que sa femme n'est pas finie d'opérer, c'est pas sec.

L'AUTRE BANQUE

C'est une dame qui se marie avec un vieux monsieur. Le matin du mariage, il lui dit :
« Tu verras, ça va être formidable nous deux, j'économise depuis quarante ans ! »
Le lendemain de la nuit de noces, sa meilleure amie demande à la femme :
« Alors, comment ça s'est passé ?
– Bah, bien, sauf que moi, je croyais que c'était de l'argent qu'il économisait depuis quarante ans ! »

Pensées

« Marie-France Garaud, j'ai l'impression qu'elle a un nom prédestiné à nous étrangler ! »

« Eh, dis donc, Marie Laforêt, on se la forêt bien. On n'est pas de bois ! »

16·08 SAINT ARMEL

• CONSEIL DU JOUR •

Pour vous faire réformer, je vais vous donner une très bonne combine : vous arrivez avec L'Huma *sous le bras et vous hurlez : « Vive le parti communiste ! » Vous allez être viré tout de suite parce qu'on pourra même pas vous donner une brouette sans craindre que vous balanciez les plans à Moscou.*

Pensées

« C'est le même problème que les pommes cuites : les hommes politiques ne sont jamais crus. »

« Les socialistes ont le pouvoir, mais ils ne savent pas à qui le donner. »

DÉFINITION *Le barbecue, en gros, c'est un appareil qui te permet de manger des saucisses pratiquement crues mais avec les doigts bien cuits.*

À LA VITESSE DU SON

C'est un mec qui téléphone à Air France et qui demande :
« Combien de temps met l'avion pour faire Paris-Bruxelles, s'il vous plaît ? »
On lui répond :
« Deux minutes, s'il vous plaît… »
Et le mec dit « merci » et raccroche.

C'EST L'HISTOIRE D'UN MEC...

C'est un mec qui nage dans la mer et il se fait bouffer une jambe par un requin. Tout de suite, il pense : « Pourvu qu'avec l'autre pied je ne marche pas sur un oursin ! »

17·08 SAINT HYACINTHE

TOURISME

Vous ne le saviez peut-être pas, mais en Turquie les hôtels n'ont pas de salle de bains. On a demandé pourquoi et ils ont répondu : « Vous savez, chez nous, les clients restent rarement plus de quinze jours. »

Pensée « Les sondages, c'est formidable. On te dit pas comment voter, on te dit simplement comment tu as l'intention de voter. Et ensuite tu votes selon cette intention. »

C'EST PAS DE VEINE

Dans la salle d'opération, le patient est ouvert d'un bout à l'autre.
« Atchoum !
– Oh merde ! L'aorte… l'aorte… l'aorte est ouverte, fermez l'aorte ! »

SUJET : LA TRIBU

Y a une minorité opprimée dont on parle jamais, c'est les Indiens. Ceux qui vivent dans l'attente... de jours meilleurs. Et pourtant, Indien vaut mieux que deux tu l'auras. Enfin bref, ils réclament de l'argent, ils veulent des Sioux. Ils n'ont plus rien à manger, paraît-il, ils sont obligés de prendre dans les réserves. Et ils y laissent des plumes ! La vérité, c'est qu'ils vivent en tipi du bon sens et que, de toute façon, on n'en a rien à foutre, alors, allez, foutez-moi ça dehors !

18·08 SAINTE HÉLÈNE

DANS LES ANNALES

À l'époque du Café de la Gare, l'acteur Roland Giraud contacte Coluche, qui était chargé de la programmation, et sollicite un rôle.
La réponse est positive et l'engagé retourne chez lui. Mais, dans la soirée, son téléphone sonne. C'est Coluche :
« Giraud ? T'es susceptible ?
– Non.
– Tant mieux ! Bon, j'ai pris un autre mec Salut. »
En pleine nuit, le téléphone sonne de nouveau.
« Giraud, t'es toujours pas susceptible ?
– Non.
– Bon, parce que l'autre mec peut pas le faire. Le rôle est pour toi. »

VOUS HAUSSEZ DU COMBIEN ?

Le prix des voitures en hausse dès demain. Le prix des chaussures aussi, mais elles, c'est des deux pieds !

JEU TRANSFORMÉ

C'est Mamadou qui revient d'Europe, où c'qu'il a été parce qu'il est sorcier dans son bled et il revient d'Angleterre où il a assisté à un match de rugby qu'il raconte à sa tribu : « C'était formidable, un moment, il y a tout le public qui se rassemble, là, autour d'une pelouse, et il rentre d'un côté 15 personnes qui ont une p'tite culotte blanche et, de l'autre côté, 15 personnes qui ont une culotte noire et le sorcier arrive avec un gros œuf en cuir, il siffle et tout d'suite, il pleut ! »

19 • 08 SAINT EUDES

COLUCHE *PAR* COLUCHE

• Il y a encore un mec qui m'a écrit hier en me disant : « T'as piqué des trucs à Alphonse Allais. » Ben, je vais me gêner peut-être, je vais me gêner de piquer des trucs à Alphonse Allais… il est mort !

• Il y avait un gosse qui me regardait sur le bord du trottoir et sa mère, elle y a fait : « Tu vois, hein, si tu es pas sage, ben, tu seras comme ça plus tard ! »

GARE SANS CRIER

Vous savez qu'à Lausanne, Lausanne, près du trou de Bâle, pour éviter de les faire crier, ils mettent deux hommes de quai dans les gares. Un au début du quai qui dit : « Ici Lausanne ! » et un autre à la fin qui dit : « Ici aussi ! »

L'ARME À L'ŒIL

Les gens les plus dangereux du monde sont ceux qui possèdent des armes. Ce sont eux qui commettent les plus terribles abus de pouvoir. La police, c'est un service de répression pour les Finances. Ça fonctionne ainsi : les ordres d'en haut, la dénonciation en bas, et, au milieu, des mecs qui ne branlent rien.

ALERTE INFO

Un CRS s'est fait curé, mais reste quand même CRS. Il sera facile à reconnaître, celui-là, si vous le croisez dans la rue, il va vous prier de circuler !

20 • 08 SAINT BERNARD

C'EST L'HISTOIRE D'UN MEC…

C'est un mec qui téléphone au garde-meuble :
« Allô ? Est-ce que vous vous rendez à domicile ?
– Non, monsieur, le garde-meuble ne se rend pas. »

DANS LES ANNALES

J'ai un copain qui pouvait pas avoir d'enfant. On l'appelait « bout filtre ».

Devinette

Qu'est-ce qui rentre sec et dur et qui sort mou et mouillé ?
Un chewing-gum !

ESPACE NON FUMEUR

Selon la Nasa, la navette américaine a explosé à cause d'un joint. Messieurs les pilotes, merci donc, à l'avenir, de vous abstenir de fumer pendant le décollage des navettes !

Pensées

« M. Reagan a dit qu'il allait donner de l'argent clandestinement à ceux qui luttent contre le communisme en Angola. Alors, il va donner l'argent – j'suis d'accord ! – mais clandestinement… Maintenant qu'il l'a dit, ça m'étonnerait ! Ou alors, c'est moi qui suis con. »

« Bernard-Henri Lévy a dit hier soir qu'on pouvait pas faire d'argent avec la philosophie. À mon avis, c'est seulement qu'il a pas la bonne. »

« Les mémoires de Bernard Hinault, encore un de ces livres que je lirai si un jour je vais en prison. »

21 • 08

SAINT CHRISTOPHE

% STATISTIQUE

L'aviation tue plus que la drogue, et en plus, c'est en vente libre. Que fait la police ?

Pensées

« Tu as remarqué, quand on va quelque part pour jouer, on emporte l'argent. C'est qu'on est sûr de perdre, déjà !... »

« J'aurais bien aimé pouvoir aider tout le monde, mais Dieu aurait gueulé à la concurrence déloyale. »

ALERTE INFO

18 morts à Miami. Bonne nouvelle pour les Blancs : les 18 morts sont tous noirs.

LA GUERRE DES POLICES

Cinquante-sept policiers à jeun manifestaient cette semaine pour obtenir de meilleures conditions de travail. Ils déplorent notamment d'être détestés par le public à cause, je cite, « des voyous, des imbéciles illettrés, des débiles profonds et autres assassins, racketteurs et marchands de drogue qui composent actuellement la police ». Ils ont aussitôt été interpellés par les trente mille autres policiers parisiens qui, eux, n'étaient pas d'accord.

RÉCESSION

Les voix de gauche sont limitées, même sur les autoroutes maintenant, dis donc !

22 • 08

SAINT FABRICE

TEST DE POPULARITÉ

Je suis en retard, excusez-moi, mais je reviens de l'enterrement d'un copain musicien. Ah, les mecs sont pas sympas, quand même, je croyais qu'il était plus aimé que ça. J'étais le seul à danser quand ils ont mis la musique !

CAS DE DIVORCE

C'est un type qui dit à un de ses copains : « Je vais divorcer.
– Ah bon ?
– Oui. Tu supporterais, toi, d'être avec quelqu'un qui boit, qui fume et qui rentre à n'importe quelle heure ?
– Non !
– Eh bien, ma femme non plus. »

EN TOUTE IMMUNITÉ

Qui pourrait me blesser en faisant de l'humour ? J'ai été plus loin que personne n'ira jamais avec moi-même. Je me suis pris moi-même pour un con et je me suis mis sur scène dans ces conditions-là devant un public.

LOGIQUE

Politiquement, je me suis fait une culture qui obligatoirement me suffit puisque je n'en ai pas d'autre !

Pensée

« Le problème avec les gens, c'est que quand on leur dit qu'il y a 300 milliards d'étoiles, ils nous croient, mais quand on leur dit que la peinture est fraîche, il faut qu'ils mettent le doigt sur le mur pour vérifier. »

23·08 SAINTE ROSE

BOURREAU DES PLEURS Plus un seul condamné à mort en France ! Et voilà que ça recommence ! Un chômeur de plus : le bourreau. Qu'est-ce qu'il va faire maintenant comme boulot le bourreau ? Tu connais un truc plus con à faire que bourreau, toi ? C'est un boulot où le plus dur, en fait, c'est quand tu aiguises la lame.

RÈGLE D'OR Il y a deux trucs qu'il faut pas rigoler avec : les vêtements, la nourriture et l'honnêteté du gouvernement.

VA TE FAIRE FOOT

C'est un homosexuel qui confie : « J'adore le football parce que je cours, je cours, je cours avec le ballon et pis j'arrête devant l'but et là, je le mets exprès à côté et tout le stade me crie : "Enculé !" »

INTUITION FÉMININE

C'est une fille dans le métro qui dit à sa copine :
« Dis-moi, tu peux me dire si le mec derrière moi, il est beau ?
– Il est jeune en tout cas !
– Non, je te demande s'il est beau, je le sens qu'il est jeune… »

DÉFINITION ***Le reggae, c'est comme des Noirs ordinaires sauf qu'ils sont vachement mieux coiffés !***

24·08 SAINT BARTHÉLÉMY

•CONSEIL DU JOUR•

Il faut surtout pas apprendre le boulot de ministre. Parce que si tu apprends l'agriculture, huit jours plus tard, tu te retrouves ministre des Finances. Faut surtout jamais savoir rien faire. Après, le type, on le met à l'Intérieur pour qu'il prenne pas froid.

Pensées

« Il y a des croyants qui ne sont pas pratiquants, puis il y en a qui croient pas parce que c'est plus pratique. »

« L'irrespect se perd. Heureusement, je suis là pour le rétablir. »

PHILOSOPHIE On s'est souvent posé la question : « Être ou ne pas être ? » J'ai personnellement écrit à Shakespeare et j'ai reçu la réponse suivante : « Lettre suit. »

LE CON DU JOUR Il y a un mec qui s'est présenté aux élections dans le 14e arrondissement de Paris, et qui n'a pas eu une seule voix ! C'est-à-dire que non seulement il n'a pas voté pour lui, ce qui est très sport, mais en plus il est fâché avec sa femme.

« Si on est touché soi-même par la mort, on a intérêt à en rire ; et si on n'est pas touché, on n'a pas de raison de ne pas en rire. »

25 · 08 — SAINT LOUIS

OPTIMISTE

« Bonjour, je voudrais un éperon.
– C'est marrant, parce que les éperons, normalement, je les vends par paire.
– Oh, mais si y en a la moitié qui avance, l'autre moitié suivra bien. »

• CONSEIL DU JOUR •

Je lis dans le journal qu'un type a été condamné pour avoir écrit que la moitié des dirigeants du RPR étaient des escrocs. Moi, à sa place, j'aurais écrit que la moitié des dirigeants du RPR n'étaient pas des escrocs !

Devinette

Vous savez pourquoi y a des catholiques ?

C'est pour acheter au détail, parce que les juifs n'achètent qu'en gros !

Pensées

« Quand on voit l'âge des mecs qui nous gouvernent, on s'aperçoit qu'on fait bosser les occupants d'une maison de retraite ! »

« J'ai fait tellement de fugues que j'aurais dû avoir mon Bach. »

« C'est pas l'intention qui compte, c'est bien la manière dont on le dit ! Et homme politique, c'est donc bien comédien d'abord. »

LA QUESTION DU JOUR

Si on écoutait ce qui se dit, les riches seraient les méchants, les pauvres, les gentils. Alors pourquoi tout le monde veut devenir méchant ?

26 · 08 — SAINTE NATACHA

ALERTE INFO *Le prix de l'or augmente. Pauvres, achetez vite de l'or.*

Slogan

***La terre aux paysans !
Et l'eau aux pêcheurs !***

Pensées

« On a beau dire, eh bah, des fois, c'est le contraire ! »

« J'ai toujours eu l'impression que Collaro, en tant que petit gros frisé, il s'était dit : « C'est con, j'ai pas pensé aux lunettes ! » »

LA QUESTION DU JOUR

Les politiciens, on ne saura jamais s'ils sont sérieux ou si ce sont des comiques froids. Parce que quand même entre leurs blagues extraordinaires et leurs promesses intenables, va savoir, toi, si dans le fond, c'est pas des professionnels du rire !

SHOCKING Je me promenais à Londres, il y a eu un coup de vent et la jupe d'une bonne femme en face de moi s'est soulevée tout en haut. J'ai regardé, tu penses, tout ce que j'ai pu et la bonne femme m'a vu. Elle m'a dit :
« Vous n'êtes pas un gentleman !
– Vous non plus, apparemment ! »

PROVERBE

Une fille de joie est là pour consommer les hommes de peine.

27 · 08 SAINTE MONIQUE

VOIE SANS ISSUE

Une dame de la campagne va voir son médecin. Il lui conseille de prendre la pilule. Elle lui dit alors :
« Mais j'ai déjà essayé plusieurs fois de la mettre, mais elle tombe tout le temps ! »

L'ALCOOL & ME C'est fou l'emprise de l'alcool, c'est fou ce qu'on arrive à faire avec l'alcool… Regarde ça, si j'avais encore le pognon que j'ai bu, qu'est-ce que je pourrais me bourrer la gueule !

Devinette

Vous savez ce que disent les Belges qui ne sont pas flamands ?
À la rigueur on veut bien passer pour des cons mais pour des Belges, jamais !

PARANORMAL Il y a une ville aux États-Unis où les gens ne meurent jamais et ils ont été obligés d'empoisonner le centenaire pour inaugurer le cimetière !

SONNÉE, LA RETRAITE Pauvres vieux. Comme avant chaque élection présidentielle, la retraite des vieux augmente un petit peu. Malheureusement, l'inflation augmente beaucoup. À ce rythme-là, dans sept ans, vaudra mieux être mort que vieux.

28 · 08 SAINT AUGUSTIN

DÉFINITION ***L'art de dire la vérité sans mentir, c'est fermer sa gueule.***

• CONSEIL DU JOUR •

Un conseil aux filles qui n'ont pas de jolis yeux : ayez de gros seins et ça passera inaperçu !

AVANTAGEUX Ce qui est bien avec les régimes, c'est que le deuxième jour est toujours plus agréable que le premier, parce que, en général, le deuxième jour, tu fais déjà plus ton régime.

DONNANT DONNANT

URSS donc, je vous rappelle qu'il ne faut pas vendre sa peau avant de l'avoir tuée, URSS où une femme demande à sa voisine :
« Dites, si je vous laisse cuire votre viande dans ma soupe, je peux faire frire mon omelette sur vos lardons ? »

LA PRIÈRE DU JOUR Et pour les ados déjà poilus, prière de laisser l'acné sous le paillasson !

C'EST L'HISTOIRE D'UN MEC…

C'est un mec qui est dans un restaurant. Il demande :
« Monsieur, la salade, elle est pour deux ?
– Oui.
– Eh ben, pourquoi y a-t-il qu'une seule chenille alors ? »

29 • 08

SAINTE SABINE

Devinette

Comment on reconnaît le plus riche des Éthiopiens ?

C'est celui qui a la Rolex autour de la taille.

CARNET ROSE Naissance de deux jumelles – on leur souhaite longue vue !

FASHION CV C'est un chanteur israélite : tellement il avait le pantalon moulant, non seulement on lui voyait le sexe, mais on lui voyait aussi la religion.

COLUCHE *PAR* COLUCHE

• J'aime pas les gens qui ont que des qualités. J'aime bien qu'ils aient un peu de défauts, et que ça soit net.

• Ce qui fait les fines ordures, je sais ce que c'est : des principes, des croyances, la guerre, le devoir, le bien, le mal. Ils puent. Je les connais bien. Et ceux-là, je voudrais me les faire.

• Tout le monde a dit que ma candidature était pas sérieuse, en voulant dire par là qu'elle était pas chiante. Dès que c'est chiant, alors ça va ! On peut parler politique…

• CONSEIL DU JOUR •

Si par exemple vous avez une femme et que vous ne savez pas quoi en foutre, vous vous bourrez la gueule et vous la faites conduire. Voilà, on a trouvé un usage pour les bonnes femmes.

30 • 08

SAINT FIACRE

L'UTILE À L'AGRÉABLE

C'est un patron qui appelle un employé et qui lui dit :
« Je n'ai pas l'habitude de mélanger le plaisir et le travail mais je vais le faire, je vais vous foutre dehors ! »

Gastronomie

Le caviar en Iran, il y en a tellement qu'ils croient que c'est du tapioca avec des lunettes noires. Mais quand même, à ce prix-là, ils lui disent vous.

Pensée « Si les Français marchandent, c'est pas parce qu'ils sont malins, c'est parce qu'ils n'ont pas de ronds. »

DANS LES ANNALES

Mon grand-père était complètement miro. Une fois, il est allé chez l'opticien, il arrivait pas à voir le mur où il y avait les lettres. Le mec lui a dit : « C'est pas des lunettes qu'il vous faut, c'est un chien. »

LE REGRET DU JOUR Quel dommage que ce ne soit pas Fontanet qui ait tué Boulin, Boulin qui ait tué de Broglie, et de Broglie qui ait tué Journiac. Car, comme ça, les assassins, les suspects et les victimes seraient tous morts, et les affaires pourraient reprendre !

Devinette

À quoi reconnaît-on un Arabe riche ?

C'est celui qui a une poignée dorée sur son marteau-piqueur.

31 • 08

SAINT ARISTIDE

Pensée

« Raymond Barre respire l'honnêteté. Le problème, c'est qu'il est asthmatique. »

Histoire belge

C'est un Belge qui est chez le psychanalyste. Il y était venu pour acheter des cannes à pêche, mais bon, il est resté quand même. Alors y dit au type qu'est derrière lui, parce que le psychanalyste il est derrière vous hein, c'est un métier. Ça se fait par-derrière, hein, c'est pour ça qu'on s'étonne pas de l'avoir toujours un peu dans le cul. Bref, il est là, sur le divan, le fameux divan le terrible et il lui dit : « Voilà, docteur, toutes les nuits, je fais le même rêve. Je suis devant une grande porte et je la pousse, je la pousse, je la pousse à en crever et elle ne s'ouvre jamais.
– Ah bon ! Et qu'est-ce qu'il y a d'écrit sur cette porte ?
– "Tirez". »

ENFOIRÉS, EXCUSEZ-LE !

« Avec les filles, t'étais du genre timide ou audacieux ?
– Il y a un âge où tu as toutes les audaces, c'est une question de glandes. Et plus tu as d'audace, moins tu as de goût. »

ESCLAVES LIBRES

Le problème de la liberté de la presse, c'est que c'est une contradiction dans les termes pour les hommes politiques. Pour être complètement libres, il faudrait, eh oui, qu'ils interdisent les journaux !

PROVERBE

Si vous ne faites pas aujourd'hui ce que vous avez dans la tête, demain, vous l'aurez dans le cul.

SIDA M'ÉTAIT CONTÉ

Moi, le sida, j'ai remarqué un truc ! Ça s'attrape surtout dans les journaux : en effet, ça fait les gros titres. Alors que le sida a fait 200 morts l'année dernière, la tuberculose, 1 500 morts, le cancer, 13 000 morts. Et l'alcoolisme, 17 000 morts !
Y a pas de solution ! Les rats, figurez-vous, les rats de laboratoire refusent de s'enculer… Qu'est-ce qu'ils viennent nous emmerder avec le sida ? Comme si les hémorroïdes, ça suffisait pas !… C'est pas très grave, hein ! Tu vas chez Midas, ils te changent le pot en trente minutes, mais enfin, bon…
Mais bon, comme dit mon docteur, le sida, ça peut s'attraper aussi sur les toilettes, hein ! Enfin, c'est pas là que c'est le plus confortable… Eh bien, maintenant, il y a une nouvelle psychose : les pédés donnent le sida. Eh bien, moi, je vais te dire : les femmes donnent le cancer. Quelle connerie !

SEPTEMBRE

JE CHERCHE COLUCHE.
CONTINUEZ. VOUS ALLEZ LE TROUVER.
WOLINSKI

01 · 09

SAINT GILLES

ARITHMÉTIQUE

C'est des gosses, c'est la rentrée des classes. Le professeur demande :
« Si ton papa achète 10 litres de vin rouge à 2,50 francs pièce, ça fait combien ?
Et le gosse répond :
– Ça fait deux jours. »

DÉFINITION *Le Brésil, c'est tel mambo, qu'on pleure quand on samba.*

Pensée « Les gens sont fainéants quand ils sont au boulot, mais dès qu'ils sont au chômage, ils ont envie de travailler. »

CONSEILS SANTÉ

Dans le bouquin de Rika Zaraï, je vois : « Que faire quand vous avez les dents jaunes ? Très simple : portez une cravate marron. »
Mais y a des combines naturelles ?
Bien sûr : contre la toux, par exemple. Vous prenez un bon laxatif, ben, vous osez plus tousser !
C'est comme les psychiatres, c'est très efficace. Moi, avant, je pissais au lit, j'avais honte. Je suis allé voir un psychiatre. Je suis guéri. Maintenant, je pisse au lit, mais j'en suis fier ! N'empêche que ce mec-là, pour 15 000 francs, il m'a débarrassé de ce que j'avais : j'avais 15 000 francs.

ALERTE INFO *Rentrée scolaire morose : manifestation de CGTristes.*

02 · 09

SAINTE INGRID

COLUCHE *PAR* COLUCHE

• Ah ! si je pouvais passer entre Giscard et Chirac, avec le nez rouge, dans le quart d'heure ! Le mec qui serait élu, il l'aurait été contre un clown. C'est ça qui est embêtant, on pourrait toujours lui dire, historiquement : « Ce jour-là, vous avez gagné contre un imbécile au nez qui clignotait. »

• On me reproche deux choses : de dire quelquefois la vérité et de tenir des propos en dessous de la ceinture. Je dirais au contraire que, pour la vérité, on fait ceinture, et on est toujours en dessous de la vérité.

LA QUESTION DU JOUR La droite a gagné les élections. La gauche a gagné les élections. Quand est-ce que ce sera la France qui gagnera les élections ?

ÇA DATE !

SEPTEMBRE 1980

Coluche n'envisage pas encore « sérieusement » de se présenter à la présidentielle. Mais il imagine son passage à la télévision en tant que candidat.

IDÉE

Afin de supprimer le chômage, le président Coluche proposera de créer 20 millions d'Agences nationales pour l'cmploi sur tout le territoire avec un chef d'agence et une secrétaire. Ainsi, les 3 millions de chômeurs pourront aller pointer en bas de chez eux.

03·09 SAINT GRÉGOIRE

PARITÉ Si je suis élu, les femmes auront le droit de faire pipi debout le long des arbres.

Pensées

« Finalement, les clochards ont eu le nez creux de rien foutre. Parce que, avec tous les chômeurs qu'on a maintenant, ils auraient pas été dans la merde ! »

« Mais faut se méfier ! Y a des malades, on rencontre des malades ! Il ne faut pas oublier qu'un journal coupé en morceaux, ça n'intéresse pas une femme. Tandis qu'une femme coupée en morceaux, ça intéresse les journaux. »

QUESTION DE NATURE Je crois que la grande différence qu'il y a entre les oiseaux et les hommes politiques, c'est que, de temps en temps, les oiseaux s'arrêtent de voler.

FAIR PLAY Ce qui est amusant, c'est de savoir comment on est gouvernés par des gens qu'on a élus nous-mêmes. On est bien placés pour s'en amuser, de la politique, puisqu'on la subit tous les jours. Et qu'elle est faite avec notre pognon. Je crois même que c'est faire preuve du plus grand humour que d'en rire. Moi, évidemment, je le fais plus facilement parce que, de toute façon, grâce à vous je gagne plus de pognon que ceux qui rient et même des fois plus de pognon que ceux qui nous font rire !

04·09 SAINTE ROSALIE

AU POTEAU J'ai été au mariage d'une copine hier soir. Une ex à moi. J'ai été éliminé en demi-finale.

COLUCHE *PAR* COLUCHE

À partir du moment où moi, je m'adresse aux pouilleux, aux crasseux, aux mecs qui n'existent pas en politique, à ceux qui ne se sont jamais inscrits, je fais acte de civisme, plus qu'aucun parti.

LES PROS DE L'IMPRO Quand un journaliste politique pose une question improvisée à la télé, il y a deux catégories d'hommes politiques : ceux qui lisent la réponse et ceux qui l'ont apprise par cœur.

Pensées

« Les politiciens, moi, vous savez, euh... Je les aime pas ! Non. Je porte à gauche, remarquez, enfin, je supporte à droite. »

« Dans notre métier, même ceux qui bossent jamais ont des projets, alors, t'imagines ceux qui bossent ! »

DÉFINITION *Planche à voile : une espèce de truc qui flotte, que les nageurs prennent derrière la tête, et que les mecs disent : « Oh ! pardon je sais pas m'en servir, c'est normal, je l'ai achetée hier ! »*

05·09 SAINTE RAÏSSA

LA QUESTION DU JOUR ?
On apprend dans la presse qu'il y a deux inspecteurs des impôts en prison. Je voudrais savoir si c'est deux en tout ou deux de plus !

SPORT Je ferai le Paris-Dakar le jour où ils auront viré le sable tout le long pour mettre du goudron.

GÉOGRAPHIE Je ne sais pas qui c'est qui a eu l'idée de mettre Israël là où il est y a trente ans, mais il ne s'est pas gouré, le mec, parce qu'on y a amorti du matériel dans ce bled !

VU À LA TV Soirée électorale hier soir. On a vu des choses extraordinaires. On a vu Le Pen parler d'intelligence. Par ouï-dire certainement.

QUI PEUT LE PLUS PEUT LE MOINS

C'est deux mecs qui sont dans une prison en France :
« Combien t'as pris ?
– Dix ans.
– Et qu'est-ce que t'as fait ?
– Rien.
– Alors là, ça m'étonne, parce que rien, c'est cinq ans en France ! »

La même au Chili :
« Combien t'as pris ?
– Dix ans.
– Et qu'est-ce que t'as fait ?
– Rien.
– Alors là, ça m'étonne, parce que ici, rien, c'est vingt ans ! »

06·09 SAINT BERTRAND

RECALÉE Toute ma famille est dans la prostitution. Sauf ma sœur : elle a été étouffée à l'oral.

FAIT DIVERS Dans l'Ardèche, un couple, qui était aussi dans la dèche, vient de se faire gauler. Ils faisaient des faux billets de 20 francs. C'est vrai que ça, c'est une belle connerie. Quitte à faire des faux billets, autant faire des billets de 500 francs. Parce que milliardaire en billet de 20 francs, l'unité de mesure, ça devient la valise ! Combien de valises pour cette Ferrari ?

DANS LA POCHE

C'est une p'tite vieille qui sort d'chez Maxim's. Elle dit au portier :
« Écoutez, je m'excuse de vous dire ça, mais je n'ai pas d'argent sur moi, est-ce que vous pouvez me prêter 10 francs ? »
L'autre lui répond :
« Mais bien sûr, madame.
– Gardez-les alors, c'est pour vous. »

TRUC Les gens se plaignent de la sécurité. Alors on leur met plus de flics dans la rue. Mais c'est tout le temps dans les mêmes ! Quand vous voyez un flic dans la rue, c'est qu'y a pas de danger… S'il y avait du danger, le flic serait pas là.

Pensée « À part faire la queue à la Sécurité sociale, y a rien qui me fait plus chier que d'aller au théâtre. »

07.09 SAINTES REINE, RÉGINE

PUB Il y avait déjà des bas résille, maintenant il y a des bas Régine. C'est des collants chair, en plastique latex, que tu enfiles de force et ça tient bien la graisse... Ça fait moins mou !

TRUC Régine déclare que le secret de son bonheur, c'est qu'elle ne voit son mari que deux jours par semaine. Je crois que c'est surtout le secret du bonheur de son mari.

Pensées

« Régine, elle chante pour tuer le temps. Elle a une arme redoutable, hein, je ne voudrais pas être le temps, moi ! »

« Je viens de croiser Régine qui revenait de l'institut de beauté. À mon avis, c'était fermé. »

LA BOSSE DE LA MODE

« Ah ! Régine et ses pulls en poils de chameau !
– Elle a des pulls en poils de chameau ?
– Bah, oui. Et il y a encore les bosses. »

CINÉMA Régine a fait un film qui s'appelait *Sortie de secours* et qui a fait 32 entrées sur la France. Sur la France ! C'est le record du monde ! Heureusement qu'elle a un peu de famille ! J'ai un copain qui y est allé une fois pour voir le film, il a demandé à quelle heure était la séance, on lui a répondu : « C'est quand vous voulez ! » Évidemment, les bides hein, ça se mesure !

08.09 SAINT ADRIEN

QUI C'EST LE PATRON ? Alors vous, vous pouvez proposer toutes les solutions. Eux, ils disent oui, ou ils disent non ! Comme disait mon père : « L'avenir appartient à ceux qui ont le veto ! »

DÉFINITION *La bigamie, c'est quand on a deux femmes, quand on en a qu'une, c'est de la monotonie.*

PARTAGE DES TÂCHES

C'est une femme qui dit à son mari :
« Allez, feignasse, va faire les courses.
– C'est pas un boulot de mec, ça !
– Alors t'as qu'à faire le boulot de mec !
– Bon, si c'est ça, je vais faire les courses ! »

DÉFINITION *Elvis Presley, c'est comme la margarine, t'en a mangé tout petit et tu peux plus t'en passer.*

SÉCURITÉ ROUTIÈRE Je ne conduis jamais bourré. Enfin, pas à ma connaissance en tout cas.

« Les problèmes du chômage, c'est que les politiciens s'intéressent qu'à eux. Y en a qui, pour briller en société, y mangeraient du cirage, hein ! »

Pensées

« Quand je trouve un mec qui a dit une connerie, je me sers du rire comme d'une arme pour le faire passer pour un con. »

09 · 09

SAINT ALAIN

ALERTE INFO *Alain Delon déclare que les femmes sont folles de lui. À mon avis, les femmes sont folles tout court et Alain Delon n'a rien à voir là-dedans.*

VOL DE NUIT

Un type raconte à son ami :
« J'ai été cambriolé. Le cambrioleur est arrivé au milieu de la nuit, c'est ma femme qui l'a découvert.
– Il a pris quelque chose ?
– Ah oui, je pense bien, il a pris quelque chose : elle a cru que c'était moi qui rentrais en retard ! »

Devinette

Est-ce que vous savez à quel endroit les femmes ont les poils les plus frisés ?

C'est en Afrique.

Pensées

« Pour les impôts, je comprends qu'Alain Delon vive en Suisse, mais pour la vie qu'on y vit, moi, je ne suis pas de son avis. Pour tout l'or du monde, je ne voudrais pas vivre en Suisse. Je veux bien y passer, j'aime bien les gens, mais je ne veux pas vivre dans un pays qui ferme à 21 heures et où on n'a pas le droit de cueillir des cerises sur les cerisiers dans la rue. »

« Alain Delon a déclaré : « Si j'entrais en politique aujourd'hui, je ferais un malheur. » Un malheur, ça serait pas mal parce que les hommes politiques, eux, ils en font des tas, de malheurs. »

« Alain Delon a déclaré : « Si Le Pen avait ma gueule, il serait élu. » C'est bien la preuve que si Alain Delon savait parler, il pourrait faire de la politique. »

10 · 09

SAINTE INÈS

DANS LES ANNALES

Une journaliste d'un grand quotidien, plutôt hostile au comique, vient interviewer Coluche. Le ton ne tarde pas à monter. La journaliste, ulcérée par les propos de Coluche, qu'elle s'est amusée à provoquer, ne tarde pas à se retrouver dans le couloir. Ayant oublié son sac à main, elle revient dans la pièce où se trouve Coluche. Celui-ci est en train de remplir une bouteille d'eau. Téméraire, la journaliste le relance. Coluche, sans hésiter, lui jette le contenu de la bouteille au visage. Le lendemain, tout le groupe auquel appartient ce journal attaque avec virulence le comique. L'aventure fait rire Coluche, qui réplique :

« Le lendemain, j'ai failli lui envoyer des fleurs avec un petit mot : "Je vous ai envoyé de l'eau, voilà les fleurs qui vont avec…" »

Pensée

« Des milliers de gens s'entretuent chaque jour pour des raisons qu'on ignore, et, pour certaines, qu'on ignore moins, mais on laisse faire quand même. »

« Ça se rafraîchit ! » comme on dit quand on a rien à dire !

DÉFINITION *Faire un malheur au théâtre, c'est faire plein de petits bonheurs.*

11 • 09 SAINT ADELPHE

C'EST L'HISTOIRE D'UN MEC…

Un vieux mec sort de la salle de bains et dit à sa femme:
« Ça fait du bien de se raser.
J'ai l'impression de rajeunir de dix ans.
– Alors, répond la femme, rase-toi plutôt le soir avant de te coucher. »

LA QUESTION DU JOUR

« Est-ce que tu sais comment sauver Le Pen de la noyade?
– Non.
– Tant mieux. »

ALERTE INFO *Un Belge s'est tout fait voler dans la rue. Sauf son revolver. Il était bien caché sur lui, les voleurs l'ont pas trouvé.*

DÉFINITION *Les administrations, c'est des endroits où, quand on arrive en retard, on croise ceux qui s'en vont en avance!*

UN PEU D'HISTOIRE Toute notre civilisation repose sur des erreurs, c'est ça qui est formidable. Regarde Dieu, il voulait que ce soit un paradis sur terre, tu te rends compte, l'erreur!

ÉCOLOGIE Greenpeace, ils feraient mieux de s'occuper des moustiques avant de s'intéresser aux baleines!

12 • 09 SAINT APOLLINAIRE

COLUCHE *PAR* COLUCHE

J'ai réussi à dépénaliser le mot « enfoiré ».

SONDAGE La seule chose dont on soit sûr avec les sondages, c'est que dans l'ensemble les sondages prouvent bien que les gens croient surtout ce que les sondeurs pensent!

GONFLÉS AU BLOC! On veut me mettre en prison parce que j'ai traité un flic d'enculé. C'est formidable, je croyais toutes les taules surpeuplées. S'ils commencent à y mettre tous ceux pour qui les flics sont des enculés, va finir par y avoir du monde!

bruit de couloir **Y paraît que homme politique, c'est très facile dans la journée. Le plus dur, la nuit, c'est de dormir avec les yeux ouverts. Parce que y en a qui ont une conscience!**

SERVICE PUBLIC

C'est un rabbin, un rabbin des bois, en ville cette fois, qui sort de la poste. Un de ses copains le croise et lui demande:
« T'as touché un mandat?
– Non, j'ai rempli mon stylo. »

DÉFINITION *Le hockey sur glace, c'est du sport en frigo.*

PUB Avec la capote Nestor, j'suis pas né, j'suis pas mort.

13 • 09 — SAINT AIMÉ

COLUCHE PAR COLUCHE

La télé, à la rigueur je veux bien en faire, mais je veux pas la regarder!

ALERTE INFO

— *Dernière nouvelle : une taxe de 1 franc belge frappera les personnes ivres transportées par les véhicules de police. Ben, pour 1 balle, bourrez-vous la gueule, ça vaut pas le coup de s'en priver.*

Devinette

Tu sais pourquoi il fait pas beau dans le Nord?

Parce que quand le soleil arrive et qu'il voit qu'il pleut, il se casse!

REPLAY

C'est deux personnes, n'est-ce pas, qui sont dans un bistrot, deux personnes dont une est belge, n'est-ce pas, de Bruxelles. Alors, ils regardent le journal de 20 heures à la télé et ils voient une femme montée sur la fenêtre du 6e étage qui crie : « Je vais me jeter, je vais me jeter ! » Un des deux types dit alors :
« Je parie qu'elle va sauter. »
Le Belge lui dit :
« Et moi qu'elle sautera pas. »
Ils parient et la bonne femme saute. Alors le type dit au Belge :
« Bon, alors j'avoue, j'ai triché, je l'avais vu dans le journal de 13 heures !
– Ben, moi aussi, je l'avais vu au journal de 13 heures, répond le Belge, mais je croyais pas qu'elle était con au point d'sauter deux fois, hein ! »

14 • 09 — SAINT CORNEILLE

COLUCHE PAR COLUCHE

On me demande toujours : « Mais comment vous faites pour faire autant de choses ? » C'est parce qu'on me paie, tiens ! Et si on m'envoyait le double de fric pour que je foute plus rien, promis, ça aussi, je le fais !

TRUC

Line Renaud, elle a trouvé une combine pour les rides, pour se tendre la peau du visage, elle porte plus de soutien-gorge.

Pensée

« Si Dieu n'existait pas, les catholiques l'auraient inventé. »

GORGE PROFONDE

C'est une femme qui essaie une robe et demande à la vendeuse :
« Vous ne pensez pas que c'est un peu trop décolleté ?
– Oh non, ça va. Est-ce que vous avez du poil sur la poitrine ?
– Non, pourquoi ?
– Bon, alors, c'est effectivement trop décolleté… »

ALERTE INFO

— *Un Tunisien tabassé dans un car de police. Le flic dit pour sa défense : « Je ne me souviens pas d'avoir entendu M. Didi crier sous les coups. » C'est ce qui s'appelle taper comme un sourd.*

15 • 09

SAINT ROLAND

• CONSEIL DU JOUR •

Elle a grossi, hein, Elizabeth Taylor ? Moi, je serais elle, déjà j'arrêterais de prendre mes aspirines dans de la mayonnaise.

REVUE DE PRESSE Après une pétition d'aveugles, *Playboy* vient de sortir aux États-Unis sa première édition en braille. Je me demande à quel endroit ils ont mis les trous.

Histoire belge

C'est un Belge qui rentre chez lui et sa femme lui dit : « Je suis embêtée, je me suis mis le thermomètre et après je me suis assise : il est rentré ! » Et le Belge lui répond : « Oh, ne te fais pas de souci, ça ne coûte pas grand-chose, un thermomètre… »

PRIS DE COURT C'est pas de sa faute non plus à Pecci s'il a perdu contre Bjorg. Tu as vu l'ambiance qu'il y avait là-bas, à Roland-Glabros ? Les gens, ils criaient : « Pète chie, pète chie, pète chie ! », mon vieux, le pauvre, il savait plus quoi faire !

Pensée

« Le mal du siècle, c'est la connerie. »

DÉFINITION *Un homme politique de gauche, maintenant, c'est un mec qui traite convenablement ses domestiques.*

16 • 09

SAINTE ÉDITH

PÉTARD MOUILLÉ Je ne suis pas fait pour le bateau à voile. Ça penche toujours d'un côté ou d'un autre, pas moyen de se rouler un pétard sans en mettre la moitié à côté.

DANS LES ANNALES

- *Coluche à Roland Giraud : « Ah ouais, t'es croyant ! Alors de quoi on va parler ? C'est con, t'étais sympa ! »*
- *Pendant mon service militaire, mon corps d'armée, c'était la prison.*

COLUCHE *PAR* COLUCHE

Je fais deux régimes en même temps, parce que, avec un seul, j'avais pas assez à manger.

ALERTE INFO *On apprend qu'un animateur de TV suisse s'est endormi hier soir à l'antenne ! Il devrait faire un direct de son lit : ça lui reposerait les jambes !*

bruit de couloir

Il paraît qu'il y a sur Terre une femme qui donne naissance à un enfant toutes les deux secondes. Il faut absolument la trouver pour l'empêcher de continuer !

Pensée

« Je ne parle pas le japonais, non, enfin juste assez pour prendre une baffe ! »

17 • 09

SAINT RENAUD

FAIT MAIN Il écrit bien, hein, Renaud ? Tout à la main. C'est beau, l'artisanat.

Devinette

La raison des cohabitations ?

Droite et gauche s'entendent mieux entre elles que gauche entre gauche, et droite entre droite.

Pensée « Franchement, si j'avais dû faire journaliste, comme métier, je ne l'aurais pas fait. Ou je l'aurais fait autrement. Il y a tout à changer, là-dedans. »

ZOO LOGIQUE

C'est deux jeunes starlettes qui sont devant deux vieux singes au zoo, deux vieux singes mâles, avec des cheveux blancs, deux pauvres vieux singes, comme ça, ils sont là, gnein, gnein, ils font des grimaces, ils mâchonnent une vieille cacahuète, ils ont les ch'veux blancs, tout ça et y en a une qui dit à l'autre : « Regarde, c'est formidable, il ne leur manque que l'argent ! »

COLUCHE *PAR* COLUCHE

« J'ai été condamné à faire soixante heures de spectacle gratuites dans les maisons de vieux. C'est mon travail d'intérêt général. Si je fais appel, on remplacera ça par soixante heures de jardinage.
– Ils te l'ont dit ?
– Non. Mais les feuilles mortes se ramassent à l'appel ! »

18 • 09

SAINTE NADÈGE

Gastronomie

Les champignons les plus dangereux sur le marché, on les trouve dans les voitures, sur la pédale de droite.

Devinette

Le papa et la maman sont au lit, la bougie brûle, qu'est-ce qu'y font ?

C'est la bougie qui fond.

ALERTE INFO *Tiens, une information ! Les Boeing ont tué 2 000 personnes en 1985, la société Boeing reconnaît une faiblesse à la queue. Le syndrome du Boeing, c'est la queue qui se détache ! En tout cas, leurs Boeing, y feraient pas mal de les tester s'ils veulent pas qu'on les déteste.*

CON, COURT, CANIN

C'est une bonne femme qui entre dans un taxi avec un chien. Un colley, vous voyez, un colley monté mais dans le taxi cette fois. Le chauffeur, genre gros baraqué, moustache, les melons dans le pantalon, se retourne et demande :
« Où est-ce que j'emmène cette chienne ?
– Ce n'est pas une chienne, répond la dame, c'est un chien.
– Je sais. C'est à lui que je parle. »

LES RISQUES DU MÉTIER La médecine est un métier dangereux. Les clients qui ne meurent pas peuvent porter plainte.

COLUCHE *PAR* COLUCHE

J'ai jamais été grand. J'ai d'abord été petit, puis j'ai tout de suite été gros.

19·09 SAINTE ÉMILIE

Pensées « Les Français, ils font de la politique quand il y a des élections, une moitié est de droite, l'autre moitié est de gauche, mais en dehors des élections, les Français, ils sont ni de droite ni de gauche, ils sont français et ils s'en foutent de la politique ! »

« Je suis pas antisioniste. Avec tous les imprésarios que je me trimballe... tu les mettrais bout à bout sur des roulettes, ça fait quand même un train ! »

Gastronomie

« Allez, hop, à la diète ! Ça fait une semaine que je bouffe plus que du poisson ! C'est super !
– Et t'as maigri ?
– Pas d'un gramme, mais j'ai beaucoup moins peur de l'eau ! »

ÇA COÛTE UN BRAS Perdre des kilos dans une salle de sport, je vois pas. À moins de se faire arracher un bras par une machine, évidemment.

Devinette

Vous savez la différence qu'il y a entre Hitler et Napoléon ?

Vous savez pas ? Ben, les mecs, je vous conseille pas d'aller en vacances en Corse !

QUALITÉS DES FAUX

« J'ai eu la visite de deux faux policiers hier soir !
– Comment tu as su qu'ils étaient faux ?
– Facile. Ils étaient sympathiques, sobres, attentionnés et agréables. »

20·09 SAINT JEAN-CHARLES

Pensée « Comme dirait Le Pen : œil-de-perdrix, dix de retrouvés ! »

VUE IMPRENABLE

C'est l'agent immobilier qui dit à Moshé : « Vous êtes fou de vouloir vendre votre maison ce prix-là ! Votre voisin vend son château moins cher.
– Oui, mais des fenêtres de son château, qu'est-ce qu'on voit ? Mon tas de merde. »

COLUCHE *PAR* COLUCHE

• Entre être gracieux et être drôle, j'ai fait mon choix.

• C'est vrai que je ne plais pas à tout le monde. Mais quand je vois à qui je ne plais pas, je me demande si ça me dérange vraiment. J'en suis même très souvent content.

FOOTBALL Est-ce que tu te rends compte que le football est un sport qui théoriquement se joue aux pieds et qu'il est hors de question qu'un footballeur porte des lunettes ! Parce que les morceaux de verre dans les yeux, une fois qu'on t'a mis un coup de poing dans la gueule, c'est très dur à enlever !

CRISE DU LOGEMENT Regardez maintenant l'augmentation des loyers ! En France, on va devenir très très balèze. Le matin, t'y passes, y a les fondations de l'immeuble. Le soir, tu reviens, y a déjà les premières expulsions des mecs qu'ont pas payé leur loyer.

21 • 09

SAINT MATTHIEU

COLUCHE *PAR* COLUCHE

• Ça change la vie, d'être vedette. Énormément. Vous n'avez pas moins d'amis, mais davantage d'ennemis.

• Ceux qui me reprochent de me moquer des infirmes sont ceux qui voudraient que les infirmes n'existent plus. Moi, en rigolant, je dis qu'ils existent.

• Avec la tronche que j'ai, je peux me permettre d'être très méchant sur scène. On pardonne tout à un bon petit gros.

LA QUESTION ? DU JOUR

Est-ce que deux hommes peuvent avoir un enfant? Non, mais les expériences se poursuivent.

• CONSEIL DU JOUR •

La meilleure solution pour draguer une gonzesse, c'est de vous assurer le plus vite possible qu'elle veut à tout prix vous sauter et, à partir de ce moment-là, laissez-vous faire mais pas trop facilement!

Devinette

Tu sais quand on peut commencer à avoir des doutes sur sa femme?

Quand on habite Rouen, qu'on déménage à Montélimar et qu'on a toujours le même facteur!

% STATISTIQUE

17 % des femmes ne portent pas de culotte. Enfin, d'après des marchands de chaussures...

ALERTE INFO

Tiens, le Milieu a tué un parrain! Oui, c'est bien. Mais deux par deux, ça irait plus vite.

22 • 09

AUTOMNE

C'EST L'HISTOIRE D'UN MEC...

C'est un mec qui est chez le docteur. Il voulait pas y aller mais bon, sa femme, tout ça, bref, il y est. Le docteur lui dit: «J'ai le résultat de vos analyses! Pas brillant, hein. Il faut tout de suite arrêter de boire, de fumer, vous coucher tôt...
– C'est bon, c'est bon, j'ai compris, ma femme est passée par là.»

ÉCONOMIE

Depuis que les Américains ont ralenti l'importation, on a des problèmes de production de brie. On fait trop de brie, paraît-il. Ce qui est pourtant formellement interdit, surtout après 22 heures!

LA QUESTION ? DU JOUR

**«Mon amour, pourquoi te mets-tu toujours à la fenêtre quand je chante?
– Mais, ma chérie, pour pas que les voisins croient que je te tape dessus.»**

RÉTROGRADE

Jusqu'ici les femmes n'avaient que le droit de se taire et maintenant on parle de le leur retirer!

POISSARD

C'est un type qui arrive en taule. Enfin, lui, il arrive en chair et en os mais en taule. Son compagnon de cellule lui demande: «Pourquoi t'es là, toi?
– On s'est aperçu que l'État fabriquait les mêmes billets de banque que moi!»

• CONSEIL DU JOUR •

Moi, je crois que si on nous donne le choix entre deux choses, le mieux à faire, c'est de prendre les deux.

23·09

SAINT CONSTANT

Pensées

« Du point de vue des critiques, un artiste a toujours un succès disproportionné à son talent. »

« Beaucoup d'artistes prennent la grosse tête. N'empêche que ceux qu'on applaudit le plus, ça reste les moustiques. »

TRADITION FAMILIALE Quand les gangsters ont relâché le baron Empain, il a été obligé de prendre le métro. Ce sont ses grands-parents qui ont financé en grande partie le métro en 1900. Il a eu de la chance. Si sa famille avait investi dans le canal de Suez, il aurait été obligé de rentrer à la nage !

OPTIMISME De quoi on se plaint ? Le monde va très bien ! Évidemment, y a des guerres, y a de la famine ! Mais la guerre, c'est l'hygiène du monde, hein ? Et puis l'horreur est humaine. Tout le monde sait ça !

Gastronomie

Les seuls problèmes des hommes politiques, c'est de savoir qui aura le couteau, qui aura la fourchette. Là où ils sont tous d'accord, par contre, c'est pour bouffer dans votre assiette.

Devinette

Combien vous croyez qu'y a de gens qui travaillent à la Sécurité sociale ?

Un sur quatre ! Et j'suis large !

24·09

SAINT ANATOLE

DANS LES ANNALES

- *Enfant, je croyais que ma grand-mère était sourde. Je lui criais dans les oreilles, elle ne répondait jamais. Puis on m'a appris qu'elle était muette !*
- *J'ai eu du bol, parce que ma mère me disait toujours : « Arrête de dire des conneries ! » Et tu vois, si je l'avais écoutée…*

AGENDA BIEN REMPLI

C'est un homo complètement sexuel celui-là, par-devant et surtout par-derrière, qui dit à un de ses copains :
« Ah, ma vieille, les affaires marchent terrible en ce moment. J'ai même plus le temps de péter. »

Pensées

« L'art dramatique est le seul qui porte bien son nom. Parce que c'est vraiment dramatique. »

« À 20 heures, à la télé, quand tous les pauvres sortent du travail, on ne peut pas dire toute la vérité. Sinon, la majorité n'irait pas travailler le lendemain. »

LES TEMPS CHANGENT Avant ils avaient *La Joconde*, aujourd'hui on a La Vache qui rit.

PRÉCISION Si jamais vous avez couché avec une bonne sœur de moins de 60 ans, c'était un pingouin.

CHAUFFARD DE TAXI Je me suis fait rentrer dedans par un taxi qui roulait à fond. J'ai pas eu de cul, hein, pour une fois qu'un taxi roulait vite !

25•09

SAINT HERMANN

Histoire belge

C'est un Belge qui drague une de ses compatriotes.
Il lui dit:
« Et si on allait chez vous ?
– Ah ben, c'est pas possible, j'ai mon cycle.
– Tant mieux, moi, j'ai mon Solex ! »

• CONSEIL DU JOUR •

J'ai un conseil à donner aux automobilistes qui veulent garder leur voiture en parfait état jusqu'à la fin de leur vie : roulez bourrés. En roulant bourré, votre voiture sera comme neuve jusqu'à la fin de vos jours, mais la fin de vos jours risque d'être rapide !

ON FERME ! Accusée de tenir un hôtel borgne, elle déclare que depuis qu'elle avait perdu un œil, elle ne pouvait plus trop surveiller ce qui se passait chez elle, et préférait fermer l'autre œil.

COLUCHE *PAR* COLUCHE

• Si on voulait me décerner la Légion d'honneur, j'irais en slip pour qu'ils ne sachent pas où la mettre.

• « Coluche, tu aimes les bêtes ?
– Oui. Mais pas toutes. J'aime principalement les bien cuites, les chevreaux, les lapins. »

Pensée

« Une pour le métro parisien : comme disait Réaumur, Sébastopol, pas de nouvelles, Bonne-Nouvelle ! »

26•09

SAINTS CÔME, DAMIEN

INDULGENCE

« Je vous demanderai d'être souriant parce que le chirurgien se fait du souci pour vous.
– Oui, mais c'est la première fois qu'on m'opère !
– Oui, mais lui aussi, c'est la première fois qu'il opère… »

Devinette

Qu'est-ce qu'il y a comme différence entre Moshé et la marine ?

Y a pas de différence, la marine marchande et Moshé aussi.

AMNÉSIE

Je me souviens d'un mec qui disait à une bonne femme :
« C'est marrant, je ne vous remets pas.
– Ben, fallait pas commencer ! »

FAIT DIVERS Une femme tue son mari à cause du Mondial. À mon avis, elle avait une autre idée derrière la tête. Elle avait surtout un fusil à la main, ce qui est très très grave.

CHACUN MON GENRE Je vais jamais dans les chiottes des mecs. Quitte à aller aux toilettes, autant rencontrer des gens qui sont pas de ton sexe !

« Comme y diraient les Suisses, quand on voit ce qu'on voit, et qu'on entend ce qu'on entend, ben, on a raison de penser ce qu'on pense ! »

Pensées

« Si on en profitait pour s'emmerder à chaque fois que c'est triste, eh bien, ça ne serait pas gai ! »

27 • 09

SAINT VINCENT DE PAUL

CLICHÉ

C'est une femme qui va dans un garage acheter une voiture d'occasion et qui dit au vendeur: «Allez-y, je n'ai pas de culotte.»
Le mec, surpris, lui dit:
«Mais enfin, madame!
– Quoi? On m'a dit que dans les garages on se faisait toujours baiser...»

Pensées

« Deux sortes de gens me font rire: ceux qui le font exprès et ceux qui font sérieusement des choses sérieuses. »

« Quand un artiste dit qu'on ne lui a pas donné sa chance, il devrait aussi compter le nombre de fois où la chance s'est déplacée pour rien. »

♥ ÇA DATE! ♥

27 SEPTEMBRE 1985
Célébration du faux mariage de Coluche et de Thierry Le Luron.

ENGAGEMENT SOLENNEL

À la veille du mariage, le promis dit à la promise:
«Je dois te prévenir que j'ai un problème: je suis jaloux sans raison.
– T'inquiète pas, lui dit-elle, avec moi, tu auras des tas de raisons!»

FOOTBALL « Tu sais que la France a gagné 5 à 0 hier?
– Mais ils n'ont pas joué!
– C'est pas grave. Quand on est supporter, on est de mauvaise foi! »

28 • 09

SAINT VENCESLAS

CACHE-MISÈRE

C'est une dame qui a offert à son mari une très vilaine cravate, comme on n'en fait plus, qu'on croirait, si tu veux, qu'un oiseau a chié dessus, et alors elle lui dit:
«Mais alors, qu'est-ce que tu comptes mettre avec une si belle cravate?
– Une grande barbe, pourquoi?»

Pensée

« On envoie toujours des mecs de l'armée pour libérer d'autres gens, mais il y a des mecs dans l'armée qui y sont de force aussi ! Il y a même énormément de mecs qui sont de force dans l'armée ! Déjà, il y a tous ceux qui n'ont pas de qualifications et qui n'ont pas voulu entrer dans la police. Et à ceux-là, je tire mon chapeau ! »

IDÉE DÉCO On m'a offert un poster de Jean-Luc Lahaye. Plus un poster gênant qu'un poster géant. Enfin, quand on voit sa tête, une chose est sûre, c'est un poster rieur!

DÉGOÛT ET DES COULEURS Je ne suis pas d'accord avec ce qu'on dit, je trouve, moi, que le marron est une jolie couleur. C'est juste l'odeur qui est gênante.

LES DENTS DU BONHEUR Yannick Noah, lui, il a de belles dents, il est tranquille, il peut manger une pomme à travers une raquette.

29·09 SAINT MICHEL

ÉCHANGE DE BONS PROCÉDÉS

« Coluche, bravo pour votre émission, c'est plus drôle que Drucker!
– Oh! vous savez, on a un accord: Drucker, il essaie pas d'être drôle, et nous, on n'essaie pas d'être chiants! »

LES NOIRS ET BLANC

Michel Blanc vient de tourner *Marche à l'ombre*. C'est normal, Blanc, y va pas aller marcher au soleil s'il veut rester Blanc! Nan, je déconne, mais pendant le tournage des *Bronzés* en Afrique, les Noirs l'avaient surnommé l'« homme sans nom ». Tu penses, Michel Blanc!

Pensée « Le fait qu'on élise président celui qui était ministre des Finances... Ce sont les taulards qui élisent un geôlier pour remplacer le directeur qui est mort! »

COLUCHE PAR COLUCHE

Ce que je déteste par-dessus tout: le passé, l'Histoire.

Caractères historiques que je méprise: les militants.

Le fait militaire que j'admire le plus: la désertion ou l'armistice.

La réforme que j'estime le plus: la réforme des conscrits.

Le don de la nature que je voudrais avoir: voler.

Comment j'aimerais mourir: pas du tout ou très vieux.

État présent de mon esprit: encombré.

Fautes qui m'inspirent le plus d'indulgence: les fautes d'orthographe.

Ma devise: j'emmerderai la droite jusqu'à la gauche.

30·09 SAINT JÉRÔME

BELLES LETTRES

C'est un type qui vient d'avoir le prix Nobel de littérature. Rien à voir avec Sacha Distel, hein. Il reçoit une lettre dans laquelle on lui demande: « Que faut-il faire pour obtenir le prix Nobel de littérature? »
Il répond: « Il faut écrire. »
Seconde lettre: « D'accord, mais à qui? »

ENFOIRÉS, EXCUSEZ-LE!

**« Qu'est-ce que vous pensez des mots croisés, Coluche?
– Je suis pour les croisements, les Noirs et les Blancs, il faut que ça se mélange, comme ça, on sera plus emmerdés! »**

TÉLÉ ET RÉALITÉ

C'est ça le problème à la télévision! il y en a tout le temps qui gueulent: « Oh, on passe des films cochons avec le carré blanc en travers, ah, on passe des films de violence, tout ça! » Mais qu'est-ce tu veux faire, dans un pays où les flics violent dans les commissariats, c'est pas la peine d'interdire la télé!

Pensée « Si la méchanceté suffisait pour faire fortune, il y a beaucoup de journalistes qui seraient célèbres. »

ÉCONOMIE

L'économie française est mise en déséquilibre par les grèves ouvrières, donc la solution, pour sauver la France, est de supprimer les ouvriers.

OCTOBRE

COLUCHE PRESIDENT

01 · 10

SAINTE THÉRÈSE DE L'ENFANT JÉSUS

CUMULARDE

Une femme rentre chez elle et dit à son mari :
« J'ai emmené ma mère chez l'opticien, elle est presbyte.
– Oh ben, merde, déjà qu'elle était casse-couilles ! »

PAIR ET MANQUE Y a un émir arabe qui jouait 5 briques à la fois à la roulette au casino. Il a joué tout sauf le 18. Et c'est le 18 qui est sorti ! Comme quoi, les croupiers, ils font pas ce qu'ils veulent.

ALERTE INFO *Les petits Chinois auront des cours d'éducation sexuelle : cette décision a été prise au Parti, premières concernées.*

DÉFINITION ***L'intelligence, c'est pas sorcier, il suffit de penser à une connerie et de dire l'inverse.***

SALAIRE FICTIF

Eh bien, une prostituée est arrivée aujourd'hui au commissariat… Police se goure, comme d'habitude. Et elle dit au commissaire :
« Eh bien, voilà, j'ai été violée !
– M'enfin, comment est-ce que ça se peut ? Une prostituée violée ?!
– Si, si… on m'a donné un faux billet ! »

Pensée

« On dit qu'il vaut mieux faire envie que pitié, mais il est pas rare de s'apercevoir que, en général, on fait envie à ceux qui font pitié ! »

02 · 10

SAINT LÉGER

COLUCHE *PAR* COLUCHE

Coluche au théâtre du Gymnase, moi je déconseille aux gens d'y aller. C'est pas drôle du tout ! J'y suis allé hier, mais c'est pas drôle ! Écoutez, c'est pas dur, au début du spectacle, je me suis mis dans la salle et j'ai attendu. Il n'y a rien eu ! Rien ! Tu ne vas pas me croire, mais pour que les gens se marrent, il a fallu que j'aille sur scène !

BON SENS

C'est un gosse qui rentre de l'école et son père lui dit :
« Mais, pourquoi t'as toujours zéro ?
– Ben, c'est parce qu'y a rien d'plus bas comme note. »

ARTS J'aime les poèmes en vers. C'est ma couleur préférée !

DISCRIMINATION Greenpeace est une organisation antisémite : elle s'attaque aux fourreurs.

ARRIVISTE Récemment, une femme se plaignait à la direction d'Air France d'avoir été violée pendant le viol, euh, le vol par un steward. On lui a répondu : « Écoutez, vous étiez en classe économique, vous vouliez quand même pas être violée par le commandant ! »

03 • 10 SAINT GÉRARD

OÙ TU IRAS, J'IRAI

C'est une bonne femme à la gare qui dit: «J'voudrais un billet pour Villefranche.
– Villefranche-sur-Lot, sur Isère, sur qui?
– Peu importe, de toute façon, mon mari vient m'chercher à la gare.»

PROGRÈS MÉDICAUX Mais oui, monsieur, mais oui: on peut opérer sans anesthésie. Avec des boules Quiès!

•CONSEIL DU JOUR•

Un conseil pour les chômeurs: le franc flotte, nagez la bouche ouverte!

VASES COMMUNICANTS Pour ces messieurs, la moralité devient rigide quand le reste ne l'est plus.

SPORT Des progrès dans le sport en Belgique au championnat de natation, pour la première fois cette année, il n'y a pas eu de noyé.

DÉBRIEFING

«Une auditrice qui nous appelle d'où?
– De La Réunion!
– Et alors, il y a du monde à La Réunion?
– Plein!
– Et qu'est-ce que vous avez décidé?»

04 • 10 SAINT FRANÇOIS D'ASSISE

LA PETITE BÊTE QUI MONTE

C'est une histoire vraie, j'avais une copine qu'habitait à côté du Jardin des Plantes. Et un jour, y a un iguane qui s'est échappé et il est entré dans la chambre de ma copine, par la fenêtre. Il est monté au mur, un iguane, c'est son métier, il est monté au mur et il est entré dans la seule chambre qu'était ouverte et il s'est mis sous le lit. Et dans le journal, il y avait un entrefilet: «Mademoiselle Untel, quelle ne fut pas sa surprise de rencontrer dans sa chambre le soir en se déshabillant un gros iguane.»

Et elle a reçu des lettres immondes de mecs qui disaient: «Moi, j'en ai un d'iguane si tu veux voir, viens, il est comme ça, il est gros comme ça, il a des yeux qui bougent, il a des pattes qui font cricrik.» Elle a reçu des lettres odieuses de mecs qu'avaient tous un iguane à fourguer. «Le mien, il est vert, il change de couleur, faut pas le mordre», etc., enfin, tu vois, des lettres à base d'iguane, quoi!

MAIGRE DOUX La pauvre avait le clitoris comme un cornichon. Pas aussi gros. Aussi maigre.

FOOTBALL Depuis que le PSG caracole en tête du championnat de France de football, les supporters parisiens ont retrouvé une bonne raison de se bourrer la gueule. Ils en trouveront une autre si les résultats sont moins bons.

05 · 10

SAINTE FLEUR

LIGNE À HAUTE TENSION

C'est un type au Chili qui appelle un copain. Il lui dit :
« Tu as vu ce qu'il y a dans le Journal officiel ?
– Non, quoi ?
– Laisse, je peux pas te le dire au téléphone. »

bruit de couloir

On dit que, si jamais y en a un qui meurt, dans l'Administration, sur le lieu de service, il faut lui retirer les mains des poches pour faire croire à un accident du travail !

DANS LES ANNALES

Moi, la seule chose qui me fasse rire dans « le schmilblick », c'est que j'en aie vendu tant que ça !

LA ROUE DE LA FORTUNE J'avais un copain au théâtre, tous les soirs il faisait un tabac et puis après il passait à la caisse. Et puis il y a des mecs qui sont venus, ils lui ont raflé la caisse et ils l'ont passé à tabac !

PRIÈRE Au nom d'une paire, du fisc et des simples d'esprit, ainsi soit-il !

COLUCHE *PAR* COLUCHE

C'est marrant à constater parce que finalement, Coluche, il est plus connu que moi !

Pensées

« Les premiers, ils sont faciles à compter sur les doigts du pouce. »

« Ce que je pense des prostituées ? Plus elles sont belles, mieux je me porte ! »

06 · 10

SAINT BRUNO

DÉFINITION *La bigamie, c'est quand on a une femme de trop. La monogamie aussi, voilà !*

IDÉE

Pour rétablir nos finances, il faut déclarer la guerre à la Suisse, puis la perdre afin d'être envahis et de disposer enfin d'une monnaie forte.

Pensées

« Tous les mecs qui croient en Dieu croient que c'est le seul. C'est même de là que vient l'erreur. »

ALERTE INFO

Vous savez que les hommes politiques et les journalistes ne sont pas à vendre. D'ailleurs, on n'a pas dit combien.

« Au Liban, je ne comprenais pas ce qui se passait. J'ai été me renseigner, maintenant, c'est officiel : je n'ai rien compris ! »

« C'est complètement ridicule de gagner de l'argent sans avoir le temps de le dépenser ! Mon imprésario a beau me dire que c'est pour le principe, pas pour l'argent, mais lui, son principe premier, c'est l'argent, alors ! »

CANISETTE

C'est l'histoire d'un chien qui court dans le désert comme un dingue. Au bout d'un moment, complètement à bout de souffle, il dit :
« Putain, si je trouve pas un arbre dans les cinq minutes, je vais me pisser dessus ! »

07 · 10

SAINT SERGE

ALTRUISTE Serge Gainsbourg, il fait des mélodies pour plaire à ceux qui aiment ses mélodies, et il se rase pas, il est bourré, pour faire parler tous ceux qui le détestent.

GONFLÉ

C'est Gainsbourg qui rentre à la maison avec deux pneus neufs et Jane Birkin lui dit : « Mais tu es fou ! Tu sais bien qu'on n'a pas de voiture !
– Et toi, tu portes bien des soutiens-gorge ! »

DÉFINITION
Serge Gainsbourg, c'est toujours métro-goulot-dodo !

DANS LES ANNALES

Sacré meilleur acteur masculin pour Tchao Pantin *lors de la cérémonie des césars, Coluche monte sur scène et s'empare du micro :*
« Franchement, je croyais m'emmerder en venant là. Puis je me suis vachement marré, j'ai pas dormi parce que j'étais à côté de Gainsbourg. C'est dommage que les spectateurs étaient pas tous à côté de Gainsbourg. »

Devinette

Vous savez la différence entre Serge Gainsbourg et un chameau ?

Le chameau peut travailler huit jours sans boire, alors que Gainsbourg peut boire huit jours sans travailler.

08 · 10

SAINTE PÉLAGIE

C'EST L'HISTOIRE D'UN MEC...

C'est un mec qui se réveille avec une gonzesse qu'il a emballée la veille. Elle lui dit :
« Bouge pas, chéri, j'vais t'faire le café. »
Il dit rien, genre pas causant, elle lui apporte, il le goûte et lui dit :
« Ah, tu sais pas faire le café non plus ? »

IDÉE
Le PDG d'une entreprise anglaise offre 10 000 francs de prime aux employés qui lui donneront le meilleur moyen de faire des économies !
Tiens, j'en ai un : qu'il commence par abaisser la prime à 5 000 francs !

Pensées

« L'histoire se répète, c'est dommage que ce soit nous qui payions les répétitions. »

« J'ai toujours pensé qu'il fallait être gros pour réussir ! En France, seuls les gros sont marrants. »

LA QUESTION DU JOUR

Quel autre candidat que moi peut patronner des affiches sur lesquelles il est recommandé de se bourrer la gueule, de baiser la femme de son voisin et de fumer du hasch ?

09 · 10 SAINT DENIS

REVUE DE PRESSE Comme d'habitude, les hommes politiques ne disent rien et la presse fait plusieurs jours avec !

RÉACTIVITÉ

C'est une compagnie d'assurances qui écrit à un type : « Monsieur, votre magasin a pris feu à 12 heures, alors que vous aviez contracté une assurance à 9 heures, pouvez-vous m'indiquer la cause de ce retard ? »

PRÉVOYANCE Je jette le plus vite possible les journaux et les vieux papiers parce que j'ai pas l'intention de vivre longtemps.

CINÉMA Je préfère le cinéma américain. Chez nous, c'est habituel de penser qu'il est normal qu'il y ait une demi-heure de chiant dans un film.

GÉOGRAPHIE C'est tout petit, la Belgique, tu fais un excès de vitesse, t'es déjà à l'extérieur…

DÉLINQUANCE Le fils de Mesrine rentre de l'école avec un mot de son professeur : « Monsieur, je suis obligé de renvoyer votre fils, il a tué un gosse en chahutant dans la cour. » Attention, hein, ça commence comme ça, et puis après, on vole et on finit par sortir avec les filles !

10 · 10 SAINT GHISLAIN

ENGAGEMENT Je donnerai satisfaction à la revendication essentielle du syndicat des dindes CGT : le droit à un treizième marron dans le cul.

TRADITION Les charbonniers, ils épousent toujours des brunes, parce que les blondes, c'est salissant.

Histoire belge C'est un Belge qui a battu le record des 100 mètres : il vient de courir 102 mètres.

ALERTE INFO *Aux États-Unis, l'État a acheté un canon de plusieurs millions de dollars qui n'a encore jamais atteint sa cible. C'est ce qu'on appelle de l'obus de confiance, non ?*

DANS LE PANNEAU Voilà la France ! Un jour, vous prenez une contravention pour « stationnement gênant » : le lendemain, au même endroit, il y a un parcmètre, le stationnement n'est plus gênant ! Et les gens marchent ! Moi, j'attends que ça m'arrive pour faire un procès !

LITTÉRATURE « Sur une île déserte, vous emporteriez des livres ?
– Je ne sais pas, je n'ai aucune crainte que ça m'arrive ! D'ailleurs, les îles désertes, ça n'existe plus, il n'y a plus que la question qui existe ! »

11 • 10 SAINT FIRMIN

LA POSTE FAISANT FOI

« Dites-moi, madame, je peux vous écrire, vous êtes poste restante ?
– Non, je suis catholique. »

• CONSEIL DU JOUR •

Mesdames, un conseil : si vous cherchez un homme beau, riche et intelligent, n'hésitez pas, prenez-en trois !

DÉFINITION ***La popularité, c'est comme le parfum. Un peu, c'est agréable. Faut pas tomber dans le bocal. Sinon, ça devient une odeur. On la trimbale partout.***

SOULAGÉ Je suis gros, hélas, je suis le désespoir de ma jeune épouse. Au début, je croyais qu'elle avait mauvais goût, puis finalement je lui ai posé la question : physiquement, elle m'aime pas du tout. Alors ça va.

DOUBLE JE

C'est deux jumeaux qui viennent voir un médecin, il les ausculte, il dit : « Dites soixante-six ! »

bruit de couloir **On aurait versé au gouvernement nigérien 25 millions de dollars pour la signature d'un contrat : l'argent au noir prend des proportions considérables dans ce genre d'affaires.**

12 • 10 SAINT WILFRIED

UN MARI IDÉAL

Y a une bonne femme qui dit à une autre : « J'voudrais un mari qui boive pas, qui soit toujours d'accord et qu'ait beaucoup de conversation.
– Achète-toi un téléviseur. »

Devinette

Vous connaissez les trois fêtes juives les plus importantes ?

Le Yom Kippour, Rosh Hashana et le Salon du prêt-à-porter.

ÊTRE ET AVOIR ÉTÉ La course des garçons de café, ça existe encore ? Il suffit d'aller boire un coup pour s'apercevoir que les mecs s'entraînent plus beaucoup !

LACUNE On parle souvent du boulevard des Filles-du-Calvaire mais on parle pas souvent du calvaire des filles du boulevard !

COLUCHE *PAR* COLUCHE

Les filles, c'est mon pognon qu'elles aiment, pas mon gros bide. Et même si j'ai assez de charme pour leur faire oublier mon gros bide, j'en aurai jamais assez pour leur faire oublier mon pognon.

DÉFINITION ***Sécurité et liberté, c'est plus ou moins : plus de sécurité pour les riches, moins de libertés pour les pauvres !***

ON PEUT PAS TOUT AVOIR Tout le monde n'a pas d'humour, hein. Y en a qui ont des képis !

13 • 10

SAINT GÉRAUD

ASTUCE

À un mariage, « Vive l'avariée ! », un mec surprend le marié planqué dans un coin, il est en train de peindre son sexe en jaune, jaune banane évidemment.
« Pourquoi tu fais ça ? » demande le copain.
« Eh ben, comme ça, si elle me demande pourquoi c'est jaune, je saurai tout de suite qu'elle en a déjà vu d'autres. »

QUESTION DE POINT DE VUE

Quand on vient du ras du sol, on a une vision de la pyramide qui est différente de celle qu'on peut avoir lorsqu'on se trouve au sommet.

• CONSEIL DU JOUR •

Les autographes, faut en prendre bien soin, parce que ça sert strictement à rien.

DÉFINITION ***Les sondages, c'est pour que les gens sachent ce qu'ils pensent.***

Pensées

« Quand on commence à avoir du blé, ce qui est impressionnant, c'est les dix premiers milliards. Après, on s'habitue vite. »

« Le violon, pour les aveugles, faut se méfier. Paraît que c'est très dangereux, le violon... Ben, t'as pas vu dans le métro, y a que des aveugles qui jouent ! »

« Dans les bistrots, on rencontre souvent des gonzesses qu'ont un teint de pêche : jaune et poilu. »

14 • 10

SAINT JUSTE

LE PETIT OISEAU VA SORTIR

C'est un homosexuel qui raconte :
« Je me suis beaucoup amusé la semaine dernière, j'ai eu des rapports avec un curé !
– C'est pas possible ! Mais comment ça s'est passé ?
– Dans la rue !
– Non ? Dans la rue ? Mais comment t'as fait ?
– Ben, j'me suis mis sous sa soutane à quat' pattes.
– Et alors, les gens qui passaient, qu'est-ce qu'ils disaient ?
– Ils disaient : "Souris, y a un photographe !" »

DÉSYNCHRO

La télévision française s'est aperçue que Sartre était vivant... le jour de sa mort !

COLUCHE *PAR* COLUCHE

- J'aime jouer du violon avec des gants de boxe. Parce que quand on les enlève, c'est plus facile.
- C'est un réflexe de timidité pour moi de faire le clown.
- Quand je serai grand, je voudrais être vieux !

VOCABULAIRE

Avant, le cancer, on disait pas le cancer, on disait une longue maladie. Le chômage, lui, est en train de crever d'un long délai.

DÉFINITION
Un alcoolique, c'est quelqu'un que vous n'aimez pas et qui boit autant que vous.

15 • 10

SAINTE THÉRÈSE D'AVILA

COLUCHE *PAR* COLUCHE

Je joue de 8 instruments… mais mal. Je finirai chanteur. J'ai un projet avec une bande de mecs ringards, pour quand je serai vieux. À 60 ans, on créera un orchestre de rock qu'on appellera d'ailleurs « Les Ringards ».

TRUC Une très bonne combine pour vous éviter de vous ronger les ongles : faites-vous arracher les dents.

Pensée « Le travail, c'est pas un but dans la vie. Le but, c'est quand même d'arriver à rien foutre ! Je comprends pas pourquoi on me demande toujours pourquoi je veux arrêter. Moi, ce que je me demande, c'est pourquoi je continuerais. »

Gastronomie

La cuisine anglaise, c'est simple : quand c'est froid, c'est de la bière, quand c'est chaud, c'est de la soupe.

PILE POIL « Tu viens, chéri, j'te ferai le coup du microsillon. Tu sais pas c'que c'est, le coup du microsillon ? C'est celui qu'on peut jouer sur les deux faces ! »

OMAR A AVOUER

« Allô, la police ? Je croyais qu'on avait volé ma rivière de diamants. En réalité, elle était dans un coffre à la banque.
– Trop tard, madame, votre jardinier arabe a avoué. »

16 • 10

SAINTE EDWIGE

JEU DE MAIN…

C'est un mec qui est à la campagne, en pleine nature, en train de manger une tartine de miel. Une mouche arrive, il essaie de la chasser avec la main. Sa femme lui dit :
« Mais arrête donc avec cette mouche, elle croit que tu veux jouer avec elle ! »

PARITÉ Moi, je dis que les femmes seront l'égal de l'homme le jour où elles accepteront d'être chauves et de trouver ça distingué.

FOOTBALL Je suis supporter de Lens : « Vas-y Lens ! Vas-y Lens ! » Putain, ils gardent toujours la balle !…

Devinette

Dans la main de ma maîtresse,
je me dresse ; après, je rapetisse
et je goutte. Qui suis-je ?
Un parapluie.

PUB Vous avez vu la nouvelle pub de la SNCF ? « Laissez-vous prendre par le train ! » Comme quoi, il n'y a pas que moi qui suis dégueulasse !

Pensées « Moi, je crois que Karl Marx et Freud, par exemple, ces deux grands penseurs qui dirigent notre époque aujourd'hui, ben, ils ont foutu un bordel formidable. »

« Les hommes politiques, tu leur poses deux questions, ils te répondent : « Troisièmement… » »

« Question fric, le mec qui n'est pas américain mais qui a quand même du talent pour devenir une vedette, il est dans la merde s'il est né en Pologne ! »

17 · 10

SAINT BAUDOUIN

AVEC DOIGTÉ

C'est une petite fille qu'apprend à nager, et le maître nageur lui dit:
«N'aie pas peur, j'te tiens.»
Et la petite lui dit:
«J'suis contente que vous m'appreniez à nager parce que ma grande sœur maintenant, elle nage très bien.
– Ah bon, elle est venue apprendre ici?
– Oui, ma grande sœur, elle a appris ici…
Et c'est vrai que si vous enlevez le doigt, je coule?»

Gastronomie

«Ça fait quatre ans que je suis chômeur. Alors, j'suis rentré à la maison, ma femme me dit: "Tiens, tu vois, si j'avais eu du lard, j't'aurais fait une omelette au lard. Malheureusement, j'ai pas d'œufs!"»

COLUCHE PAR COLUCHE

D'accord, je claque du blé, d'accord, mais c'est seulement pour m'obliger à en gagner.

GRAND CRU

Le pape, voilà un homme divin. Divin, mais d'appellation contrôlée!

DÉFINITION ***Alors, un homme politique, si vous voulez, c'est d'abord un homme qui s'occupe de sa carrière. Et puis une fois qu'il est arrivé à un poste assez important, alors, à ce moment-là, il met du pognon de côté. Il commence à magouiller dans des affaires de gouvernement, avec des tierces personnes, hommes de paille qu'on appelle… Et y s'mettent du pognon de côté, parce que ça dure pas, un homme politique, mais ils récupèrent l'argent après. Bien mal acquis ne profite qu'après!***

18 · 10

SAINT LUC

ANTICIPATION

De nouvelles affiches ce matin dans la rue: «Au secours, la droite revient!» Vous avez dû les voir. On a cherché évidemment qui c'est qui les a posées, eh bien, figurez-vous que c'est le PS qui fait campagne pour dire qu'il a perdu d'avance!

NOM BATEAU

La péniche, c'est le surnom que mes copines m'ont donné. C'est parce que je fais mes 5 nœuds à l'heure!

COLUCHE *PAR* COLUCHE

J'ai une dent fausse juste devant, elle remplace celle que j'avais cassée quand j'étais petit. Mais comme elle est de mauvaise qualité, ça ne se voit pas: on croit qu'elle est aussi pourrie que les autres.

Pensée

« Les politiciens, ils ont tous les droits: affaires Markovic, de Broglie, affaires du *Canard enchaîné*, de Bokassa, de Boulin, des avions renifleurs. Tu peux rien dire: c'est le pot de fer contre le pot-de-vin. »

CONSEIL DU JOUR

La vie commence à 40 ans, d'accord, mais moi, je vous conseille quand même de pas attendre jusque-là si vous voulez pas rater l'essentiel!

19 • 10 — SAINT RENÉ

Pensée « Les gens se déplacent pour me voir. Ils paient, et après ils disent : « Tout seul sur scène pendant une heure et demie ! Tout de même ! Il est formidable ! » Et pourtant, si les gens n'étaient pas venus, je ne serais pas resté. »

Gastronomie

On a demandé à un Suisse à quoi on reconnaissait un poulet tendre. Il a répondu : « Aux dents.
– Mais ça n'a pas de dents, un poulet…
– Non, mais je parle des miennes. »

ON N'EST PAS DE BOIS Dans le bois, je te dis pas le temps qu'il fait : tu y vas pour ramasser un bel engin, tu reviens avec une belle angine.

PAROLE DE FEMME Mme Pelletier, ministre de la Condition féminine : elle a 51 ans, elle les fait pas, elle a 7 enfants, ça, elle les a faits, et elle a déclaré : « Je ne violerai pas les hommes. » Pourquoi, il y a de la demande ?

SPORT Bagarre au cours d'un match de basket : tout le monde a fini au panier !

DÉFINITION *Une statistique, c'est la même chose qu'un sondage, sauf que c'est vrai.*

Devinette

Savez-vous pourquoi les juifs ont le sens de l'humour ?

C'est un don de la nature.

20 • 10 — SAINTE ADELINE

DÉFINITION *La moto, ce n'est pas un gros engin qu'on a entre les jambes et qu'on essaie de maîtriser. C'est plutôt une chose sur laquelle on est allongé et à qui on essaie de donner du plaisir en en prenant le maximum.*

Pensée « Si encore les hommes politiques ne racontaient que des conneries… le problème, c'est qu'ils racontent tous la même, à savoir que la crise, c'est de la faute des autres ! On est dans une situation de crise et ces gens s'engueulent alors que nous, on préférerait les voir s'entendre. Là, on s'intéresserait davantage à la politique. »

FIFTY-FIFTY Johnny et sa femme forment un couple extra-ordinaire : il est extra, elle est ordinaire !

TERRE D'ABONDANCE J'aurais bien travaillé dans l'Administration. Mais toute la journée à rien foutre, c'est dur ! Mais, c'est-à-dire que, vous savez, l'Administration, en France, c'est très fertile ! On y plante des fonctionnaires, il y pousse des impôts.

ALERTE INFO

— *Accident d'une fusée belge. Elle s'est enfoncée dans la terre au démarrage. À mon avis, ils avaient monté l'élastique à l'envers.*

21 • 10

SAINTE CÉLINE

DANS LES ANNALES

À l'école, j'ai pas appris grand-chose, j'ai fait une seule faute à la dictée du certificat d'études, le matin, alors j'y ai pas été l'après-midi, je suis allé au ciné voir Marilyn. Je ne pourrais pas vous dire quel film c'était, on regardait que son cul et ses seins.

TOUT DOIT DISPARAÎTRE

C'est un garçon qui va s'faire opérer pour devenir une fille, et la veille il se met sur son trottoir habituel avec une pancarte : « Cinq francs, liquidation avant les travaux ! »

COLUCHE *PAR* COLUCHE

J'ai goûté à tout ce qui existe, sauf erreur ou omission de ma part.

C'EST L'HISTOIRE D'UN MEC...

C'est un mec qui reçoit deux places pour le Casino de Paris. Il dit à sa femme :

« Je me demande qui a pu nous envoyer ça, en tout cas, c'est vachement sympa. »

Alors ils vont au spectacle et, le soir en rentrant, ils retrouvent leur porte fracturée, leur appart cambriolé et puis un petit mot sur la table de la cuisine sur lequel il y a écrit : « C'est moi ! »

Pensée « Si les chiens se lèchent les testicules, c'est parce que eux, ils y arrivent. »

22 • 10

SAINTE ÉLODIE

ALERTE INFO

— *Tiers-monde : la soif touche à sa faim.*

Histoire belge

Le drive-in, vous le connaissez, le drive-in, celui qu'on voit dans les films avec l'écran géant et tous les mecs qui se font des torticolis dans les voitures... Eh bien, moi, j'ai connu un couple d'amis belges, qui ont été tellement déçus du spectacle qu'à la fin pour protester ils ont lacéré les sièges !

PERSUASIF

C'est un type un peu louche, mais avec une bonne vue, qui dit à un de ses copains : « Aujourd'hui, j'ai empêché un viol.
– Ah bon, mais comment as-tu fait ?
– Ben, j'ai quand même réussi à la convaincre... »

Devinette

Vous savez pourquoi je mets des slips Épéda multispire ?

C'est pour pouvoir m'en gratter une sans réveiller l'autre.

AU POSTE

La télé dans les prisons : ils avaient déjà les barreaux, maintenant ils ont les chaînes !

23 · 10

SAINTE ELFI

ŒCUMÉNISME Le problème de Jérusalem, c'est que c'est une ville sainte pour tous, les catholiques, les Arabes, les Israéliens, tout le monde. C'est quand même mal foutu ! Pour le prix que coûtent les ruines, on aurait quand même pu avoir plusieurs villes, ça n'aurait fait chier personne !

Pensée

« L'âge ingrat, chez les filles, c'est quand elles sont trop grandes pour compter sur leurs doigts et trop petites pour compter sur leurs jambes. »

SANTÉ Le budget de la Sécu, il est de plus de 9 milliards. On prévoit qu'il sera de moins 5 milliards dans deux ans. Le mec qui a fait les comptes est tombé malade. Ça en fait un de plus déjà.

C'EST L'HISTOIRE D'UN MEC...

C'est un mec qui va au commissariat et qu'est très embêté.
« Voilà, j'ai perdu ma femme au supermarché depuis plusieurs heures, mais bon, elle est facile à retrouver, elle fait 1,37 mètre et 120 kilos. » Alors le flic consulte ses fiches et dit :
« Bon, j'ai une bonne nouvelle, on n'a encore rien... »

24 · 10

SAINT FLORENTIN

REVUE DE PRESSE

C'est un type qui vend des journaux dans la rue en criant :
« Escroquerie, escroquerie ! Déjà 150 personnes escroquées ! Déjà 150 personnes escroquées ! Qui veut un journal ?
– J'en veux un, oui.
– Escroquerie ! 151 personnes escroquées ! »

Pensées

« Se pencher sur son passé, c'est risquer de tomber dans l'oubli. »

« Ce qu'elle va faire, la gauche ? Elle va faire pitié, comme d'habitude. »

Slogan

Érections pestilentielles : rose promise... chômdu !

CONTAGION

J'ai un copain qui a attrapé une myxomatose avec une fille qui avait un bec-de-lièvre.

25 · 10

SAINT CRÉPIN

TROIS FRUITS ET LÉGUMES PAR JOUR

C'est deux pédés qui vont au marché. Ils voient un panneau avec écrit : « 3 bananes 1 franc », et alors y en a un qui dit : « Bonjour, monsieur le vendeur de bananes, on voudrait 2 bananes.
– Ben, vous feriez mieux d'en prendre 3, y a une promo !
– Oui, après tout, vous avez raison, on a qu'à en prendre 3, on mangera l'autre. »

LA QUESTION DU JOUR

Eh, dis donc, t'as vu ça, le chômage remonte. Est-ce que par hasard les élections ne seraient pas finies ?

IDÉE

Maintenant, en cas d'alcootest positif, le retrait de permis pourra être immédiat. Pourquoi ils ne foutent pas un flic dans chaque bistrot pour arrêter les chauffards directement ?

% STATISTIQUE En tout cas, on a souvent vu une honnête femme faire le malheur d'un seul homme, et une pute faire le bonheur de plusieurs.

Pensée « C'est l'ambition qui perd les hommes. Si, au lieu de vouloir devenir empereur, Napoléon était resté simple officier d'artillerie, il y serait encore ! »

DEVISE Vivement demain que tout soit comme hier !

26 · 10

SAINT DIMITRI

IL NE FAUT COMPTER QUE SUR SOI-MÊME

C'est un enfant qui rentre de l'école, il a 17 ans, il est un peu en retard pour son âge, et sa mère lui demande : « Tu as fait des progrès à l'école aujourd'hui ?
– Oui, maman, j'ai appris à compter sur mes doigts !
– Ah, c'est bien, dit la mère, fais voir…
– Un doigt, un doigt, un doigt, encore un doigt et un aut' doigt ! »

Pensée « L'extrême droite a 10 % en France, comme les imprésarios. Sauf que les imprésarios crachent pas sur le noir en général ! »

TRADITION En période électorale, les hommes politiques trahissent des inquiétudes. Faute de mieux.

DANS LES ANNALES

- *Mon grand-père disait toujours : « Je préfère mourir que d'être opéré ! » Le médecin lui a dit : « Mais l'un n'empêche pas l'autre ! »*
- *Quand il y avait du sport à la télé, mon père, y criait toujours : « Allez les verres ! », puis il s'en servait un autre.*

ALERTE INFO

— Coup d'État à Madagascar, eh oui, Tananarive pas qu'aux autres !

27 • 10 — SAINTE ÉMELINE

IDÉE REÇUE Les hommes politiques parlent toujours des Français moyens en pensant que les Français sont moyens. La vérité, c'est qu'y en a des gros, des petits et des maigres, y a pas de Français moyen, ça n'existe pas.

Pensée « Les critiques, je trouve ça formidable… à partir du moment où ils mettent mon nom en gros et où il y en a une tartine. »

ÇA DATE !

27 OCTOBRE 1976

Sortie en salle du film *L'Aile ou la Cuisse*, de Claude Zidi, avec Louis de Funès et Coluche.

C'EST L'HISTOIRE D'UN MEC…

C'est un mec qui commande une douzaine d'huîtres au restaurant. On lui apporte, il les compte, il y en a dix. Il appelle le garçon et lui dit: «Je vous avais demandé une douzaine d'huîtres, vous m'en avez apporté que dix! Le garçon lui répond:
– Oui, y en avait deux de mauvaises quand on les a ouvertes en cuisine, alors on s'est permis de les jeter.»

28 • 10 — SAINTS SIMON, JUDE

Pensées « Dans notre métier, il faut savoir dire oui pour se faire un nom. »

« Parfois, il suffit de relire ou de redire à haute voix ce qu'a dit un type sans rien changer et on fait rire toute une salle. »

ÇA DATE !

28 OCTOBRE 1944

Naissance de Coluche à l'hôpital Notre-Dame-de-Bon-Secours, dans le 14e arrondissement de Paris.

DÉFINITION ***L'anniversaire, c'est un moment où on s'achète des choses qui ne servent à rien pour en foutre plein la vue à des gens qu'on peut pas voir.***

JOYEUX ANNIVERSAIRE

Oh, dis donc, mon imprésario, il s'est fendu, il m'a fait un cadeau pour mon anniversaire! Il m'a donné un chèque de 100 sacs et il m'a dit: «Tiens, c'est pour Noël.»
Alors j'y ai dit:
«C'est pas Noël, c'est mon anniversaire!»
Il m'a répondu:
«Oui, mais à Noël, je te le signerai!»

ASTROLOGIE Mon signe du zodiaque? Scorpion ascendant Taureau: la queue en l'air et la tête en avant.

REVUE DE PRESSE Naître, c'est un traumatisme, d'après les journaux. Pour moi, ça a surtout été une surprise. Je m'y attendais tellement peu que j'ai même pas eu le temps de m'habiller.

29 • 10 — SAINT NARCISSE

bruit de couloir

On chuchote à l'Assemblée: «Je me suis mouillé dans une affaire, je suis complètement à sec, j'ai besoin de liquide!»

GESTATION LENTE

Rocard, il a une vraie tête d'accouchement. Le problème, c'est qu'on ne voit jamais sortir l'enfant!

•CONSEIL DU JOUR•

S'il y a des smicards qui n'osent pas se jeter par la fenêtre, on peut s'inscrire à l'Élysée, il y a un service qui étrangle les mecs qui n'osent pas se suicider.

VISION D'AVENIR

J'ai choisi d'utiliser ma personnalité populaire pour faire autre chose que ma profession. C'est une bonne combine à long terme pour moi, parce qu'il est probable que, pendant encore des générations et des générations, quand il y aura les présidentielles, on dira: rappelez-vous qu'un certain Coluche avait fait 16 % d'intentions de vote, à une époque où le RPR faisait 17, et le parti communiste, 15.

CANDIDATURE

Moi, je veux bien être candidat à tout! Si demain y a Miss France, j'me présente!

30 • 10 — SAINTE BIENVENUE

ÇA DATE!

30 OCTOBRE 1980

Coluche officialise sa candidature à la présidence de la République.

COLUCHE *PAR* COLUCHE

• Ma candidature, c'est la possibilité pour tous ceux qui sont traités en parasites de devenir actifs, de passer au rang officiel d'emmerdeurs.

• Salut les sondés: 10 % des intentions de vote pour moi, ça veut dire que 90 % des mécontents hésitent encore. Je monte dans les sondages. Va-t-on me renvoyer «la censure»?

PROMESSES DE CAMPAGNE

• Si je suis élu, j'ordonnerai la construction d'une fusée Ariane étanche car elle a l'habitude d'aller à l'eau directement.

• Si je suis élu, je déclarerai la guerre à l'Albanie parce que c'est l'un des plus petits pays du monde, donc une proie facile, d'autant qu'elle est complètement isolée. D'autre part, grâce à une ruse insidieuse et funeste, je ferai rassembler la flotte anglaise dans la rade de Mers el-Kébir avant de la torpiller jusqu'à la dernière chaloupe.

• Avant moi, la France était coupée en deux. Avec moi, elle sera pliée en quatre!

Slogan

Voter est un droit.
Voter Coluche est un devoir!

DÉFINITION ***Coluche en campagne, c'est une boîte vide dans laquelle on a envie de gueuler, parce que ça résonne.***

31 • 10 SAINT QUENTIN

ENFOIRÉS, EXCUSEZ-LE !

• À un journaliste qui lui demandait s'il accepterait d'être le candidat des Faisceaux nationalistes européens, Coluche précise :
« Je m'excuse beaucoup, mais, en tant que candidat, je suis déjà le candidat des Arabes, et, d'autre part, c'est pas parce que je suis le candidat des pédés que j'ai l'intention d'être celui des enculés. »

• « Coluche, pensez-vous que ce soit une bonne chose que les artistes s'engagent politiquement ?
– Les artistes, ou les nègres, hein ? Je ne suis pas raciste. Alors ça, les racistes, les pédés, les nègres, les Blancs, les vieux, les jeunes, les femmes, tous ceux qui veulent peuvent s'engager. Y a aucun problème. Pourquoi, les artistes, on est différents ? Je sais pas quoi vous dire. Pourquoi pas ? »

• À un journaliste qui lui demandait s'il avait obtenu les 500 signatures d'élus nécessaires à la validation de sa candidature pour l'élection présidentielle, Coluche réplique :
« Je saurai ça au moment où la liste sera close. D'ailleurs, je ne suis pas seul dans ce cas. La différence entre moi et ceux qui, aussi, ne sont pas certains de recueillir les 500 signatures, c'est que j'ai fait plus de galas qu'eux et que, bien que n'ayant pas de doigts en caoutchouc, j'ai serré pas mal de mains. J'ai fait plus d'entrées payantes que Lecanuet a fait d'entrées gratuites à ses meetings. »

• On m'a dit : « Ta candidature risque d'enlever des voix à la gauche et de la faire tomber au plus bas. » Mais qu'est-ce que tu veux que ça me foute, si la gauche devait tomber, et que c'est un clown qui peut la faire tomber, t'avoueras qu'elle tenait pas beaucoup !

VOYANCE Les hommes politiques, c'est comme les cartomanciennes : tant que les hommes seront inquiets de ce que va être leur avenir, les hommes politiques et les cartomanciennes seront rassurés sur le leur ! En bref, l'avenir des cartomanciennes et des hommes politiques sera clair tant que le vôtre sera foncé !

COLUCHE *PAR* COLUCHE

• J'ai déclaré que j'étais candidat à la présidence de la République, comme 33 autres mecs qui se sont dit : « Tiens, j'ai un livre à vendre. »

• 16 % d'intentions de vote en un mois et demi (selon le *Journal du dimanche*) :
Je vais finir par être élu au premier tour avec vos conneries. Et quand est-ce que je vais en vacances ?

• Je suis bavard. Mais d'un défaut, j'ai fait un métier.

PROVERBE

Il vaut mieux voter pour un couillon comme moi que pour quelqu'un qui vous prend pour un couillon.

NOVEMBRE

01 • 11 TOUSSAINT

IDÉE
Faut pas rire avec les fleurs qu'on met sur les tombes, faut pas rire avec les tombes ! Moi, j'ai trouvé ce que je mettrai sur ma tombe : Circulez, y a rien à voir… Partir, c'est crever un pneu… Et pis… taf !

FAIT DIVERS Un Belge est mort en buvant du lait. La vache s'est assise.

FAUT BÉTONNER

C'est un mec qui prépare les funérailles de sa belle-mère et on lui demande : « Vous voulez l'embaumer, l'incinérer ou l'enterrer ?
– Je voudrais être sûr du coup, faites donc les trois ! »

ÇA DATE !
NOVEMBRE 1971
Fondation par Coluche du théâtre Au vrai chic parisien.

C'EST L'HISTOIRE D'UN MEC…

Alors, c'est un coureur cycliste qu'est mort et y a deux de ses copains qui sont derrière lui et y en a un qui dit : « Ça doit lui faire drôle de rouler en tête, pour une fois… »
Et l'autre : « Oui, surtout après avoir crevé ! »

Pensée « Aujourd'hui, c'est la Toussaint, c'est la fête de tout l'essaim et j'en profite pour dire bonjour aux abeilles ! »

02 • 11 DÉFUNTS

COLUCHE *PAR* COLUCHE

Le cinéma, j'y vais jamais. Faut pas confondre, mon métier, c'est comédien, pas spectateur. On peut pas demander à un fossoyeur d'aimer être mort !

LA QUESTION DU JOUR
« Qu'est-ce que vous écrirez sur votre pierre tombale ?
– Je sais pas, je réfléchirai quand je serai malade. »

DÉFINITION *Le véritable artiste, c'est celui qui dure. Parce que, dans le métier, pour avoir du génie, faut être mort, pour avoir du talent, faut être vieux, et quand on est jeune, on est des cons.*

Histoire belge
C'est un mec qui entre dans un cimetière à Bruxelles et qui demande au gardien :
« Y a combien de morts, ici ? »
Le gardien réfléchit et dit :
« Mais… Ils sont tous morts ! »

PROVERBE
Une balle perdue, dix de retrouvées, comme disent les mecs morts à la guerre.

LE SOUHAIT DU JOUR Quand ceux qui ont fait la guerre seront enfin tous morts, qu'on n'en entende plus parler. À l'avance, merci.

ALERTE INFO *Bonne nouvelle pour les malades : le prix de la mort augmente. Ils n'auront bientôt plus les moyens de crever.*

03 • 11 — SAINT HUBERT

FRUIT DÉPENDU

C'est Ève qui voit passer une feuille morte qui tombe, elle dit : « Oh ! L'homme invisible ! »

DÉFINITION *Le golf, c'est un jeu qui consiste à taper avec une canne dans une petite boule d'environ 8 centimètres de diamètre posée sur une grosse boule de 40 millions de kilomètres de diamètre sans toucher la grosse boule.*

IDÉE
J'ai envie d'aller faire des échanges culturels aux Antilles. Du style : « Tu me refiles ton herbe, je t'apprends à compter sur tes doigts. »

REVUE DE PRESSE On lit dans *La Tribune de Genève* qu'un type qui travaillait dans une banque est parti avec 80 milliards de centimes. C'était le gérant de fortune de 1 300 clients. Il est parti avec le pognon de tout le monde. Les mecs avaient un compte bloqué, maintenant ils ont un compte courant !

CINÉMA Pendant que je tournais *Le Fou de guerre* de Dino Risi, en Égypte, j'ai beaucoup discuté avec les figurants. Normal, y a que les Arabes que je comprends quand on me parle anglais…

• CONSEIL DU JOUR •
Il faut prendre la misère comme une philosophie et vous dire que l'argent fait sûrement le bonheur. De ceux qui en ont.

04 • 11 — SAINT CHARLES

CIRCULEZ, Y A RIEN À VOIR !

Il y a un truc qui me gêne terriblement chez les automobilistes, c'est qu'ils font semblant de ne pas se voir. Quand ils sont tous les deux l'un à côté de l'autre et que celui qu'est à droite veut tourner à gauche et que celui qu'est à gauche veut tourner à droite, ils font semblant de pas s'être vus et ils essaient de s'avancer le plus près possible pour que l'autre ne puisse plus bouger.

PUB Nous, en France, nos boxeurs, ils sont tellement souvent K.-O. qu'il paraît que les sponsors songent à mettre de la publicité sous leurs chaussures.

Devinette
Quelle est la différence entre l'abominable homme des neiges et l'abominable femme des neiges ?
Une abominable paire de couilles.

INTUITIF

C'est un Suisse qui téléphone à une amie qui vient d'accoucher :
« Alors, c'est un garçon ?
– Non, c'est une fille !
– Ah bah, j'étais pas tombé loin ! »

Pensée « Il n'y a rien qui amuse plus les gens sans talent que d'entendre parler d'eux dans le poste. C'est pour ça que les hommes politiques font de la politique. »

05 • 11 — SAINTE SYLVIE

•CONSEIL DU JOUR•

J'ai lu dans le journal que le Mouvement des radicaux de gauche s'interrogeait sur son avenir. Je dois dire qu'il n'est pas le seul. Et, d'après moi, il ferait même mieux de s'intéresser à son passé : il y aurait plus de choses à raconter.

IDÉE REÇUE À la télé, ils disent tous les jours : « Y a 3 millions de personnes qui veulent du travail. » C'est pas vrai : de l'argent leur suffirait !

SOUVENT FEMME VARIE Il paraît que les brunes sont plus intelligentes que les blondes. Je sais pas, moi, ma femme a été les deux !

Pensée « Au début du septennat, y a toujours un état de grâce. Eh ben, au début, c'est les trois mois et, au bout d'un an du nouveau gouvernement, la garantie est foutue. »

LA VÉRITÉ DU JOUR On a beau dire... Les femmes, quand même, préfèrent plus les hommes qui les prennent sans les comprendre que les hommes qui les comprennent sans les prendre.

06 • 11 — SAINTE BERTILLE

IDÉE
Le pilote de l'*Amoco Cadiz* a eu une amende de 36 francs. Moi, pour avoir insulté un flic, j'ai eu 300 000 francs d'amende. La prochaine fois que je ne serai pas content, j'ai compris, je vais couler un pétrolier en Bretagne !

VUE DE PRÉ

C'est une vache qui fait une photo de son troupeau et qui dit : « Attention, ne bousons plus ! »

ARITHMÉTIQUE Moi, je ne connais que des mecs qui baisent plusieurs gonzesses et ils arrivent pas à croire qu'on baise la leur. Ils savent pas compter ou quoi ?

REMERCIEMENTS

Je remercie les enfoirés de gauche qui nous ont fait croire que c'était la droite qui savait pas gérer et que c'était pour ça qu'on était dans la merde. Je remercie les enfoirés de droite qui nous ont fait croire que c'était à cause de ce qu'avait fait la gauche qu'on s'en sortait plus. Je remercie les enfoirés de patrons qui nous ont fait croire que c'était à cause de l'État qu'on n'arrivait pas à s'en sortir. Et je remercie les enfoirés de syndicalistes qui nous ont fait croire que c'était la faute aux patrons. Tous se rejettent la faute les uns sur les autres. Finalement, qui c'est qui l'a dans le cul ? C'est nous ! C'est ceux qui ont un cul.

07 · 11 — SAINTE CARINE

% SONDAGE

Alors, d'après un sondage, hier soir il y avait 23 % de téléspectateurs qui regardaient la une, 26 % qui regardaient la deux et 44 % qui regardaient la télé éteinte. C'est trop. Il y a encore trop de gens qui regardent la télé sans l'allumer !

Gastronomie

C'est un couple de jeunes mariés. Après la nuit de noces, le matin, la femme lui fait des carottes, le midi, elle lui fait des carottes et le soir, des carottes. Alors le type dit : « Écoute, les carottes, c'est bien gentil, mais matin, midi et soir… – Ah, excuse-moi, je m'étais dit, il baise comme un lapin, il doit manger comme un lapin… »

Pensée

« Le succès, ça rend modeste quand t'es pas trop con. Et, grâce à lui, tu rencontres des tas de surdoués qui n'y accèdent jamais. »

08 · 11 — SAINT GEOFFROY

L'ORDRE DU JOUR

Le roi du Maroc n'a pas pu venir, alors je voudrais dire aux militaires qui étaient à Orly : « REPOSEZ AAARMES ! » Parce qu'il y a pas de raison de laisser ces cons-là au garde-à-vous !

COLUCHE *PAR* COLUCHE

- De profil, je suis assez amusant, de face, je fais carrément rire, et, de dos, je passe inaperçu !
- C'est vraiment minant d'être aussi bête que moi. Et encore, vous vous rendez pas compte, vous êtes à l'extérieur, moi, j'habite avec, c'est pire !

Histoire belge

C'est un Belge qui est envoyé sur la Lune pour faire des photos de la Terre. Quand il revient, on s'aperçoit qu'elles sont toutes floues. On lui demande comment ça se fait et il répond :
« C'est normal, j'ai eu beau gueuler, les gens n'arrêtaient pas de bouger ! »

PROVERBE

Quand Line Renaud va chanter au Canada, elle fait un malheur, quand elle revient, elle en fait un aussi. Un malheur n'arrive jamais seul !

Pensées

« Homme politique, c'est une profession où il est plus utile d'avoir des relations que des remords. »

« Tu sais qu'il y a une grosse différence entre les hommes et les femmes ? Enfin, je parle pour moi ! »

09 · 11

SAINT THÉODORE

Gastronomie

C'est en Afrique, c'est un Noir qui vient voir le Blanc qu'est attaché au poteau, et il lui demande :
« C'est quoi, ton nom ?
– Pourquoi, tu veux envoyer des nouvelles à ma famille ?
– Non, c'est pour l'inscrire sur le menu. »

ALERTE INFO

M. Le Pen veut être blanchi pour tout ce qu'il a fait en Algérie : cet homme aigri qui n'aime pas les Noirs et qui veut être blanchi.

DANS LES ANNALES

- *J'ai connu un flic, il était tellement con que quand par hasard il disait quelque chose d'intelligent, il se retournait pour voir si c'était pas quelqu'un d'autre qui l'avait dit.*
- *« Tu as fait quoi comme sport ?*
– J'ai été gardien de goal. C'est-à-dire que j'allais au foot avec un copain qu'était goal. »

C'EST L'HISTOIRE D'UN MEC…

C'est un mec qui caresse le cul d'une gonzesse et qui dit :
« Ah ! si t'avais ça dans la cervelle ! »

Pensée

« L'intelligence d'un discours dépend surtout de celui qui l'écoute. »

10 · 11

SAINT LÉON

INCOMPÉTENCE ÉGALE

Lecanuet, il s'y connaît en emploi autant que Thierry Roland en danse classique !

RÈGLE D'OR

La principale règle du face-à-face politique, c'est de traiter de menteur celui à qui l'on ment.

Slogan

Et puis, les gros bonnets, on peut pas les attraper. C'est toujours la même chose ! Ouais ! Y en a des bien dans les hommes politiques, y a du beau, y a du bon, mais y a du bonnet… Y a surtout du bonnet.

• CONSEIL DU JOUR •

Foot ce week-end au parc des Princes. Retenez vos places ! Retenez même bien vos places parce que sinon elles vont s'envoler ! Avec le vent qu'il y a ! Le mieux, c'est même d'aller directement dès maintenant au parc des Princes vous asseoir dessus pour les retenir.

DÉCOUVERTE

L'archéologie, c'est un métier de feignants : on en a trouvé plusieurs avec les mains dans les fouilles !

LE COURRIER DU JOUR

Une auditrice nous écrit : « À chacun de nos rendez-vous, je trouve mon petit ami mal rasé… » C'est bien fait, elle n'a qu'à arriver à l'heure !

11 • 11

ARMISTICE 1918

Pensée « Drôle d'époque où ce sont les Allemands qui font des affaires et les juifs qui font la guerre ! »

ARITHMÉTIQUE On est censé vivre en paix, et, pourtant, depuis 1945, les 130 « petits » conflits totalisent 30 millions de morts.

ASTUCE Souvent l'électeur de gauche vote communiste au premier tour pour montrer qu'il aime les ouvriers, et socialiste au second pour gouverner.

PROVERBE

Comme dirait Le Pen, le sida salive pas qu'aux autres.

SUS À L'ENNUI Ceux qui gueulent le plus, ce sont les anciens combattants. Dès qu'on se fout de la gueule d'un ancien combattant, ils se mettent à gueuler ! Et vous savez pourquoi ? Parce qu'ils ont que ça à foutre, les pauvres ! Il n'y a plus de guerre et quand il n'y a plus de guerre, un ancien combattant, qu'est-ce que ça peut se faire chier !

LA MORT AUX DENTS

C'est le dentiste qui dit à son patient : « Votre dent est morte, on va lui faire une couronne ! »

• CONSEIL DU JOUR •

Si l'on s'occupait autant des hommes que des bêtes, en ce bas monde, ce serait nettement moins le bordel.

12 • 11

SAINT CHRISTIAN

MÉDECINE Chez des personnes comme Thatcher, les cheveux sont une maladie de la tête : ils poussent n'importe comment, même à l'intérieur, malaxent le cerveau, et nous, nous en subissons les conséquences.

Devinette

Vous savez ce qui est noir, qui fume et qui pend au plafond ?

Un électricien qui a eu un accident du travail.

PROVERBE

Tant va la cruche à l'eau qu'à la fin y a plus d'eau !

CINÉMA Claudia Cardinale au festival d'épouvante d'Avoriaz. C'est terrible, l'âge.

PUB Du beau, du jau, du beaujolais — c'est une plaisanterie au 12ᵉ degré !

COLUCHE *PAR* COLUCHE

Moi, j'ai personnellement été élevé comme un Rital. Comme vous le savez, les Italiens s'étaient associés à Hitler pour faire la guerre (encore que, évidemment, l'Europe rêvait d'être envahie par l'Italie plutôt que par l'Allemagne), mais, en tout cas, après la guerre, ça la foutait très mal d'avoir été italien pendant, ce qui était le cas de mon père, et donc le racisme s'exerçait...
J'ai jamais eu un physique d'Italien, donc je m'en suis sorti.

13 • 11 — SAINT BRICE

COLUCHE *PAR* COLUCHE

- La musique, j'aime ça, même la musique que j'aime pas. Je préfère la musique que j'aime pas à pas de musique du tout.
- Je parle pour des mecs dont je me sens… originaire.

COMMUNIQUÉ La CGT s'est excusée pour la dernière grève de métro. Elle fait bien de s'excuser elle-même, parce que si elle compte sur nous, elle peut toujours se brosser.

Devinette

A-t-on le droit de taper sur un Arabe?

« Oui, m'sieur, en trois exemplaires. J'suis dans l'Administration, je l'sais ! »

FAUT PAS GÂCHER Il est pas franchement radin, si tu veux, mais il est quand même du genre à aller acheter des chaussures trop petites s'il trouve par hasard une pommade contre les cors aux pieds.

INADVERTANCE Il y a des gens qui n'ont pas été assez sévères en matière d'immigration à mon avis, ce sont les Indiens d'Amérique. Ils auraient dû faire gaffe quand ça a commencé à immigrer aux États-Unis !

Pensée

« Il suffit de se rappeler tous les noms des morts et tu connais le nom des rues. »

14 • 11 — SAINT SIDOINE

C'EST L'HISTOIRE D'UN MEC…

C'est un mec qui est au bar avec un copain noir. Il lui demande :
« Et toi, tu aimes faire l'amour ?
– Oh, oui ! Je le fais toujours dans la joie et la négresse ! »

PROVERBE

Si la gauche en avait, on l'appellerait la droite !

Y A PAS LE FEU AU LAC

Sur un coup de tête, un couple suisse a fait une folie : il est parti en ouacances.
Le premier jour, la femme dit au mari :
« Si on allait par le front de mer jusqu'à une pharmacie pour acheter de l'huile solaire ?
– Dis donc, répond le mari, pourquoi tu veux faire tout le même jour ? On est en ouacances quand même ! »

ARITHMÉTIQUE Une augmentation de 140 %, c'est plus de moins de la moitié.

(RE)CONNAISSANCE À propos de ringard, j'ai croisé un ancien comique. Il ne m'a pas dit bonjour. Si ça se trouve, il a pas la télé !

ALERTE INFO *On a coupé la jambe gauche de Tito. Maintenant, s'il marche dans la merde, ce sera vraiment du malheur !*

Pensées

« L'instabilité est nécessaire pour progresser. Si on reste sur place, on recule. »

« Si Dieu existe, vous lui ferez mes compliments ! »

« Dans un procès, vous avez les avocats vers vous, et les avocats véreux. »

15 • 11 — SAINT ALBERT

DÉFINITION ***Fonctionnaire, c'est un peu comme bouquin dans une bibliothèque : plus t'es placé haut, moins souvent tu sers !***

DURE LIMITE

C'est un type qui dit à son docteur :
« Voilà, docteur, quand je vais voir ma maîtresse, au premier, ça va, au deuxième, c'est difficile, mais au troisième, je peux plus du tout… »
Alors le médecin lui dit :
« Bah, arrêtez-vous au deuxième !
– Je peux pas, elle habite au troisième… »

Pensée « **J'aime beaucoup Albert de Monaco, mais ils devraient quand même arrêter de se marier entre eux, ça les esquinte !** »

COLUCHE *PAR* COLUCHE

Chez moi, c'est bizarre, on s'est toujours mariés en famille. Mon père a épousé ma mère, mon grand-père ma grand-mère, mon oncle ma tante et ainsi de suite.

Devinette

Qu'est-ce qui fait 30 mètres de long, qui est tout raide et plein de sperme ?

Un sous-marin.

INFLATION Avant, les hommes, ils vivaient trente ans, c'était pour rien. Maintenant, ils vivent soixante-dix ans. Qu'est-ce que tu veux, il faut bien qu'on leur pique du blé. Faut bien que tout augmente en même temps !

16 • 11 — SAINTE MARGUERITE

Histoire belge

C'est un Belge qui ramasse une très très belle fille, et il la ramène chez lui, elle se déshabille sur le divan et elle lui dit :
« Vas-y, tu peux faire ce que tu veux… »
Et il court à la cuisine se faire des frites.

LEÇON DE CHOSES

Une gamine dit à sa mère :
« Oh, regarde, maman, c'est amusant, quand je donne du sucre au chien, il dresse la queue !
– Donne pas tout, malheureuse, gardes-en pour ton père ! »

ALERTE INFO *Des nouvelles de la Bourse : hausse de la chemise, baisse du pantalon et va-et-vient dans la fourrure !*

Devinette

Vous savez ce que c'est qu'une vieille fille ?

C'est la veuve d'un célibataire.

SUCCÈS DAMNÉ Alors vous savez comment c'est, notre métier, quand on fait un bide, tout le monde sait pourquoi, quand on fait un succès, personne sait pourquoi. Voilà. Quand on fait un bide, tout le monde dit : mais c'est normal, ils ont pris l'autre con, regarde-moi cette affiche, et le nom du film, et le costume de l'acteur, et ça va pas, et tout ça, tout le monde sait pourquoi. Mais quand on fait un succès, ils disent : c'est extraordinaire, on comprend rien. Ça les arrange, de pas comprendre, aussi !

17 • 11

SAINTE ÉLISABETH

ÉCOLOGIE

La pollution s'aggrave... En traversant Paris ce matin, je me suis rendu compte que les oiseaux ils chantent plus, ils toussent!

ARITHMÉTIQUE

Qu'il y ait deux façons de compter les chômeurs, ça me met sur le cul. Parce que je le dis tout de suite, il n'y a pas deux manières de compter le pognon qu'on leur donne!

PUB

Synthol, priez pour nous!

COLUCHE *PAR* COLUCHE

J'ai décidé de devenir comédien à 22 ans. C'est alors que j'ai commencé à aller au cinéma. Et à faire quelques constatations. Jean-Paul Belmondo, quand il est sur l'écran, tout ce qu'il fait est intéressant. Le gars qui lui donne la réplique, tout ce qui lui arrive, on s'en fout. Donc, Belmondo est une vedette, et l'autre gars n'est qu'un comédien. J'ai donc cherché ce qui différenciait la vedette du comédien. Les yeux étaient très importants... Et je me suis dit: faut essayer de copier une vedette, de lui piquer ses trucs. Pas Belmondo, bien sûr, avec ma tête... Alors une autre. Et comme j'avais trouvé les yeux très importants, je suis allé, tous les jours, voir tous les films de Liz Taylor, et je lui ai absolument tout piqué. Évidemment, c'est impossible à voir, surtout aujourd'hui où je l'ai beaucoup transformée, mais tous ses tics, je les ai gaulés.

18 • 11

SAINTE AUDE

UN SUISSE FRANC

C'est un Suisse qui arrive à la frontière et le douanier lui demande:
«Vous avez des alcools à déclarer?
– Non.
– Des cigarettes?
– Non.
– Des devises?
– Oui. Une. Qui va lentement va longtemps...»

CULOTTÉ

«Comment ça, "tais-toi!", on n'est pas mariés, que je sache!»

JUSTICE

Vergès, il est bien comme avocat, lui, au moins, il place pas le barreau trop haut.

UNE CROIX DESSUS

Alors qu'il est en Turquie, dans un sublime paysage (Cappadoce), pour le tournage d'un téléfilm, Coluche imagine un scénario mettant en scène deux acteurs, un Blanc, mince et longiligne, et un Noir, qu'il interpréterait lui-même:

«C'est l'histoire de deux gars qui traversent des immensités désertiques avec une chaise pliante. Ils consultent, de temps à autre, une carte pour savoir où ils vont. Et ils repartent, inlassablement. Ils arrivent finalement au point indiqué sur la carte par une croix et, là, posent la chaise pile à l'endroit. Le Blanc demande alors au Noir de s'asseoir et, au moment où celui-ci s'exécute, retire la chaise.»

19 • 11

SAINT TANGUY

DANS LES ANNALES

• *Je me suis rendu compte de la vie de dingue que je menais. Je passais même pas le cinquième d'une journée chez moi. Ma vie se déroulait dans les voitures et dans les hôtels. Je me suis dit : « Mon vieux, ton "chez-toi", c'est ta voiture. Si tu veux vivre une vie normale, c'est pas à Paris que ta femme et tes enfants doivent habiter, mais dans ta voiture. Donc, ne te reste plus qu'à acheter un camion et à le décorer. »*

• *Moi, Chantal Goya, je l'ai connue avant qu'elle soit vierge.*

C'EST L'HISTOIRE D'UN MEC...

« C'est un mec qui a un superboulot, avec plus de 600 personnes en dessous de lui !
– Il est chef d'entreprise ?
– Non, il est jardinier dans un cimetière ! »

UN COMBLE Toujours le trou dans la caisse des Assedic. Déjà les chômeurs, il fallait qu'ils trouvent du travail, maintenant, en plus, il faudra qu'ils trouvent du pognon !

CASH SEXE Quand il y a une idée à émettre sur le sexe, je suis toujours pour que le sexe soit nu. La vieille France voudrait plutôt qu'on le cache. Moi, je pense que s'ils veulent cacher leur sexe, c'est qu'ils l'ont petit.

20 • 11

SAINT EDMOND

DÉFINITION *Le nouveau-né, c'est le dernier venu !*

FOOTBALL Ils ont gardé le ballon, les Argentins. Comme ça, chez eux, ils pourront jouer à la balle au prisonnier !

Pensée

« Bizarre, Mgr Lustiger... Toujours en robe et jamais de sac à main ! »

ALERTE INFO *Il y a un député qui a trouvé choquant et dangereux que des manifestations aient lieu devant l'Assemblée nationale où justement on discute de problèmes qui intéressent les gens qui font la grève. Il y a donc un député qui a gueulé parce qu'il y a des ouvriers qui trouvent qu'on ne défend pas assez leurs intérêts ! Non mais, le culot des pauvres !*

VIE EXTRATERRESTRE La Lune est habitée, la preuve, c'est allumé tous les soirs.

COURS DE LANGUE Petite leçon de politique appliquée : hier, Lecanuet a dit : « Je ne suis ni pour Barre ni pour Giscard ! » On traduit : ni Giscard ni Barre ne veulent de Lecanuet ! Ah, l'enfoiré, faut savoir le parler !

21 • 11

PRÉSENTATION DE MARIE

Histoire belge

C'est un Belge, n'est-ce pas, qui fait la queue, si je puis dire, dans une maternité, et, à un moment, y a une infirmière qui arrive et qui dit à un autre monsieur qui est là aussi : « C'est un garçon ! »
Et le Belge dit :
« Je m'excuse, mais j'étais là avant ! »

Pensée

« La bonne santé n'est que la plus lente des façons de mourir. »

PREMIÈRE NOUVELLE

Je ne savais même pas que de Broglie était mort et, pire encore, je ne savais même pas qu'il fallait le tuer.

SURIMPUISSANCE

C'est une femme qui dit à une de ses copines : « Mon mari est impuissant à 80 % !
– Comment ça ?
– Ben, si tu veux, avant, ça montait, ça montait et maintenant ça baisse, ça baisse, ça baisse, il est impuissant à 80 %.
– Ne te plains pas, le mien, il est impuissant à 150 %.
– Mais… ça s'peut pas !
– Mais si, ça s'peut : il s'est brûlé la langue ! »

ALERTE INFO

Les cimetières ont augmenté leurs tarifs. Eh oui, le coût de la vie augmente !

22 • 11

SAINTE CÉCILE

LEÇON DE CHOSES

C'est un garçon qui demande à sa grand-mère : « Dis-moi, pourquoi papy est tout raide ?
– Parce qu'il est mort. »
À ce moment-là, la bonne passe, en minijupe supercourte, le jeune homme la regarde un instant et dit :
« Mamie, Mamie, je suis en train de mourir ! »

ERREUR D'AIGUILLAGE

C'est un mec qui est au lit chez lui avec sa femme, tout à coup le téléphone sonne. Il répond. Sa femme lui demande :
« Alors ! Qui c'est ?
– Je comprends pas, ça doit être un mec de la SNCF, il demande si la voie est libre… »

• CONSEIL DU JOUR •

Ce matin dans le journal, on apprend qu'une femme de ménage a trouvé 10 000 francs qui traînaient dans la poubelle d'une banque. Elle les a redonnés au directeur qui, pour la remercier, lui a offert un paquet de bonbons. Un conseil donc aux femmes de ménage : si vous trouvez 10 000 francs dans une poubelle, mettez-les dans votre poche ! Moi, j'aurais trouvé rien que le paquet de bonbons, je le gardais, c'est pour dire !

Pensée

« Moi, je demande que ça, être de gauche, à condition qu'elle existe. »

23 • 11 SAINT CLÉMENT

Histoire belge

Alors, c'est un Belge à bicyclette qui renverse une femme.
Elle lui dit :
« Mais enfin, vous n'savez pas vous servir de la sonnette ?
– Si, je sais me servir de la sonnette, mais pas du vélo ! »

RAPPEL Palestine : il faudrait rappeler à Israël que le crime ne paie pas !

L'HONNEUR EST DANS LE PRÉ

Moi, je fais partie de la société de protection du foin et de l'herbe, et c'est dans ces termes que je crie : « Mort aux vaches, monsieur ! »

C'EST L'HISTOIRE D'UN MEC...

C'est un mec qui dit à sa bonne femme, enfin bonne, c'est une façon de parler :
« Chérie, je voudrais bien aller en Thaïlande ; y paraît que, là-bas, les femmes massent les hommes avec leurs seins.
– Si c'est ça, moi aussi, je peux le faire.
– Oui, mais moi, ce que je veux, c'est un masseur, pas un pédicure ! »

Pensée

« Je suis plus heureux que ceux qui sont au chômage ou qui s'emmerdent pour gagner trois ronds. Je tiens à dire que l'argent fait le bonheur ! »

24 • 11 SAINTE FLORA

LA CONFUSION DES GENRES

C'est un type qui est sur une plage et qui dit à son voisin :
« Regardez-moi ça, si c'est pas honteux, on reconnaît plus les garçons des filles maintenant, regardez celui-là, là, quand même, à côté, on sait même pas ce que c'est !
– C'est ma fille, monsieur.
– Ah ! excusez-moi, je ne savais pas que vous étiez son père…
– Non, je suis sa mère. »

% STATISTIQUE Pour être comédien, il faut être doué. Le problème des comédiens, c'est que 85 % sont chômeurs parce que 60 % ne sont pas doués. Sans ça, il n'y aurait pas de problème.

COLUCHE *PAR* COLUCHE

J'ai toujours été très fainéant quand il s'agit de travailler. Mais travailler vraiment, parce que là je ne considère pas que je travaille. C'est vrai que je bosse, mais par rapport à des gens qui bossent vraiment, je fous rien.

LA NOUVELLE DU JOUR

Y a une nouvelle prostituée qui vient d'arriver sur le trottoir. À midi, l'heure de la pause, elle va manger avec ses copines et y a la plus vieille des prostituées qui lui demande : « Alors le métier, ça rentre ? »

25 • 11 — SAINTE CATHERINE

ÇA CLOCHE

Tu connais l'histoire des deux clochards ? Y en a un qui dit :
« Oh ! J'suis emmerdé, j'ai mal aux reins.
– T'as mal aux reins ?
– Oui, j'ai mal aux reins, j'peux plus m'baisser, j'peux plus m'plier en deux, j'peux plus m'plier du tout, j'ai mal, j'suis raide comme ça, j'peux plus plier.
– C'est pas grave, t'as pas besoin d'te plier, soit t'es debout, soit t'es couché, puis c'est tout.
– Oui, mais du coup, j'peux plus fumer… »

IDÉE
J'échangerais bien deux vieilles contre Deneuve !

ALERTE INFO *Aux États-Unis, un ours a avalé 35 kilos de coke. En voilà un qui ne sera pas dur à empailler ! L'ours s'est vendu 600 francs le gramme !*

BON SENS Comme disent les hommes politiques : « On ne voit pas à quoi ça sert de faire de la fausse monnaie, il n'y a qu'à en faire de la vraie et puis c'est tout ! »

MÉTÉO La météorologie est une science exacte. Le problème, c'est que les météorologues ne la connaissent pas.

« C'est vrai, je porte des lunettes. Mais c'est pas à cause de la vue. C'est à cause de l'âge. »

Pensées

« Les mecs de 20 ans sont très bourgeois. Il y en a même qui se marient tellement ça n'est plus la mode ! »

26 • 11 — SAINTE DELPHINE

SCIENCES NATURELLES J'ai lu dans un journal que le trou noir attire la matière… je vous ferai une conférence là-dessus !

PORTRAIT Elle a un beau cul et un mauvais caractère. Malheureusement, on lui voit plus souvent le caractère que le cul. C'est-à-dire que son meilleur profil, si vous voulez, elle est assise dessus.

SUPERHÉROS Jacques Chirac : un homme étonnant. Il a serré la main à toute la France et pourtant, lui, il n'en a qu'une.

VOL AÉRIEN Je suis allé en Italie ce week-end. En avion. Les salauds, ils ont réussi à me piquer ma montre quand on a survolé Naples !

TRUC La particularité quand on est PDG d'une chaîne de télévision, c'est qu'il faut frapper à son propre bureau avant d'entrer. Je vais vous expliquer : vous frappez à votre bureau, si jamais vous entendez « entrez », à ce moment-là, vous n'entrez pas, vous allez vous inscrire directement au chômage.

DÉFINITION *Comédien, c'est un métier qui s'apprend à partir de soi-même. Ça a un nom de maladie : égocentrisme.*

27 · 11

SAINT SÉVERIN

CQFD Les jeunes ne s'intéressent pas à la politique parce que la politique ne s'intéresse pas à eux. Ils ne sont pas considérés comme des gens à qui il est raisonnable de parler. Ce serait une perte de temps pour les hommes politiques. Les jeunes ? Ni intéressants ni importants. Allez, hop ! Circulez, y a rien à voir !

LE CONSTAT DU JOUR

C'est marrant. J'ai remarqué parmi les honnêtes femmes que celles qui aiment pas les putes, c'est les plus moches.

IDÉE

Moi, je propose de mettre une institutrice dans la fusée Ariane. Pour que la maîtresse décolle !

Histoire belge

C'est un type qui a écrasé une poule en Belgique. Alors il s'arrête, et puis il prend la poule toute plate, et il va voir le fermier le plus proche. Il le trouve et lui dit : « Je suis désolé, regardez, je crois bien que j'ai écrasé une poule. »
Et l'autre fait :
« Ben, ça n'est pas à nous, nous, on ne les fait pas toutes plates… »

28 · 11

SAINT SOSTHÈNE

EN OFF Confidence d'un politique : « Ce qui m'embête, c'est que la moitié des mensonges que disent mes adversaires sur moi sont vrais ! »

COLUCHE *PAR* COLUCHE

Ce n'est pas parce qu'à 14 ans on est attiré par les filles de 16 qu'à 35 on ne bande que pour les filles de 37 et à 64 que pour les filles de 66 ans. C'est pas de la haute philosophie dans le boudoir, ça, mon cher Zitrone ?

CLIN DEUIL

C'est un colonel avec un monocle à l'œil, qu'il a quand même payé, même s'il l'a à l'œil, elle est bonne, qui s'approche d'une vieille et qui lui dit :
« Madame la comtesse, me permettez-vous, tout à l'heure, de vous faire l'amour ?
– Si vous voulez, mon bon ami. Mais alors très lentement, car je ne suis veuve que depuis quinze jours… »

% SONDAGE C'est n'importe quoi, les sondages ! Regardez celui-là : « Êtes-vous constipé ? » En tout cas, moi, j'aurais répondu non, parce que, franchement, ils font chier avec les sondages !

29 • 11 — SAINT SATURNIN

BONNE NUIT, LES PETITS !

C'est une bonne femme qui touche son fils, pardon qui le couche, enfin elle le touche aussi puisqu'elle le couche et elle lui dit :
« Allez, dors bien, le marchand de sable va passer…
– Ah bon ? Donne-moi 50 balles alors ou je dis tout à papa ! »

Pensée « Dans les pays occidentaux, on aime l'ordre. Il y a même des gardiens de cimetière, tu te rends compte ! C'est pourtant pas les mecs qui sont dans les cimetières qui vont aller gueuler ! Qu'il y ait des flics pour garder les vivants, encore, à la rigueur je comprends, mais des gardiens de cimetière ! Faut vraiment aimer l'ordre ! »

ÇA DATE !

29 NOVEMBRE 1985
Coluche bat le record du monde de vitesse en moto sur un kilomètre lancé (252 km/h).

COLUCHE *PAR* COLUCHE

« Quel est ton sport favori ?
– La télé. Je veux bien faire du sport, à la rigueur même regarder, mais courir, non !
– Pourquoi est-ce que tu ne fais que de la moto comme sport ?
– Parce que c'est la moto qui fait l'effort ! »

ENFUMÉS La Fondation Bogart, c'est un bureau de tabac ! Bogart, tu sais que c'est un de ceux qui en ont fait le plus pour le cancer des poumons. Il y a des tas de mecs qui ont toussé pendant des années à cause de lui !

30 • 11 — SAINT ANDRÉ

DÉFINITION *Le 16e, c'est le seul arrondissement où les épiciers ont le bac et où les Arabes sont italiens.*

ENFOIRÉS, EXCUSEZ-LE !

« Coluche, qu'est-ce que tu penses des femmes au foyer ?
– Je pense qu'il faut rajouter des bûches ! »

PETITE PHRASE Le parti socialiste nous dit : « Faire un pas à droite, c'est faire trois pas en arrière », ça va donc être une campagne électorale très danse.

Histoire belge

Un type s'est fait arrêter par un douanier belge avec tout un tas de trucs de contrebande. Le douanier lui dit :
« Il va falloir que vous veniez avec moi… »
Le type lui répond :
« Ah ! ça va pas être possible, je dois aller acheter des cigarettes avant. »
Alors le douanier :
« Ah ! mais vous ne m'aurez pas, on me l'a déjà faite, celle-là, c'est moi qui vais acheter les cigarettes, vous, vous restez ici ! »

• CONSEIL DU JOUR •

Le pain baisse, le chômage augmente. Faites-vous un sandwich pas cher, mettez un chômeur entre deux tranches de pain et sauvez la France.

DÉCEMBRE

J'AI DÉCIDÉ DE CRÉER LES RESTOS DU COEUR POUR DONNER À MANGER À CEUX QUI ONT FAIM.
DE QUOI J'ME MÊLE !
WOLINSKI

01 • 12 SAINTE FLORENCE

RAPPEL

ONU : 12 millions d'enfants mourront cette année de malnutrition. Vous avez jusqu'au 31 décembre, date limite, pour inscrire les vôtres.

CONFUSION

Je peux pas mettre de short sans qu'on me prenne pour un radiesthésiste : j'ai le pendule qui pend.

PUB

Mise en vente des premiers chewing-gums à la nicotine : également au Bon Mâché ?

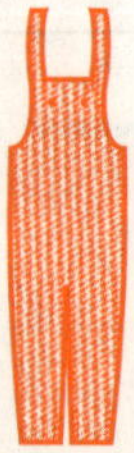

C'EST L'HISTOIRE D'UN MEC...

C'est un mec qu'est à l'hôpital, il a la tête dans l'plâtre, ça fait longtemps qu'il est là et l'infirmière lui dit :
« Dites donc, votre femme doit vous manquer. »
Et lui :
« Oui, d'habitude, mais cette fois-ci, elle m'a eu ! »

DÉFINITION ***Un gag toutes les quatre secondes, c'est une chute. Toutes les huit secondes, c'est un effet. Toutes les douze secondes... c'est un bide !***

PRÉVENANT

Un patron convoque un de ses employés et lui demande :
« Tu aimes le vin tiède ?
– Non.
– Tu aimes les femmes qui transpirent sous les bras ?
– Non.
– Formidable, alors tu prendras tes vacances d'été en hiver. »

02 • 12 SAINTE VIVIANE

BON SIGNE

C'est deux beatniks, beaknits, beankits, enfin deux mecs pleins de cheveux avec l'odeur, qui débarquent aux sports d'hiver. Ils vont sur une piste et là, ils voient un mec qui descend à toute pompe, prend le grand tremplin en arrière, fait une douzaine de sauts périlleux et se retrouve planté sur ses deux skis juste devant les beatniks, les beatnits, enfin les deux gars pleins de cheveux. Alors, il y en a un qui dit à l'autre :
« On a du pot, dis donc, y doivent sûrement avoir notre marque de cigarettes ici. »

LE RÊVE DU JOUR

Un policier, ça devrait être un type qui vous raccompagne chez vous avec des mots gentils quand vous êtes bourré.

Gastronomie

Hier dans le Journal de Genève, *il y avait la liste de tous les champignons comestibles. Malheureusement, ils se sont trompés. Les survivants auront rectifié d'eux-mêmes.*

L'EXCEPTION QUI CONFIRME LA RÈGLE

C'est un mec qui dit à sa femme :
« Les femmes m'ont toujours réussi.
– Oui, sauf ta mère ! »

Pensée « Avant, c'était le public qui s'emmerdait avec la politique. Avec la cohabitation, c'est au tour des politiciens, ce qui n'est que justice. »

03 • 12

SAINT FRANÇOIS-XAVIER

Pensées

« Si on réfléchit cinq minutes, on s'aperçoit que, finalement, c'est pas facile comme métier, flic. Mais cela dit, ils n'ont qu'à pas le faire. »

« Il est évident que la télévision est mal faite, et si elle était bien faite, il n'y aurait personne dans les cinémas. »

DANS LES ANNALES

J'ai rencontré Valéry Giscard d'Estaing à Courchevel. Pas par hasard, j'étais flatté de le rencontrer. Il m'a dit : « Pourquoi m'en vouliez-vous tant ? » J'ai essayé de lui expliquer que, bien au contraire, il était président de la République, donc le roi, et moi, le bouffon. Il jouait le rôle de roi, moi, je jouais le rôle de bouffon. Normal, non ? Personne n'a reproché à Chaplin de se moquer de Hitler. Attention, ce n'est pas une comparaison. Mais il avait la paranoïa des grands acteurs pour toute critique qui atteint la personne, alors qu'elle est la conséquence normale de la réussite.

04 • 12

SAINTE BARBARA

UN TÉLÉPHONE, ÇA TROMPE ÉNORMÉMENT

« Allô ? Je voudrais parler à Madame ! Comment ça, elle est couchée avec un Noir ?! Alors écoutez-moi… Vous décrochez le fusil et vous tuez Madame !
– Voilà, c'est fait.
– Bon, eh bien, maintenant, vous prenez le fusil et vous le jetez dans la rivière derrière la maison… Comment ça, y a pas de rivière derrière la maison ? Vous n'êtes pas le 41 51 21 49 ? Ah ? Excusez-moi, je vous ai dérangé pour rien. »

Devinette

Quelle est la différence entre Chirac et Giscard ?

Y en a pas, mais Giscard sait qu'il y en a pas, alors que Chirac sait qu'il y en a une.

ÉCOLOGIE Affaire Greenpeace… tu te rends compte du nom du couple infernal : les époux Turenge ! Avec tout ce qu'ils ont laissé derrière eux : le bateau pneumatique, les bouteilles de plongée, tout ça, heureusement qu'ils ont pas envoyé les époux Tu Déranges ! Qu'est-ce que ç'aurait été !

•CONSEIL DU JOUR•

On a tendance à dire que les Belges sont des cons, mais toutefois je préconise la méfiance, étant donné que, rien qu'en France, j'ai rencontré personnellement plus de cons que de Belges.

05 • 12 — SAINT GÉRALD

MÉMOIRE SÉLECTIVE

C'est un vieux qui dit:
«Quand j'étais jeune, je courais toujours après les filles, mais je me souviens plus pourquoi.»

REVUE DE PRESSE Ça, c'est bien les journalistes! Écoutez: «Un maçon tombe d'un toit sans se blesser!» Évidemment, c'est jamais en tombant du toit qu'on se blesse, c'est toujours en touchant le sol!

MILLÉSIMÉ Il a été mannequin chez Nicolas, c'est lui qui essayait les bouteilles, on le reconnaît bien, il a encore une étiquette sur le front.

LA QUESTION ? DU JOUR Vous savez pourquoi l'argent ne fait pas le bonheur? C'est parce que c'est le bonheur qui fait de l'argent! Toutes les loteries nationales et autres où on te vend du bonheur, tu peux pas savoir le pognon que ça rapporte! Après on s'étonne que l'argent ne fasse pas le bonheur, mais c'est le contraire!

Pensée

« Le disque pour l'Éthiopie, ça c'est tellement bien vendu qu'on se demande s'il y a pas d'autres pays d'Afrique qui vont devenir aussi pauvres juste pour en avoir un, de disque. »

06 • 12 — SAINT NICOLAS

C'EST L'HISTOIRE D'UN MEC...

C'est un mec qui est en train de ranimer une femme qui a failli se noyer. Il lui fait du bouche-à-bouche. Un paysan qui passe par là voit la scène et lui dit:
«Tu sais, tu devrais lui enlever le cul de l'eau, t'es en train de vider la mare...»

SUISSE ET COUTUMES Vous savez que le jour le plus drôle en Suisse, c'est le dimanche. C'est ce jour-là que tous les Suisses rigolent des histoires drôles qu'on leur a racontées pendant la semaine!

ALERTE INFO *L'essence va baisser. C'est-à-dire qu'il faudra vous pencher pour la ramasser.*

DÉFINITION *Les journalistes de la télé, c'est des poudrés. Avant d'avoir un stylo, ils ont un peigne. Et ce sont de sacrés équilibristes: essayer de se faire remarquer sans faire de vagues, c'est un métier!*

LA QUESTION ? DU JOUR Tu te laisses aller, ou tu te les poivrais?

Pensée

« Dès qu'un homme politique devient président, il se fait immédiatement la tête du timbre. »

07 · 12

SAINT AMBROISE

DANS LES ANNALES

Dépité par la timidité des attaques dont il est l'objet sur le plateau de « Droit de réponse », Coluche lance :
« Je vous crache au cul au nom de tous les comiques morts à essayer de vous faire rire. »

ÉCONOMIE Le chiffre d'affaires du PMU baisse de moins trois pur-sang.

ALERTE INFO *On a arrêté un type sur l'autoroute à 266 km/h. Il a prétendu qu'il était en train de doubler un camion. À mon avis, à cette vitesse-là, il aurait même pu le tripler !*

UN PEU D'HISTOIRE Ce sont les grandes perversions qui font avancer le monde. Par exemple, on n'aurait jamais connu le lait si un jour un obsédé ne s'était pas dit qu'il allait avaler ce qui sortirait des pis d'une vache après les avoir un peu branlotés.

LA BALLE AU CENTRE Le commissaire Froussard ne comprend pas qu'on puisse porter plainte contre lui pour avoir assassiné l'ennemi public numéro un. « C'est la balle qui l'a tué, déclare-t-il, et personne ne porte plainte contre le fusil ! Moi, je ne suis que le doigt qui a appuyé sur la gâchette, c'est pour dire à quel point j'y suis pour peu de chose ! »

08 · 12

IMMACULÉE CONCEPTION

EXCÈS DE VITESSE

C'est un camionneur qui prend une jeune fille en stop. Au bout d'un moment, il en peut plus, il se jette sur elle et la viole. L'affaire dans le sac, il lui dit :
« Je suis vraiment désolé, si j'avais su que vous étiez vierge, j'aurais fait un peu plus attention. »
Et la fille lui répond :
« Surtout, si j'avais su que vous étiez si pressé, j'aurais retiré ma culotte ! »

IDÉE
Le Pen a proposé ce week-end à ses sympathisants de se coudre sur la veste une étoile jaune avec écrit : « Français. » Je suis pour, ça serait en effet pas mal qu'on les reconnaisse !

IL NE FAIT QUE PASSE-PASSER
Je suis venu avec un pote magicien. Il va revenir, il est juste parti faire un tour.

TOURISME Ce que c'est beau la Belgique ! C'est comme la Corse. Y aurait pas les Belges...

% SONDAGE Dans *Libération* ce matin, un sondage : « 70 % des jeunes trouvent la politique utile, 64 % la trouvent compliquée, 58 % inquiétante et 25 % sale. » Allez, démerdez-vous avec ça pour vous faire élire, les gars !

Pensée « La grande escroquerie des sondages, c'est de poser à n'importe qui des questions auxquelles personne ne peut répondre. »

09 • 12 — SAINTE LÉOCADIE

NIVELLEMENT PAR LE HAUT

C'est une femme qui offre à son mari une belle paire de chaussons. Avant de se coucher, l'homme nu les essaie et dit à sa femme :
« C'est vrai qu'ils sont beaux ces chaussons, même mon sexe les regarde. »
Et la femme lui répond :
« Dès demain, je t'achète une casquette ! »

Devinette

Vous savez ce que c'est que l'économie planifiée en URSS ?

Pour le sandwich, quand il manque le pain, il manque aussi le beurre et le jambon !

ALERTE INFO *Le pape ne croit pas en Dieu. Vous avez déjà vu un prestidigitateur qui croit à la magie, vous ?*

• CONSEIL DU JOUR •

Le Concorde en panne. Quand il y a une légère avarie dans un moteur d'avion, il vaut mieux le retirer de la circulation avant qu'il fasse une légère chute et qu'il y ait un léger tas de morts.

NUANCE Tant qu'on fait rire, c'est des plaisanteries. Dès que c'est pas drôle, c'est des insultes.

Pensée « Les gonzesses sont de plus en plus belles. C'est fatigant à la fin ! On voit bien que c'est pas elles qui bandent ! »

10 • 12 — SAINT ROMARIC

VUE ET REVUE

C'est un aveugle, à la fin du strip-tease, il va dans les coulisses, il tend les bras et il dit :
« Excusez-moi, j'ai pas tout compris. »

DANS LES ANNALES

« Vous faisiez quel sport quand vous étiez gamin ?
– Chapardage au Prisu. »

LA PROMESSE DU JOUR Je commencerai un régime le jour où, pour chercher un truc dans ma poche, je serai obligé d'enlever mon pantalon.

PUB Des Gentils Membres et des Gentils Orifices, voilà ce qu'il faut pour faire un joli club.

bruit de couloir J'ai entendu dire qu'il allait y avoir une sélection dans la police. On ne prendra plus les flics qu'à partir de 1,68 mètre. Donc, si tu veux, ils ont déjà compris qu'il fallait faire une sélection, mais ils ont pas encore compris par où fallait la faire !

ALERTE INFO *Ce matin dans le journal, en page 2 : « La police tue un immigré innocent en lui tirant dans le dos. » Et en page 3 : « Six banques nationalisées impliquées dans une escroquerie de 20 milliards au préjudice de leurs clients. » Que voulez-vous, la police ne peut pas être partout à la fois !*

Pensée « Le sida, maladie unique dans les anales ! »

11 • 12 SAINT DANIEL

HIPS ! Je suis allé à une soirée échangiste hier soir. À la fin, on avait tellement bu qu'on s'est tous mis à draguer nos propres femmes.

ON Y MET LES FORMES L'année prochaine, la vignette auto sera ronde. On l'aura dans le cul tout pareil, mais, au moins, on ne se blessera pas avec les coins.

Pensée « Des fois, y a des hommes politiques qui descendent dans notre quartier. Eh bien, mon vieux, tu les verrais : quand ils te serrent la main, t'as intérêt à recompter tes doigts ! »

Devinette

Vous savez le rapport qu'il y a entre la livre, le rouble et le dollar ?

Une livre de roubles coûte un dollar.

C'EST L'HISTOIRE D'UN MEC...

C'est un mec qui a une jolie concierge et il lui demande :
« Je peux vous faire la cour ?
– Oui, bien sûr ! Je vous branche le jet ? »

ALERTE INFO *Dans « l'excellent » journal* Le Parisien, *on apprend que le comédien Daniel Auteuil a fait opérer son chien qui avait bouffé 76 pièces de monnaie. Donc, si vous avez des gens dans votre famille qui vous bouffent de l'argent, sachez que ça s'opère !*

PORTRAIT CRACHÉ Danièle Gilbert ? On dirait une brouette qu'a perdu une roue.

12 • 12 SAINT CORENTIN

RÉUNION AU SOMMET

C'est une prostituée qui est en train de faire l'amour avec un client nain.
Et elle lui dit :
« Dépêche-toi, et quand tu auras fini, tu monteras m'embrasser !... »

PROVERBE

Les étrangers devraient comprendre une chose : il vaut mieux être en bon état de santé qu'en mauvais état d'arrestation.

IDÉE

Les parcmètres coûtent plus cher à l'État qu'ils ne rapportent. J'ai une solution : qu'on les enlève !

Gastronomie

Hier soir je suis allé bouffer au resto et après j'ai demandé à embrasser le chef. Bah, oui, c'était tellement dégueulasse que, lui et moi, on est sûrs de pas se revoir avant longtemps !

LA QUESTION DU JOUR

M. Biderman de Bordeaux – la ville, pas la couleur – voudrait savoir s'il reste des places au théâtre du Gymnase pour mon spectacle. Ça tombe très bien, nous sommes très bien placés pour répondre. Alors si vous voulez, c'est bourré, complètement bourré même, mais ça manque d'émeute, alors ne vous gênez pas, venez armé et tirez si on vous donne pas de places !

13 · 12

SAINTE LUCIE

Devinette

Vous savez comment a été creusé le Grand Canyon ?

Un car d'Écossais est passé par là un jour, y en a un qu'a laissé tomber une pièce sans le faire exprès et ils ont tous creusé avec les doigts.

DANS LES ANNALES

Une fois, un mec m'a menacé avec son couteau. Mais c'était pas un pro, y avait encore du beurre sur la lame.

Pensées

« Le problème de la légitime défense, c'est que les mecs se prennent pour des flics. Et faut vraiment être un con au carré pour copier sur des flics. »

« On est bien obligé de détruire par le feu et le sang des pays et des peuples entiers pour qu'il y ait des pauvres, car personne ne veut l'être. »

Y A-T-IL UN INTERPRÈTE DANS LA SALLE ?

Le pire, c'est quand des représentants d'ouvriers se mettent à parler avec des phrases comme à la télé. Alors là, on comprend pas ce qu'ils disent, on n'arrive même pas à comprendre ce qu'ils veulent.

POINT BARRE

Raymond Barre met les points sur les i : « Ma politique économique est bien celle du chef de l'État ! » Voilà qu'il balance les copains maintenant !

14 · 12

SAINTE ODILE

Devinette

Vous savez comment on appelle l'endroit, dans une Mini-Austin, où on met ses papiers, un paquet de cigarettes, une paire de gants et un mouchoir ?

Le coffre.

COLUCHE *PAR* COLUCHE

- J'ai tout acheté, j'ai tout bouffé. J'ai acheté 14 voitures la première année… Et même aujourd'hui, ce matin, j'en ai acheté 2. Mais je vais vendre la Rolls ; la Rolls, c'est un réflexe de pauvre. Parce que, pour un riche, avoir une Rolls, ça n'a pas d'intérêt.
- Je suis obligé d'envoyer des potes au bistrot pour savoir comment les gens vivent. Si j'y vais moi-même, ils me regardent comme s'ils découvraient l'intérieur de la télé et ils se taisent pour me laisser parler.

LEÇON DE MAINTIEN

Les hommes politiques ne peuvent pas garantir le maintien du pouvoir d'achat ? Très bien, alors nous ne pouvons pas garantir le maintien des hommes politiques.

LA QUESTION ? DU JOUR

« Quel est le type de femme que tu préfères ?
– Les femmes qui n'ont pas de type ! »

Pensées

« Il y a un excès à ne pas dépasser, c'est comme en tout, c'est comme en tout… Au fait, c'est comment tout ? »

« Le sport, j'ai rien contre, je joue à la belote. »

15 • 12

SAINTE NINON

PHILATÉLIE Moi, les hommes politiques, j'appelle ça des timbres. Des timbres, vous voyez ? De face, ils vous sourient, ils sont figés. Si jamais vous leur passez la main dans le dos, alors là, ça colle, vous en sortez plus !

ALERTE INFO *Palerme : les juges du procès de la Mafia se désistent les uns après les autres. Certains doivent avoir un mot de leurs parents, les autres de leur parrain.*

Pensée « Je suis pour l'amour à trois. Parce que si y en a un qui s'endort, il reste toujours à qui parler. »

DANS LES ANNALES

Mes parents ? Ils n'étaient pas très bons catholiques. Y se sont dit : « Si on le baptise, il fera sa communion et s'il fait sa communion, faudra lui acheter une montre. Alors, pas de baptême. »

RÉSOLUTION Puisqu'on ne peut plus rien dire sans vexer les uns ou les autres, je ne dirai plus rien, ni contre l'armée ni contre personne. Je ne m'en prendrai désormais qu'aux sourds… Oui, j'emmerde les sourds !

DEVISE Si les femmes étaient bonnes, Dieu en aurait une.

16 • 12

SAINTE ALICE

Devinette

Vous savez à quelle heure une jolie jeune fille doit être couchée ?

Vers 20 heures. Parce qu'à 23 heures elle doit rentrer chez elle.

BON SENS

Alors, la scène se passe en Suisse, c'est dans un train et y a un monsieur qui est assis en face d'une dame, voyez-vous, alors il lui dit : « Dites-moi, madame, Lausanne, c'est bien par ici ?
– Ah non, là, vous lui tournez l'dos.
– Oh ben, comme j'vais à Lausanne, ça n'vous ennuie pas qu'on change de place ? »

LE PROBLÈME DU JOUR

Le problème, si on se laisse emmerder par les uns, c'est que ça donne le mauvais exemple aux autres.

LE SOUVENIR DU JOUR J'ai passé la nuit dans un très vieil hôtel, le genre à t'envoyer une lettre pour te réveiller.

COURS DE DANSE J'ai appris à danser le twist en écrasant un mégot avec le pied droit et en me frottant une serviette dans le dos.

IDÉE REÇUE Il ne faut pas croire que tous les policiers sont intelligents : ce serait généraliser.

17 • 12 — SAINT GAËL

LITTÉRATURE

Un juif raconte à son copain:
«Je suis en train d'écrire mes mémoires.»
L'autre:
«Par hasard, t'en serais pas au moment où tu m'as emprunté 10 sacs?»

DÉFINITION ***La vulgarité, c'est quand un chanteur parle de sa feuille d'impôts au président de la République lorsque celui-ci l'invite à déjeuner.***

Pensée « Le mois de l'année où les politiques disent le moins de conneries, c'est le mois de février car il n'y a que 28 jours. »

% STATISTIQUE Les hommes ont environ 36 grammes de matière grise et ils n'utilisent en moyenne que 6 grammes. Sauf les Belges qui, eux, utilisent tout.

UN VRAI PATACAISSE On a été embêtés avec l'automobile. C'est parce que j'avais claqué la portière et que j'avais laissé les clefs à l'intérieur. D'autant qu'il pleuvait et qu'on avait laissé les vitres ouvertes, c'est pour vous dire!

ALERTE INFO *En URSS, ils n'ont plus un rouble, plus rien dans les poches. Même les pickpockets meurent de faim là-bas.*

18 • 12 — SAINT GATIEN

VOCATION

C'est un enfant à qui on demande:
«Qu'est-ce que tu voudrais faire plus tard?
– J'voudrais être médecin ou laveur de carreaux.
– Pourquoi?
– J'voudrais voir des gonzesses à poil!»

LA QUESTION DU JOUR **Le président Amin Dada regrette que l'on tue trop d'innocents. Est-ce que tu crois qu'il a l'intention de se mettre en taule?**

DYNASTIE Vous savez que le pape est le frère de la reine d'Angleterre? Jean-Paul et Élisabeth, ils ont tous les deux le même nom de famille: II!

DANS LES ANNALES

- ***Quand j'étais gamin, moi, j'écrivais au Père Noël: «Si t'as besoin de quelque chose, hésite pas à m'écrire!»***
- ***Il y a des fois, moi, j'ai tellement pas bossé aux PTT que j'ai cru que je bossais à la Sécurité sociale, tellement on foutait rien!***

VOCABULAIRE Avant, on appelait ça des péchés, aujourd'hui, on appelle ça des maladies, mais on l'a dans l'cul tout pareil!

bruit de couloir **Il paraît que le PC a demandé qu'on change les travestis de bois, qu'on les enlève de Boulogne pour les mettre à Vincennes. Comme quoi, c'est bien le parti des trav'ailleurs.**

19 • 12 SAINT URBAIN

VOUS ME FAITES MARCHER ?

Une un peu cucul maintenant, mais cucul-de-jatte. C'est un médecin qui dit à son patient d'un air très triste :
« Mon pauvre ami, il va falloir, hélas, vous amputer des deux jambes. »
Et le mec :
« Si vous faites ça, je ne remettrai jamais les pieds chez vous. »

Devinette

Savez-vous quelle différence il y a entre « Aaaaaah ! » et « Oooooh... » ?
Environ 5 centimètres.

PUB Berlin, un mur, deux mondes, une seule boisson : Coca-Cola.

TRUC D'ACTEUR Le trac, c'est une vaste blague. Ça a été inventé par des comédiens pour empêcher les autres de le devenir.

Slogan

Coluche :
un président Bleu, Blanc, Merde.

ALERTE INFO *Il faut faire gaffe parce que le Père Noël, il passe aussi en Pologne mais là-bas, il pique les chaussures !*

Pensée « Faut pas se leurrer, dans la vie, tu commences par croire au Père Noël, puis tu ne crois plus au Père Noël, enfin tu deviens le Père Noël ! »

20 • 12 SAINT ISAAC

REVUE DE PRESSE *France-Soir* titre : « Le baron Empain reprend son empire en main ? » Empain, le mec à qui on a coupé un doigt, moi, personnellement, j'aurais pas osé la faire, celle-là !

COMMUNIQUÉ Attention : la réunion de tous les athées du monde sur la non-existence de Dieu sera remise en raison des fêtes de Noël !

Devinette

Vous savez comment on reconnaît un pauvre en Suisse ?
Il loue sa Mercedes.

Gastronomie

Pour Noël, j'ai commandé une dinde-kangourou. C'est le croisement d'une dinde et d'un kangourou. L'avantage, c'est qu'on peut la farcir de l'extérieur.

ALERTE INFO *J'ai une très mauvaise nouvelle : paraît que le Père Noël croit plus aux enfants.*

Pensées

« Les mecs qui font de la politique ne font pas ce qu'ils veulent, ils font ce qu'ils peuvent ! Ils ne tirent pas les ficelles, ils sont tirés par les ficelles. »

« Premier hautbois dans un orchestre, ça, c'est bien. Bah, oui, quitte à aller au bois, autant être le premier. »

21 • 12 HIVER

ÇA DATE !

21 DÉCEMBRE 1985
Lancement des premiers Restaurants du cœur, fondés par Coluche.

L'INCONNU DU JOUR

Un banquier suisse m'a envoyé pour les Restaurants du cœur un chèque sans le signer en me disant qu'il voulait rester anonyme.

UN EXCÉDENT EST SI VITE ARRIVÉ

Moi, j'ai choisi les Restaurants du cœur parce que, d'abord, on a des excédents de production en Europe. D'autre part, l'Europe achète en plus de la nourriture à l'étranger, qu'elle stocke pour revendre après sans jamais l'utiliser, pour des raisons de commerce extérieur, de change avec d'autres pays. On se retrouve donc avec des excédents effarants.

DÉFINITION *Les Restos du cœur, c'est pas de la charité, c'est de la redistribution. Merde alors, ça leur appartient, aux gens, la bouffe que je leur refile. Dans leurs impôts, ils paient pour les excédents alimentaires, non ?*

L'OPPOSANT DU JOUR

Jean-Marie Le Pen a déclaré que les Restaurants du cœur étaient une opération trompe-l'œil. Ce qui, effectivement, est emmerdant pour lui qu'en a qu'un.

22 • 12 SAINTE FRANÇOISE-XAVIÈRE

ENFOIRÉS, EXCUSEZ-LE !

« Coluche, vous faites œuvre charitable, face à l'ineptie de nos sociétés qui ont beaucoup de surplus, alors que des millions de gens restent affamés. Alors, j'ai une question à vous poser : par votre métier de comédien, par votre action humanitaire, qu'estimez-vous apporter aux gens qui vous voient et vous écoutent ?

– Je voudrais rectifier simplement le mot que vous avez dit de “charité”. Il ne s'agit pas du tout de charité, il s'agit de redistribution. Il s'agit en fait de politique. Je me suis présenté en 1981 pour rien, maintenant, je ne me présenterai plus, mais je vous gênerai toujours un petit peu. Sur des détails, des choses, et surtout je veux faire participer le maximum de gens. Peut-être qu'à ce jeu-là je vais me casser les reins, mais je m'en fous, tout le monde a le droit de s'amuser. Moi, c'est mon jeu. Qu'est-ce que j'ai l'impression de leur apporter, c'est ça, la question ? Il est évident que, dans le spectacle, on est des parasites, parce qu'on ne produit rien. Par contre, il est indéniable qu'on apporte quelque chose à des tas de gens. La profession… si vous prenez des artistes, je dirais de sensibilités différentes, eh bien, il y en a un qui plaît aux personnes âgées, un aux enfants de 8 à 12 ans, un aux adolescents… L'ensemble de l'affaire comble tout le monde. C'est ça, notre profession. C'est une vocation, on aime distraire. »

23 • 12

SAINT ARMAND

COLUCHE *PAR* COLUCHE

Qu'est-ce que j'ai fait avec les Restaurants du cœur ? Eh bien, d'abord, il faut dire que j'ai utilisé les médias sans leur dire au départ. J'étais sur Europe 1, j'avais une émission populaire qui me permettait de lancer une idée, et j'ai lancé cette idée. Après ça, quand j'en ai parlé pendant deux mois à peu près, je suis allé voir les dirigeants d'Europe 1 et je leur ai dit : « Maintenant, ça ne va pas être facile de faire marche arrière, parce qu'on reçoit un courrier énorme » ; et ils ont dit : « Bon, d'accord, on va faire une journée. »

Après ça, j'ai commencé à dire qu'il n'y avait qu'à taper dans les excédents de production, parce que ça nous permettrait d'avoir de la nourriture pas chère, et donc de nourrir tout le monde. Après, je suis allé au ministère de l'Agriculture, et je leur ai dit : « Voilà ce que j'ai fait, alors maintenant, il faudrait... »

Le défaut des lois en général, disait un homme de pouvoir, c'est qu'elles sont souvent en avance sur les mœurs, à part quelques-unes qui sont très en retard. Vous voyez les élections d'aujourd'hui, par exemple, personne ne sait de quoi il s'agit. Personne ne sait comment il faut voter, ni pour qui ni pour quoi. On sait pas. C'est très vague dans le public.

L'intérêt des Restaurants du cœur, c'est que d'abord on fait quelque chose qui est populaire, et qui fera l'objet d'une loi ensuite.

ARITHMÉTIQUE Si toutes les personnes qui en ont les moyens faisaient un don compris entre 50 et 100 francs aux Restos du cœur, je ne sais même pas si on aurait assez de pauvres !

24 • 12

SAINTE ADÈLE

RAPPEL Pour les Restos du cœur, mon idée n'est pas mirobolante, puisque je suis le septième à l'avoir eue. Seulement, la manière dont on utilise justement ce pouvoir en question, c'est ça qui est payant. Je m'engage, par exemple, tous les ans au moment où les gens doivent décider de leurs impôts, à faire une journée... une représentation télévisée avec plein d'artistes, en disant aux gens : « Je vous rappelle que c'est maintenant que vous avez le choix de ne pas laisser l'État décider du sort des pauvres, puisqu'il le fait mal. »

Pensée « Une pensée émue pour la Société protectrice des sapins : à Noël, plusieurs de mes camarades sapins se sont fait enguirlander et c'est normal qu'ils aient les boules ! »

DANS LES ANNALES

J'avais Yves Montand avec moi au départ, qui est très important. J'avais la promesse de Jean-Jacques Goldman de faire un disque pour les Restaurants du cœur. C'est lui qui couvre avec Renaud (c'est aussi un camarade à moi) entièrement ce qui se vend en disques, ou presque, en France. C'est très important, et c'est les jeunes.

• CONSEIL DU JOUR •

Un nouveau journal sera vendu par des chômeurs, il coûtera 6,50 francs. Alors un conseil, plutôt que de l'acheter, envoyez les 6,50 francs aux Restos du cœur, parce que nous, les chômeurs, on les exploite pas, on les nourrit !

25 • 12 — NOËL

DIVINS ENFANTS

Moi, j'adore les enfants! J'emmène mon fils partout. Et pourtant, il retrouve toujours le chemin de la maison!

BARRE EN DESSOUS

Raymond Barre est descendu à 43 %. Malheureusement, le sondage ne précise pas s'il s'agit de matières grasses.

LE SOUHAIT DU JOUR

« T'habites à Milan ? Eh bien, bon anniversaire! »

L'ÂGE DE RAISON

C'est une mère qui appelle sa fille et qui lui dit : « Tu sais, maintenant, tu as l'âge, tu as 7 ans, il faut que je te dise comment on fait les enfants.
– Tu retardes, je sais comment on les fait et je sais même comment on les fait pas. »

C'EST L'HISTOIRE D'UN MEC...

C'est en Galilée, un charpentier du nom de Joseph qui regarde sa femme et qui lui dit : « Et tu crois que je vais avaler ça ? »

LE SOUHAIT DU JOUR (*BIS*)

Le plaisir qu'on fait aux autres, c'est égoïste, c'est pour se faire plaisir à soi. Enfin, si y a plein d'égoïstes qui peuvent me faire des cadeaux, j'ai rien contre.

26 • 12 — SAINT ÉTIENNE

FAIT D'HIVER

« Deux jeunes Belges arrêtés à Montélimar avaient volé à Vienne la fourgonnette d'un marchand de frites. » Tu sais que c'est des drogués, ces mecs-là! Quand ils sont loin de chez eux, ils volent des camionnettes de marchand de frites, ils en ont besoin!

SANTÉ

Les médecins belges viennent de se mettre en grève pour une durée illimitée. Les malades reprennent enfin espoir.

COLUCHE *PAR* COLUCHE

On distribue (euh... que je vous dise pas de conneries, parce que j'ai pas le papier) quatre fois par semaine une plaquette de beurre par famille et... non, trois fois par semaine du beurre, et quatre fois par semaine un litre de lait. Par famille. Celui qui vient chez nous, il passe devant un comptoir, il dit ce qu'il veut, il l'emmène, il en prend pour autant de gens qu'il veut, y compris pour sa voisine, personne ne lui demande une vérification quelconque, il emporte tout ça chez lui, et il est obligé de dire à personne qu'on lui a donné, c'est de la nourriture qui a l'air de sortir du Prisunic.

Alors, peut-être on peut trouver plus humain comme distribution, mais franchement, j'ai pas trouvé.

Pensée

« Je suis emmerdé : je suis peut-être un grand peintre et je ne le sais pas. »

27 • 12

SAINT JEAN

VOYANCE

Y a une dame qu'arrive et elle voit un vieux monsieur couvert d'or, bourré de pognon. Elle lui dit :
« Oh, c'est fou c'que vous ressemblez à mon troisième mari !
– Pourquoi, vous en avez eu combien ?
– Deux. »

MARIAGE POUR TOUS

Le mariage des prêtres, je suis pour. S'ils s'aiment.

PETIT CADEAU

Un groupe de prostituées de la rue Saint-Denis a fait un don aux Restos du cœur. Pas en nature, évidemment, sinon ce serait les Restos du corps.

ENFOIRÉS, EXCUSE HIM !

Je parle parfaitement l'anglais. Mais les Anglais ne me comprennent pas, ce qui est normal, parce que ce sont des enfoirés.

COLUCHE *PAR* COLUCHE

• Moi, encore une fois, j'ai fait ce bel effet-là parce qu'il s'agit de nourriture, que c'est une tradition française, et qu'il faut savoir que ce sont les pauvres les plus généreux, et que c'est eux qui bouffent le plus aussi. Les riches achètent moins en poids de nourriture, individuellement, que les pauvres. Les gens les plus pauvres, dans une société, ont tendance à dépenser beaucoup dans un domaine où ils peuvent, c'est-à-dire ils se rattrapent sur la nourriture. Donc, ça touche vraiment les gens à un truc précis.

• Je suis la manivelle des pauvres : je leur remonte le moral.

28 • 12

SAINTS INNOCENTS

UN PEU D'HISTOIRE

Jeanne d'Arc, c'était pas une affaire. Deux mètres vingt. Rien qu'assise, il fallait lui monter à manger. Elle entendait des voix, des voix de garage !

DONNANT DONNANT

On a fait un disque pour l'Éthiopie avec les meilleurs chanteurs français. Pour les autres, ça serait sympa que l'Éthiopie fasse un disque pour eux !

• CONSEIL DU JOUR •

Ce que je pense réellement de la politique ? C'est qu'il faudrait mettre à chaque poste le mec le plus compétent, tout simplement, qu'il soit de droite ou de gauche, peu importe. Et même, je vais vous dire, s'ils sont deux à avoir un avis sur la question, un de droite et un de gauche, eh bien, on pourrait mettre les deux au même poste. Qu'ils travaillent ensemble, et puis c'est tout ! Et qu'ils nous proposent que les trucs sur lesquels ils sont tous les deux d'accord.

TOUT ÇA POUR ÇA

C'est une grand-mère qui raconte à ses petits-enfants :
« Votre papy, il était vachement sportif. Il a même couru le marathon aux yeux Jolympiques, 40 kilomètres et des bananes, et il est arrivé premier !
– Alors, il a eu la médaille d'or ?
– Non, c'était un faux départ… »

29 • 12 SAINT DAVID

C'EST L'HISTOIRE D'UN MEC…

C'est un mec qui est au restaurant et qui a très mal mangé, mais alors très très mal mangé, les boutons commencent à pousser, une horreur.
Le garçon arrive et lui dit:
« Alors, vous avez bien mangé?
– Si en plus la patronne voulait bien me faire la gueule, ça serait exactement comme à la maison!»

ENFOIRÉS, EXCUSEZ-LE!

«Tu inocules la connerie comme une maladie afin qu'on ne l'attrape plus.
– Ça a toujours été ça. C'est de l'éducation du rire. À partir du moment où tu ris du problème, il existe moins.»

NE VOUS FIEZ PAS AUX APPARENCES

«Bonjour, Coluche, c'est David…
– David quoi?
– David Lévy.
– Ah, tu es juif?
– Non, pas du tout.
– C'est pas de bol ça, en pleine saison!»

COLUCHE *PAR* COLUCHE

• J'ai le derrière plus large que les épaules. Avec un costume, j'ai l'air d'être dans un sac.

• Pour Belmondo, je tournerais gratis. Je déteste les seconds rôles maintenant que j'ai les premiers, mais s'il voulait de moi, j'accepterais bien de courir derrière lui tout au long d'un film.

• Je joue un peu de tout, mal, mais je m'en fous. Je suis musicien à cause des oreilles, pas à cause des mains.

30 • 12 SAINT ROGER

MÉTÉO

On a un très bel hiver, même qu'il y a longtemps qu'on n'en avait pas eu un comme ça, ou alors peut-être l'été dernier. C'est quand même une preuve qu'on peut s'amuser puis avoir de l'humour quand même.

COLUCHE *PAR* COLUCHE

Nous, on n'exploite pas les pauvres, on leur donne à bouffer. Ça, c'est clair. Et j'ai pas l'intention d'entrer dans les ordres, ni de m'acheter une soutane, ni de passer le reste de ma vie à faire des œuvres comme ça. Je fais ça parce que j'ai la possibilité de le faire, et que, franchement, dans ma vie d'homme, ça m'aurait fait chier d'avoir la possibilité de disposer d'un pouvoir pour faire quelque chose de sympa, et ne pas le faire.

Gastronomie

Un journaliste demande à Coluche son avis sur une célèbre chaîne de restauration: «Pour manger, c'est pas terrible, mais pour vomir, formidable!»

SEXE AU LOGIS (ENTRE AUTRES)

C'est une femme qui écrit à son médecin: «Écoutez, je ne sais plus quoi faire, mon mari n'arrête pas, il me prend partout, la nuit, le jour, dans les ascenseurs, même dans les parkings, sur la table aussi, d'ailleurs je vous prie d'excuser mon écriture saccadée…»

Pensée « Les Français sont des consommateurs d'emmerdements. »

31 • 12

SAINT SYLVESTRE

DANS LES ANNALES

Le jour où j'ai décidé que j'allais devenir comédien, je me suis dit : si je n'y arrive pas, je serai clochard mais j'irai plus bosser, c'est fini.

ALERTE INFO

En période de fêtes de fin d'année, on a volé dans les fermes des environs de Londres près de 170 dindes : la famille royale n'ose plus sortir.

Pensée

« Les comiques ne sont jamais drôles dans la vie, sauf moi. »

ENFOIRÉS, EXCUSEZ-LE !

· Évidemment qu'on s'attendait à être critiqués pour les Restos du cœur. On est toujours critiqué pour ce qu'on fait. Remarquez, on pourrait aussi être critiqué pour ce qu'on n'a pas fait, mais ça, en général, en France, on fait pas. On critique jamais les gens qui font rien, on ne critique que ceux qui font quelque chose.

· « L'argent fait-il votre bonheur ?
– Non, non ! C'est le bonheur qui fait mon bonheur. Mais l'argent me dérange pas. »

· « Qu'est-ce que vous écrivez sur les autographes ?
– "Machinalement, Coluche." »

· « Si tu avais un conseil à donner à un jeune comédien ?
– Je lui dirais d'arrêter parce que c'est tellement facile qu'ils vont finir par y arriver ces cons-là. »

LE SOUHAIT DU JOUR

Y a pas de raison pour que l'année précédente soit plus triste que la nouvelle, alors plutôt que de souhaiter les meilleurs vœux, je souhaite beaucoup d'humour.

COLUCHE *PAR* COLUCHE

Le principal trait de mon caractère :
je suis bavard.
La qualité que je préfère chez un homme :
les sourcils.
La qualité que je préfère chez une femme :
la forme et le fond.
Ce que j'apprécie le plus chez les amis :
leur assiduité.
Mon principal défaut :
je suis bavard.
Mon occupation préférée :
le cinéma. Pas trop.
Mon rêve de bonheur :
vacances illimitées avec famille et copains.
Quel serait mon plus grand malheur ?
La mort.
Ce que je voudrais être :
peinard.
Le pays où je désirerais vivre :
au soleil.
La couleur que je préfère :
le jaune.
La fleur que j'aime :
le coquelicot.

LA QUESTION DU JOUR

On me demande souvent si j'ai l'intention de sortir un bouquin de toutes mes conneries. Honnêtement, je pense pas qu'il y ait une librairie assez grande pour toutes les contenir !

LE SOUHAIT DU JOUR (*BIS*)

Bon anus et meilleur nœud !

Achevé d'imprimer chez Pollina en novembre 2015
N° d'édition : 4888
N° d'impression : L74138
ISBN : 978-2-7491-4888-5
Dépôt légal : novembre 2015
Première édition

MIXTE
Papier issu de
sources responsables
FSC® C003309

Les papiers utilisés dans cet ouvrage
sont issus de forêts responsablement gérées.